新编21世纪远程教育精品教材

• 法学系列 •

民法学

（第三版）

主　编　龙翼飞

撰稿人　陈志武　李　蕊　刘志华
　　　　白　硕　王永挺　吕　品

中国人民大学出版社
· 北京 ·

作者简介

龙翼飞，中国人民大学法学院教授、博士生导师，民法典专家建议稿执笔人之一，婚姻法修订专家组成员。中国法学会婚姻法学研究会副会长、北京市法学会民商法研究会会长、北京市人大常委会法制建设顾问、北京仲裁委员会仲裁员，曾为中共中央政治局和全国人大常委会做“社会保障与法制建设”的讲座。代表作有：《比较继承法》《民法学》《中国财产法》《社会保障与法制建设》《新编合同法》等。

内容简介

本书分为两部分，即总论和分论，包括十九章，具体内容为民事法律关系、自然人、法人、民事权利的客体、民事法律行为、代理、时效、物权总论、所有权、共有、相邻关系、用益物权、担保物权、占有、债权总论、合同法基本原理、人身权、民事责任等。编者结合现行法律法规对原教材中的内容进行了严谨的修订，使本教材涵盖了我国民法学界最新的理论研究成果，更加贴合我国目前的立法现状。

总　序

我们正处在教育史，尤其是高等教育史上的一个重大的转型期。在全球范围内，包括在我们中华大地，以校园课堂面授为特征的工业化社会的近代学校教育体制，正在向基于校园课堂面授的学校教育与基于信息通信技术的远程教育相互补充、相互整合的现代终身教育体制发展。一次性学校教育的理念已经被持续性终身学习的理念所替代。在高等教育领域，从1088年欧洲创立博洛尼亚（Bologna）大学以来，21世纪以前的各国高等教育基本是沿着精英教育的路线发展的，这也包括自19世纪末创办京师大学堂以来我国高等教育短短一百多年的发展史。然而，自20世纪下半叶起，尤其在迈进21世纪时，以多媒体计算机和互联网为主要标志的电子信息通信技术正在引发教育界的一场深刻的革命。高等教育正在从精英教育走向大众化、普及化教育，学校教育体系正在向终身教育体系和学习型社会转变。在我国，党的十六大明确了全面建设小康社会的目标之一就是构建学习型社会，即要构建由国民教育体系和终身教育体系共同组成的有中国特色的现代教育体系。

教育史上的这次革命性转型决不仅仅是科学技术进步推动的。诚然，以电子信息通信技术为主要代表的现代科学技术的进步，为实现从校园课堂面授向开放远程学习、从近代学校教育体制向现代终身教育体制和学习型社会的转型提供了物质技术基础。但是，教育形态演变的深层次原因在于人类社会经济发展和社会生活变革的需求。恰在这次世纪之交，人类社会开始进入基于知识经济的信息社会。知识创新与传播及应用、人力资源开发与人才培养已经成为各国提高经济实力、综合国力和国际竞争力的关键和基础。而这些是仅仅依靠传统学校校园面授教育体制所无法满足的。此外，国际社会面临的能源、环境与生态危机，气候异常，数字鸿沟与文明冲突，对物种多样性与文化多样性的威胁等多重全球挑战，也只有依靠世界各国进一步深化教育改革与创新、促进人与自然的和谐发展才能得到解决。正因为如此，我国党和政府提出了“科教兴国”“可持续发展”“西部大开发”“缩小数字鸿沟”等战略和思想。其中，对教育在经济建设中的重要战略地位和基础性、全局性、前瞻性产业的确认，对高等教育对于知识创新与传播及应用、人力资源开发与人才培养的重大意义的关注，以及对发展现代教育技术、现代远程教育和教育信息化并进而推动国民教育体系现代化、构建终身教育体系和学习型社会的决策更得到了教育界和全社会的共识。

在上述教育转型与变革时期，中国人民大学一直走在我国大学的前列。中国人民大学是一所以人文、社会科学和经济管理为主，兼有信息科学、环境科学等的综合性、研究型大学。长期以来，中国人民大学充分利用自身的教育资源优势，在办好全日制高等教育的同时，一直积极开展远程教育和继续教育。中国人民大学在我国首创函授高等教育。1952年，校长吴玉章和成仿吾创办函授教育的报告得到了刘少奇的批复，并于1953年率先招生授课，为新建的共和国培养了一大批急需的专门人才。在20世纪90年代末，中国人民大学成立了网络教育学院，成为我国首批现代远程教育试点高校之一。经过短短几年的探索和发展，中国人民大学网络教育学院创建的“网上人大”品牌，被远程教育界、媒体和社会誉为网络远程教育的“人大模式”，即“面向在职成人，利用网络学习资源和虚拟学习社区，支持分布式学习和协作学习的现代远程教育模式”。成立于1955年的中国人民大学出版社是新中国建立后最早成立的大学出版社之一，是教育部指定的全国高等学校文科教材出版中心。在过去的几年中，中国人民大学出版社与中国人民大学网络教育学院合作创作、设计、出版了国内第一套极富特色的“新编21世纪远程教育精品教材”。这些凝聚了中国人民大学、北京大学、北京师范大学等北京知名高校学者教授、教育技术专家、软件工程师、教学设计师和编辑们广博才智的精品课程系列教材，以印刷版、光盘版和网络版立体化教材的范式探索构建全新的远程学习优质教育资源，实现先进的教育教学理念与现代信息通信技术的有效结合。这些教材已经被国内其他高校和众多网络教育学院所选用。中国人民大学出版社基于“出教材学术精品，育人文社科英才”理念的努力探索及其初步成果已经得到了我国远程教育界的广泛认同，是值得肯定的。

2005年4月，我被邀请出席《中国远程教育》杂志与中国人民大学出版社联合主办的“远程教育教材的共建共享与一体化设计开发”研讨会并作主旨发言，会后受中国人民大学出版社的委托为“新编21世纪远程教育精品教材”撰写“总序”，这是我的荣幸。近几年来，我一直关注包括中国人民大学网络教育学院在内的我国高校现代远程教育试点工程。这次更有机会全面了解和近距离接触中国人民大学出版社推出的“21世纪远程教育精品教材”及其编创人员。我想将我在上述研讨会上发言的主旨作进一步的发挥，并概括为若干原则作为我对包括中国人民大学出版社、中国人民大学网络教育学院在内的我国网络远程教育优质教育资源建设的期待和展望：

● 新编21世纪远程教育精品教材的教学内容要更加适应大众化高等教育面对在职成人、定位在应用型人才培养上的需要。

● 新编21世纪远程教育精品教材的教学设计要更加适应地域分散、特征多样的远程学生自主学习的需要，培养适应学习型社会的终身学习者。

● 在我国网络教学环境渐趋完善之前，印刷教材及其配套教学光盘依然是远程教材的主体，是多种媒体教材的基础和纽带，其教学设计应该给予充分的重视。要在印刷教材的显要部位对课程教学目标和要求作明确、具体、可操作的陈述，要清晰地指导远程学生如何利用多种媒体教材进行自主学习和协作学习。

● 应组织相关人员对多种媒体的远程教材进行一体化设计和开发，要注重发挥多种媒体教材各自独特的教学功能，实现优势互补。要特别注重对学生学习活动、教学交互、学习评价及其反馈的设计和实现。

● 要将对多种媒体远程教材的创作纳入对整个远程教育课程教学系统的一体化设计和

开发中，以便使优质的教材资源在优化的教学系统、平台和环境中，在有效的教学模式、学习策略和学习支助服务的支撑下获得最佳的学习成效。

● 要充分发挥现代远程教育工程试点高校各自的学科资源优势，积极探索网络远程教育优质教材资源共建共享的机制和途径。

中华人民共和国教育部远程教育专家顾问

丁兴富

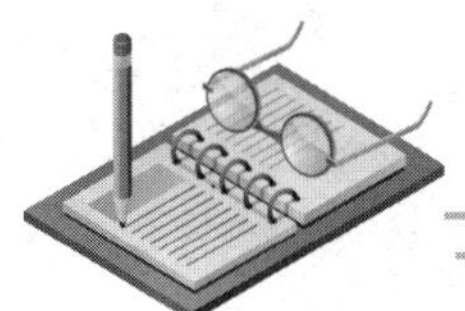

前　言

民法是调整地位平等的民事主体之间在从事民事活动过程中发生的财产关系和人身关系的法律规范。民法是国家统一的法律体系中一个独立的法律部门，是重要的基本法。在市场经济条件下，民法的特殊调整作用是十分巨大和深刻的。

民法学是研究民事法律制度、民事法律现象和民法所反映的社会发展规律的科学。学习民法的基本原理，掌握民法学的科学精神和丰富的知识体系，对于正确制定民事立法，指导司法审判实践，提高人民的法治思想水平，推动经济发展和社会文明进步，具有重要的理论价值和实践意义。民法学也是法学专业的必修课之一。

本书严格按照民法学教学大纲和教学要求编写而成，全面讲解民法学的基本内容和学习方法，反映最新的民事理论研究成果和立法动态，旨在指导读者掌握民法学的基本内容，提高运用民法学原理分析问题和解决问题的能力。

本书共分为十九章。第一章绪论、第二章民事法律关系、第三章自然人、第四章法人、第五章民事权利的客体、第六章民事法律行为、第七章代理、第八章时效、第九章物权总论、第十章所有权、第十一章共有、第十二章相邻关系、第十三章用益物权、第十四章担保物权、第十五章占有、第十六章债权总论、第十七章合同法基本原理、第十八章人身权、第十九章民事责任。

在本书修订过程中，编者延续了教材原有的语言特色，力求做到重点突出、论述有力、讲解透彻、通俗易懂。本书有以下特点：第一，在编写内容和风格上，突破传统教材编写中“只注重教而不注重方便读者学习”的弊端，更注重方便学习的需要。第二，本书语言简洁、通俗易懂。对于学理上有不同观点的问题，只介绍理论界的通说，有利于读者把握重要内容。第三，坚持理论联系实际的科学方法。本书密切关注当代经济全球化的社会发展趋势对我国市场经济的深刻影响，反映我国经济体制改革对民事法律制度的客观要求，分析司法审判实践中出现的新情况和新问题，使读者将民法学的学习与活生生的社会生活联系起来，学习有针对性，收获有现实性。第四，本书及时反映民法的学术动态、立法动态和司法动态，以拓宽读者的视野，丰富学习内容，提高学习效率。

希望本书的再版，能为学习民法的朋友提供良好、有效的帮助。

编　者

目　录

第一部分　总　论

第一部分　总　论

第一章

绪 论

导 学

本章除研究民法的定义、特征以及调整对象外，还研究新中国民事立法概况和民法的基本原则等，这是本章的重点。通过本章的学习和研究，对我国民法可以有本质的、概括的了解，进而明确民法的基本理念：一个文明、进步的社会是以保障我们每一个社会成员都拥有独立的人格、平等的地位、明确的权利、稳定的财产、安全的交易为前提的。

第一节 民法学

民法是一个重要的法律部门，居于基本法的地位。民法是一切市场经济国家，特别是发达国家制定得最早、最为完备、最为基本的法律。民法的基本原理及结构，是围绕着商品经济关系而展开的，可以说，民法是规范商品经济的基本法。民法主要由民事主体制度、物权制度、债权制度、人身权制度、继承权制度、知识产权制度、民事责任制度组成。

■ 民法的定义

民法是调整平等主体的自然人、法人和非法人组织之间的人身关系和财产关系的法律规范。民法是国家统一的法律体系中一个独立的法律部门，是重要的基本法。

“民法”一词源自罗马法的市民法（jus civil），反映着古代社会简单商品经济活动的根本要求。罗马法是指公元前 8 世纪至公元 6 世纪查士丁尼一世在位时期的罗马奴隶制国家全部法律规范的总称，是古代奴隶制法中最重要和最发达的部门。罗马法的特点是诸位合体、不加分类（民、刑不分，实体法与程序法不分）。其中最为完备、对后世影响最大的是罗马私法（主要是指民法），故法学家通常把罗马私法（罗马民法）和罗马法作为同义语。[①] 罗马法调整当时简单商品生产和商品交换的各种法律制度，如物权、债权、契约法、继承权等制度，成为后世资本主义国家民事立法的依据，许多资本主义国家尤其是大陆法系国家的民法制度就是以罗马法为基础建立起来的。

现代民法是从 1804 年的《法国民法典》开始的。《法国民法典》是世界上第一部资产阶级国家民法典，也是第一次把民法从诸法合体中分离出来的法典。《法国民法典》在罗马法的基础上规定了主体制度、物权、债权、继承权等方面的内容，确定了契约自由原则、私有财产神圣不可侵犯原则、过错责任原则等。《法国民法典》是为适应资本主义自由竞争时期商品经济的发展要求而制定的，反映了资本主义经济规律的要求，其作用、意义和影响远远超过法国本土。

1896 年颁布的《德国民法典》是资本主义世界一部重要的法典。它较全面地吸收了罗马法、《法国民法典》的成果，肯定了自由资本主义的民事法律制度和原则，同时又做出许多新的规定以适应垄断资本主义发展的要求，而且编纂体例更为科学，成为日本、韩国等立法的典范。

总之，伴随着千百年来人类文明发展的历程，民法逐渐形成调整不同社会形态下与商品经济相适应的平等主体之间发生的财产关系和人身关系的法律制度。

民法的基本特征是：

第一，民法在本质上反映了商品经济活动的客观要求。

无论是从各国立法的历史沿革还是现实情况来看，民法都与一定社会的商品经济紧密相连，并伴随着商品经济的发展而产生、健全、发展起来。历史证明，哪里有商品关系，哪里就有民法规范。民法规范是无数的、重复的商品经济活动在法律上的抽象。民法担负着保障商品经济正常有序发展的任务。如今，民法已与市场经济融为一体，为现代化市场提供一般规则及市场经济的行为规范。社会生活越纷繁复杂，越需要健全、完善的民法予以规范和调整。因此，民法制度始终是经济生活中最基本的法律规则。

第二，民法所调整的社会关系的主体处于平等的地位。

社会关系即人们在社会生活中结成的人与人之间的各种关系。并非所有的社会关系均由法律调整，如同事关系、师生关系等；并非所有由法律所调整的社会关系均由民法调整，如由行政法所调整的各种行政关系、由诉讼法所调整的各种诉讼关系等。民法所调整的社会关系如财产所有关系、财产使用关系、商品交换关系等表现为各自独立而平等的主体进行民事交往所形成的法律关系。民法调整范围内的社会关系都具有主体地位平等的属性。凡以平等、意思自治为基础的财产关系和人身关系均在民法的调整范围之内，这样就使民法所调整的社会关系与其他社会关系相区别，使得那些虽属于财产关系和人身关系，但不以平等、意思自治原则为基础的社会关系被排除在民法的范围之外。

第三，民法所调整的社会关系在内容上表现为人身关系和财产关系。

人身关系是指与人身不可分离的且以特定精神利益为内容的社会关系，如基于人的生命、健康、姓名、肖像、荣誉、名誉等所发生的社会关系，这些关系在民法上则表现为生命权、健康权、姓名权、肖像权、荣誉权、名誉权等。但并不是所有的人身关系均由民法来调整，民法只调整平等主体间的人身关系。

---

① 彭万林．民法学．北京：中国政法大学出版社，1999：2.

财产关系是指人们在物质资料生产、分配、交换和消费过程中形成的具有经济内容的关系。财产关系是以社会生产关系为基础的，涉及生产和再生产的各个环节，有的表现为相互隶属的财产关系，如政府机关为其下属工作部门提供办公用房；有的表现为各自独立而平等的主体间的财产关系，如基于商品交换以及由此产生的其他社会等量劳动相交换的财产关系。我国民法只是调整一定范围内的财产关系，即发生在平等主体之间、以财产的所有和交换为内容的财产关系。

第四，民法是调整平等主体的人身关系和财产关系的法律规范的总和。

法律规范有任意性规范和强行性规范之分。任意性规范可由当事人自由选择是否遵循，强行性规范则不能由当事人自由选择，而必须无条件一律遵循。在民法中设立任意性规范是为了鼓励当事人的自主性和能动性，相信当事人自己的判断以实现利益最大化；设立强行性规范则体现了社会的基本价值，对这些价值的不尊重或破坏，将危害社会赖以生存的根基，故不允许当事人选择是否遵循。任意性规范与强行性规范在民法中的并存，是当事人自主性和国家干预相结合的表现，随着我国市场经济体制的建立，我国民法将逐步减少强行性规范的比重。

■ 民法学

民法学，是研究民事法律制度、民事法律现象和民法所反映的社会发展规律的科学。民法学是法学体系中一个独立的学科，是培养人的法律意识的基本理论之一。

民法学是人类文明的成果，反映着人类探索民事法律制度产生、发展和变化的思想成就。虽然在不同历史时期和不同国家民法学的观点、体系有所差异，但其研究对象和研究内容却是一脉相承、不断深化着的，民法学的科学精神和丰富的知识体系，为正确制定民法、指导司法审判实践、提高人们的法治思想水平、推动社会经济发展和文明进步，具有重要的理论价值和实践意义。

民法学的基本内容是：

1. 民法总论。该部分从宏观的角度分析和研究民法的调整对象、民法的基本原则、民事法律关系、民事权利主体（自然人与法人和其他组织等）、民事权利客体、民事法律行为、代理和时效。

研究与学习民法的概念、调整对象和基本原则，可以使我们对民法有一个本质的、概括的了解。民事法律关系是整个民法学理论的总纲，是贯穿全部民法学的轴心，学习它可以方便我们认识和运用各种具体的民事法律关系和民事法律制度。民事权利的行使离不开主体，行使的方式离不开民事法律行为和代理制度，而时间的经过——时效制度也对民事权利产生法律效果，同时没有民事权利的客体——物、行为、人格、身份、智力成果，民事权利就无法产生。

2. 物权制度。该部分主要研究物权法总论、财产所有权、共有、相邻关系、用益物权、担保物权和占有。

物权是指由法律确认的民事主体对物依法所享有的支配权利，即权利人在法定的范围内直接支配一定的物并排斥他人干涉的权利。物权法主要调整财产占有关系，解决财产的归属和占有问题。

3. 债权制度。该部分主要内容包括债权总论、合同的基本原理、合同法分论、不当得利和无因管理。

债是按照合同的约定或者按照法律的规定，在当事人之间产生的特定的权利和义务关系。债着重反映商品交换（财产流转）过程中双方当事人在法律上的权利义务。

4. 人身权制度。该部分主要研究具体的人格权和身份权制度，以及如何对人身权给予全面、有效的民法保护。

人身权是基于一定的人格和身份而产生的，体现的是人的精神和道德上的利益，它包括人格关系和身份关系两类：一是人格权，二是身份权。人格权是民事主体所固有的、以人格利益为客体、平等地享有且为实现其独立人格所必需的权利。身份权是指民事主体因具有某种特定身份关系而依法享有的权利。

5. 知识产权制度。该部分除一般地研究知识产权原理外，主要是具体研究著作权、专利权和商标专用权制度。

知识产权是民事主体对其创造性的智力劳动成果依法所享有的专有权利。知识产权是基本民事权利之一，对知识产权的保护同样遵循民法的规则。《中华人民共和国民法总则》（以下简称《民法总则》）设专节对知识产权予以规定，目的在于适应我国改革开放和知识产权国际保护的需要。

6. 继承权制度。该部分主要研究继承法总论、法定继承、遗嘱继承和遗产的处理。

财产继承制度涉及公民财产所有权的转移，它既解决公民个人财产所有权在其死亡后的归属问题，又是公民个人取得财产所有权的一种方式，是民法的主要内容之一。

7. 民事责任制度。该部分主要研究民事责任的概念、民事责任的归责原则、违反合同的民事责任和侵权的民事责任。

民事责任是民事主体违反民事义务所应承担的民事法律后果。民事法律规范之所以具有约束力和强制力，主要就在于谁违反了它就要承担一定的民事责任。因此，民法不仅是民事主体进行民事活动的行为准则，也是人民法院处理民事案件的法律根据。

民法学的学习方法

民法学在法律科学体系中属于部门法学和应用法学。因为这门法学是专以民事法律制度、民事法律现象和民法所反映的社会发展规律为研究对象的，它不仅要研究民事法律制度产生和发展的规律，更要探索民事法律制度的具体规则和法律适用的方法，所以，学习民法学，首先要坚持理论联系实际的科学方法。民法与人们生活的关系最为密切。一个自然人，从出生到死亡，一个企业，从登记成立到宣布解散，无时无刻不在从事着各种民事活动。因此，将民法学与人们的日常生活、实践中遇到的各种问题联系起来，加深对各种民事制度的理解，会起到事半功倍的效果。其次，应当密切关注当代经济全球化的社会发展趋势对我国市场经济的深刻影响，把握我国经济体制改革对民事法律制度的客观要求，了解司法审判实践中出现的新情况和新问题，把对民法学的学习置于社会生活之中，使学习有针对性，收获有现实性。最后，学习民法，不仅要立足于本国民法，还要放眼于世界各国民法，尤其是发达国家的民事法律制度，吸取它们先进的民事立法经验和成果，为我国经济建设服务。

民法学不过是人文社会科学中的一部分，其丰富和发展的历程不是孤立进行的，而是与其他人文社会科学的发展相互依赖、相互促进、相互交融的。因此，要深刻理解民事法律制度，还应当正确运用经济学、社会学、法哲学、伦理学和比较法学的研究方法，全面、准确地把握民事法律制度的立法精神，认清民事法律现象的本质。

学习民法学，还应当了解“三个动态”，即有关民法的学术动态、立法动态和司法动态，以丰富我们的学习内容，提高学习的效率和运用民法学理论知识的能力。

第二节 民法的调整对象

一、平等主体之间的人身关系

民法调整对象中的一大类是平等主体之间的人身关系。

民法调整的平等主体之间的人身关系，是指平等主体之间基于人格利益和身份利益而发生的不具有直接财产内容的人格关系和身份关系。

理解民法调整的平等主体之间的人身关系，应当把握以下几个要点：

1. 民法所调整的人身关系的主体，尽管彼此之间有性别、年龄、职业、职务、财产等方面的差别，还有的当事人之间有亲属身份的不同，但主体之间的法律地位是完全平等的。任何当事人都不得歧视其他民事主体，更不得侵犯其他民事主体的人身权。

特权是平等的对立物。所谓特权，就是特权者不受普遍性的、法律的约束。在法律面前人人平等是一个国家文明的最基本的要求。所谓身份，是一个人或团体被置放的相较于其他人或团体的有利的或不利的地位。身份本来的功能是对人进行区分，目的是给予特权或实行歧视，而现代民法中的身份已不具有不平等和歧视的色彩。身份关系主要体现在婚姻家庭关系和继承法律关系之中。

2. 民法所调整的人身关系的内容，是人格关系和身份关系。人格关系，是民事主体为实现人格利益而发生的权利义务关系，在民法上表现为民事主体的生命权、身体权、健康权、名誉权、隐私权、肖像权、姓名权、名称权。身份关系是民事主体因彼此之间的身份利益而发生的权利义务关系，在民法上表现为配偶权、亲权、监护权、荣誉权。

此外，学术界还有一般人格权的提法，是指公民、法人和非法人组织享有的，包括人格独立、人格自由、人格尊严全部内容的一般人格利益，并由此产生和规定具体人格权的基本权利。一般人格权的功能之一是补充功能，当具体人格权所概括的人格利益受到侵害而没有法律规定时，即可依一般人格权追究行为人的侵权责任。

3. 民法所调整的人身关系虽然不具有直接的财产内容，但人身关系中的人身权是民事主体享有财产权利的必要前提条件。如果民事主体的人身权遭到不法侵害，会直接导致民事主体的财产损失。因此，对人身权的法律保护既有停止侵害、赔礼道歉等非财产性的责任承担方式，也有赔偿损失的财产责任承担方式。

二、平等主体之间的财产关系

民法之所以能够作为一个独立的法律部门，就在于它有自己特定的调整对象，这也是民法同其他法律部门相区别的重要标准。《民法总则》第 2 条规定了我国民法的调整对象是平等主体的自然人、法人和非法人组织之间的人身关系和财产关系。民法调整的平等主体之间的财产关系，是指地位平等的民事主体为了实现财产利益，在从事民事活动过程中发生的以财产归属和财产流转为基本内容的权利义务关系。理解民法调整的平等主体之间的财产关系，应当把握以下几个要点：

1. 民法所调整的财产关系的主体，彼此地位平等。平等是指民事主体之间互不隶属，处于平等的地位，换言之，当事人在财产关系中保持自己独立的意志自由，主体之间不存在上下级隶属关系、管理与被管理的关系，这是民法与行政法的重大区别之处。

2. 民法所调整的财产关系的基本内容是财产归属和财产流转。财产归属，集中体现为财产所有权关系，即民事主体因占有、使用、收益和处分财产而形成的权利义务关系。财产流转，则体现为民事主体为获取利益而交换财产所形成的权利义务关系，如债权债务关系。财产归属和财产流转是密切相连的，财产流转以财产归属为前提；财产归属又以财产流转作为发生根据。财产归属关系和财产流转关系是社会生活中最基本的经济关系，是市场经济关系中最主要的表现。

3. 民法所调整的财产关系直接反映着民事主体的财产利益要求。在市场经济条件下，民法的大部分规范都把民事主体设想为以遵循民法规范为前提，合理地追求自己利益最大化的人，不要求民事主体遵循过高的道德标准，这样才能使民法中的人区别于宗教和道德中的人，使民法规范区别于道德规范。在市场经济关系中，民事主体通过市场实现商品的价值和自身的经济利益，交易双方当事人的财产利益要求体现为等价有偿的法律规则，即获得财产利益应支付对价，禁止巧取豪夺、尔虞我诈的侵权行为。

第三节　新中国的民事立法

新中国民事立法概况

新中国的民事立法是与新中国的社会经济制度和社会文明进步同步进行的，大致经历了四个发展阶段。①

第一阶段：从 1949 年新中国成立到 1965 年，新中国的民事立法逐步形成了以宪法的原则规定为根据，以土地、房产、婚姻、购销、保险、借贷等单行法规为基本规则的民事法律制度，但是此阶段的民事法律制度还相当简单。

第二阶段：从 1966 年到 1976 年，新中国的民事立法与社会主义法制事业一起遭到严重破坏。

第三阶段：粉碎“四人帮”以后，特别是党的十一届三中全会以来，随着社会主义商品经济的发展和社会主义法制建设的恢复，新中国的民事立法不断以各种民事法规的形式颁布和实施，如婚姻法、经济合同法、继承法、各种企业法、房产条例等。大量的民事单行法律、法规如雨后春笋般问世，如《物权法》《合同法》《婚姻法》《公司法》《海商法》《保险法》《证券法》《票据法》《担保法》《招标投标法》《拍卖法》《收养法》《房地产管理法》《著作权法》《商标法》《专利法》等多部法律颁布施行。这些民事立法的制定和实施，对促进经济体制改革、扩大对外开放、发展社会主义市场经济、推动社会文明进步起着不

---

① 在中国，“民法”一词是清末法制改革时，直接从日本借鉴过来的。当时清政府聘请日本学者松冈义正起草民法典草案，我国才开始有现代意义上的民法。参见梁慧星．民法总论．北京：法律出版社，2001.

可替代的特殊作用。

第四阶段：改革开放以来，中国特色社会主义建设取得了举世瞩目的成就，中国特色社会主义法律体系也已形成。随着改革开放的深入推进，市场经济不断发展，人民群众对于提高权利保障的法治化水平的期望越来越高，编纂民法典就是为了满足人民群众的法治需求。社会主义市场经济本质上是法治经济，通过编纂民法典、制定民法总则，不断完善社会主义法律体系，可以促进社会主义市场经济的法制化和规范化。我国《民法总则》于2017年3月15日由第十二届全国人民代表大会第五次会议通过，并于2017年10月1日开始施行。《民法总则》的颁布，是我国社会主义法治体系不断完善的重要标志之一，对健全市场秩序、维护交易安全、促进社会主义市场经济持续健康发展有着十分重要的作用。

二、中国民法典的制定

民法典，是系统规定民事法律制度的成文法律典章。它将某一国家的全部民事法律规范加以编纂，使之成为该国的基本民法渊源。民法典，又称为形式意义上的民法，与包括一切调整平等主体之间的财产关系和人身关系的法律规范在内的实质意义上的民法相对应。

民法典的编纂体系有两种类型。第一种类型的民法典称为罗马式。该体系是由罗马法学家盖尤斯在《法学阶梯》中创设的，分为人法、物法、诉讼法三编。《法国民法典》全盘接受了这种编纂体系，但剔除了其中的诉讼法内容，把物法分为财产及对所有权的各种限制、取得财产的各种方法。《法国民法典》没有总则，缺少关于民事活动的一般原则。第二种类型的民法典称为德国式，这个体系把民法典分为五编，即总则、物权、债权、亲属、继承。首先确定了总则，规定民法共同的制度和规则，然后区分了物权和债权，区分了财产法和身份法，把继承单列一编，从而形成了完整、明晰的体系。

新中国成立以来，先后进行过四次民法典起草工作。第一次是从1954年开始，1956年草拟了民法典征求意见稿，共计5编433条，1957年，因政治上开展“反右”斗争而使民法典起草工作停顿下来。第二次起草始于1962年，并于1964年正式提出草案（试拟稿），共3编262条，后由于“文化大革命”的影响，这次民法典起草工作又再次被迫停止。第三次起草始于1979年8月，到1982年已经有了民法典草案（第4稿），共计8编465条。但后来因条件不成熟，立法机关决定制定单行民事法律、法规。随着众多单行法律、法规的出台，法规之间相互冲突、矛盾的问题日益突出，于是从1983年开始起草“民法总则”，后由于现实情况发展的需要，实际制定的内容完全突破了“民法总则”的范围，这样“民法总则”改为“民法通则”。1986年4月12日，《民法通则》颁布。

改革开放以后，人民生活得到巨大改善，对于民法典的制定需求进一步突出，经过社会主义市场经济的长足发展，我国制定民法典的时机日益成熟。民法典的制定是健全社会主义市场经济法律制度，完善中国特色社会主义法律体系的重要内容。

制定中国民法典，应当坚持如下立法原则：

第一，在立法思想上反映社会主义市场经济发展规律对民事立法的客观要求。

第二，在立法体系上吸收《德国民法典》体系的优点，增加现代社会民事立法的基本规范。

第三，在立法内容上系统、全面规定民事法律制度的基本规则。

第四，在立法技术上采用法典为主、单行法规为辅的方法。

第五，在立法步骤上采取专家设计、全民讨论、立法审议、三读通过、颁布宣传、正式实施的措施。

2017 年 3 月 15 日，《中华人民共和国民法总则》由第十二届全国人民代表大会第五次会议通过，并于 2017 年 10 月 1 日开始施行。《民法总则》确立了我国民商事领域的基本规则，为民商事活动提供了基本遵循，是健全市场秩序、维护交易安全、促进社会主义市场经济健康发展的重要保障。

第四节 民法的基本原则

民法的基本原则是其效力贯穿民法始终的根本规则，是制定、解释、执行和研究我国民法的指导思想。《民法总则》对我国民法的基本原则做了专章规定，兹分述如下。

■ 平等原则

平等原则，是指民事主体在所从事的民事活动中彼此法律地位一律平等，任何一方都不享有凌驾于对方之上的特殊权利，亦不得将自己的意志强加于对方。

民法之所以规定民事主体地位一律平等，其原因在于：民法所调整的财产关系主要是商品交换关系，而这种社会关系从本质上要求交易双方以平等地位进行商品交换。由此决定民法的首要原则应当是民事主体地位一律平等。《民法总则》第 4 条规定：民事主体在民事活动中的法律地位一律平等。

平等原则包含如下基本法律要求：

1. 民事主体不因性别、年龄、财产、职位等差异而影响其法律地位。

在现实生活中，人与人之间千差万别，如具有性别、年龄、财产、职位等差别，但这些并不影响在民法上将他们一视同仁地看待。在民法领域中，民事主体在人格上是完全平等的，没有高低贵贱之分。

2. 任何民事主体均平等地参加民事活动，依法享有民事权利和承担民事义务。

平等地参加民事活动意味着民法给予每个民事主体平等竞争的机会，机会对所有的社会阶层开放，至于结果如何，则是由诸多因素决定的，因此应该允许存在差别。

3. 民事主体从事民事活动时应当尊重对方当事人，相互平等协商，彼此达成一致的意思表示。

这一点意味着在民事活动中，要求双方当事人以平等、协商的方式设立、变更或终止民事法律关系，避免一方将自己的意志强加于对方的情况。

4. 任何民事主体在民事权利遭受他人侵害或违约损害时，均有权要求国家给予平等的法律保护。

当民事主体的合法权益受到损害时，给予每一个受害主体平等的法律救济，使违反民事义务者承担相应的法律责任。这也是民法平等原则的重要内容之一。

自愿原则

自愿原则，是指参与民事活动的当事人在法律允许的范围内自由表达其意志，按照其真实意愿设立、变更、终止民事法律关系。

自愿原则，是民事活动在市场经济条件下的必然要求。市场经济是以当事人依法自由交易、公平竞争为基础的经济体制，没有当事人的自愿参与民事活动，市场经济是根本不可能建立和发展起来的。《民法总则》第5条规定：民事主体从事民事活动，应当遵循自愿原则，按照自己的意思设立、变更、终止民事法律关系。

自愿原则体现了如下法律要求：

1. 民事主体有权决定自己是否参加某项民事活动，是否设立、变更、终止某一民事法律关系。每一个民事主体在从事民事活动时，都能够利用自己的能力和知识做出有利于自己的判断，享有权利，承担义务。

2. 民事主体作为民事行为的当事人，有权依法充分自由地表达其真实意愿，以实现其民事行为的目的。

民事主体在从事民事活动时，在法律所允许的范围内有权自主地实施民事法律行为，他人不得非法干预，并且民事主体仅对基于自由表达的真实意思而实施的行为负责。

3. 民事主体之间在从事民事活动时应当相互协商，彼此就某一民事法律关系设立、变更、终止达成一致的协议。

民事主体在不违反法律强制性规定的前提下，双方自愿达成的协议优先于民事法律、法规中的任意性规范。国家只有在特殊情形下，如在出现损害国家、集体和第三人利益等情形时才主动对民事活动予以干预。

4. 民事主体依法自由从事民事活动，不受其他任何组织或个人的非法干预。

民法保障民事主体在从事民事活动时的意志自由，以享有的民事权利抗御其他当事人的非法干预，以及来自国家权力的非法干预。

诚信原则

民事活动的诚信原则，是指民事主体之间从事民事活动时应当秉持诚实，恪守承诺，正当行使民事权利和承担民事义务。

民事活动的诚信原则是市场经济活动中的一项基本道德规范。民法为了维持信任和信用而将这一道德规范上升为法律准则，要求民事活动当事人加以遵守，在不损害他人利益和社会公益的前提下，追求自己的利益，目的是在当事人之间、当事人与社会之间的利益关系中实现平衡。

诚信原则不仅是整个民事活动的基本原则，而且是法律的一项基本原则，正因为如此，诚实信用原则是现代民法的最高指导原则，被称为“帝王条款”。《民法总则》第7条规定：民事主体从事民事活动，应当遵循诚信原则，秉持诚实，恪守承诺。

民事活动的诚信原则体现为如下法律要求：

1. 民事主体在从事民事活动过程中，应当将相应的事项和真实情况明确告诉对方，以使对方当事人做出真实的意思表示。

2. 民事活动的当事人双方一旦做出意思表示并达成协议，任何一方都必须恪守信用，严格遵守约定，正确、及时地履行约定的义务。

3. 民事主体对在从事民事活动过程中发生的损害，双方均应及时采取补救措施，以减少损失，恢复利益。

4. 民事主体进行民事活动，不得从事欺诈行为，亦不得背信弃义，擅自撕毁合同或恶意不履行约定义务。

诚信原则在两个方面发挥着作用：首先，它要求当事人进行民事活动时必须具备诚实、善意的内心状态，正确行使权利、履行义务。其次，赋予法官自由裁量权：一方面在解决具体案件时，依诚实信用原则对法律条文进行解释；另一方面在法律存在欠缺和不完备时，依该原则予以补充，使案件的解决不致发生偏差。

■ 公平原则

民事权利和义务公平原则，是指民事主体应当以公平的理念从事民事活动，公平合理地确定当事人之间的民事权利和民事义务，正当地行使民事权利和履行民事义务。

民事权利和义务公平原则，是把市场经济活动中公平交易、公平竞争的道德规范上升为法律准则。这一原则对维护市场经济秩序、弥补法律规定的不足、促进社会文明进步具有特殊的意义。因此，《民法总则》第 6 条明确规定：民事主体从事民事活动，应当遵循公平原则，合理确定各方的权利和义务。

民事权利和义务公平原则，体现为如下基本法律要求：

1. 民事主体在从事民事活动时，应当本着公平的理念实施民事行为，兼顾当事人双方的利益和社会公共利益。

2. 民事主体在确定双方的民事权利和民事义务时，应当遵循公平合理的准则，公平交易，财产权利和财产义务相对应。

3. 民事主体之间应当以互利互惠的精神，正当行使民事权利和履行民事义务，彼此配合、互相尊重，实现双方共同的民事目的。

4. 司法机关在处理民事纠纷的过程中，在法律无具体明文规定的情况下，应当本着公平和正义的观念和准则，合理裁判，公正解决争议。

■ 守法和公序良俗原则

公序良俗是指公共秩序和善良习俗。守法和公序良俗原则要求自然人、法人和非法人组织在从事民事活动时，不得违反各种法律的强制性规定，不违背公共秩序和善良习俗。

《民法总则》第 8 条规定：民事主体从事民事活动，不得违反法律，不得违背公序良俗。民事法律对人们从事社会活动的行为予以调整，即个人利益和社会利益必须相互协调，个人权利的行使不是绝对自由的，应当受到国家法律和公序良俗的必要约束和限制，以维持社会生活的正常秩序。该原则存在的价值，实际上是对自愿原则进行限制，即民事主体在行使民事权利时要被限制在社会利益所许可的范围之内。

守法和公序良俗原则又可以细分为两项具体要求：

一是民事主体从事民事活动不得违反法律。“不得违反法律”中的法律不仅包括民事法律，还包括其他部门法。所谓不得违反法律，就是要求不违反法律的强制性规定。民事主体在从事民事活动时，只要法律未明文禁止，又不违背公序良俗，就可以根据自己的利益和需要创设权利、义务内容。在通常情况下，民法不会干预民事主体的行为自由，民法的大多数规范都是任意性规范。对于任意性规范，民事主体可以结合自身的利益需要，决定是否纳入自己的意思自治范围。但是，任何人的自由并非毫无限制，民法同样需要维护社会的基本生产、生活秩序，需要维护国家的基本价值追求，法律的强制性规范就是为了实现这一目的而制定的，民事主体在从事民事活动时，应当遵守法律的强制性规定。

二是民事主体从事民事活动不得违背公序良俗。不得违背公序良俗原则，就是不得违背公共秩序和善良习俗。公共秩序，是指政治、经济、文化等领域的基本秩序和根本理念，是与国家和社会整体利益相关的基础性原则、价值和秩序，在以往的民商事立法中被称为社会公共利益，在英美法系中也被称为公共政策。善良习俗是指基于社会主流道德观念的习俗，也被称为社会公共道德，是全体社会成员所普遍认可、遵循的道德准则。善良习俗具有一定的时代性和地域性，随着社会成员的普遍道德观念的改变而改变。公共秩序强调的是国家和社会层面的价值理念，善良习俗突出的则是民间的道德观念，二者相辅相成，互为补充。

■ 绿色原则

绿色原则是指民事主体从事民事活动，应当有利于节约资源、保护生态环境。

节约资源、保护生态环境的要求，在我国宪法和许多法律中都有规定。《宪法》第 9 条第 2 款规定：国家保障自然资源的合理利用，保护珍贵的动物和植物。禁止任何组织或者个人用任何手段侵占或者破坏自然资源。《民法总则》第 9 条规定：民事主体从事民事活动，应当有利于节约资源、保护生态环境。绿色原则是贯彻宪法关于保护环境的要求，同时也是落实党中央关于建设生态文明、实现可持续发展理念的要求，将环境资源保护上升至民法基本原则的地位，具有鲜明的时代特征，将全面开启环境资源保护的民法通道，有利于构建生态时代下人与自然的新型关系，顺应绿色立法潮流。《民法总则》将绿色原则确立为基本原则，规定民事主体从事民事活动，应当有利于节约资源、保护生态环境，这样既传承了天地人和、人与自然和谐共生的我国优秀传统文化理念，又体现了党的新发展理念，与我国是人口大国、需要长期处理好人与资源生态的矛盾的国情相适应。

作为民法的基本原则，该原则具有重要作用，体现在：

1. 确立国家立法规范民事活动的基本导向，即要以节约资源、保护生态环境作为重要的考量因素。

2. 要求民事主体本着有利于节约资源、保护生态环境的理念从事民事活动，树立可持续发展的观念。

3. 司法机关在审判民事案件、适用民事法律规定时，要加强对节约资源、保护生态环境的民事法律行为的保护。

本章小结

民法是规范市场经济的基本法，其地位仅次于宪法。民法源于罗马法的市民法，是调整地位平等的民事主体的自然人、法人和非法人组织之间的人身权利和财产关系的法律规范，因此，平等主体之间的人身权利和财产关系是其调整对象。一部民法沿着这样的线索展开：民事主体是民事法律关系的参加者，所有的民事主体，不分国籍、年龄、性别、职业，也不分自然人或组织体，均被抽象成一个符号和资格——“人”。民事主体进行物质资料的生产和交换离不开物权制度和债权制度，前者表现为人对物依法所享有的并排除他人干涉的支配权利，后者则着重反映商品交换过程中民事主体双方在法律上的权利义务，二者均反映了财产关系。人身关系在民法上表现为人身权，所以有了人身权制度。继承权和知识产权兼有财产权和人身权两种属性，也是民法的重要内容之一。

新中国成立以来，共进行过四次民法典起草工作。目前，《民法总则》已经正式颁布并实行。

民法的基本原则是其效力贯穿民法始终的基本原则，是制定、解释、执行和研究我国民法的指导思想，也是一种克服法律局限性的立法技术。这些基本原则是：平等原则、自愿原则、诚信原则、公平原则、守法和公序良俗原则以及绿色原则。

关键概念

民法　民法学　平等主体之间的财产关系　平等主体之间的人身关系
民法典　平等原则　自愿原则　守法和公序良俗原则　诚信原则
公平原则　绿色原则

思考题

1. 民法的基本特征是什么？
2. 民法学的基本内容有哪些？
3. 民法的调整对象是什么？
4. 如何理解平等主体之间的财产关系？
5. 如何理解平等主体之间的人身关系？
6. 什么是民法典？它有哪两种编纂体系？
7. 简述自愿原则的含义。
8. 简述平等原则的含义。
9. 简述诚信原则的含义。
10. 简述绿色原则的含义。

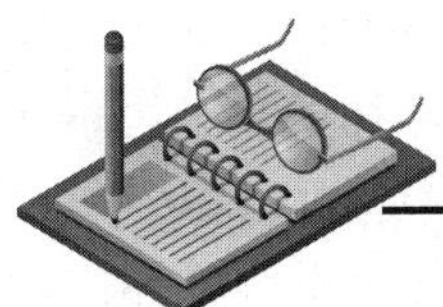

第二章 民事法律关系

导　学

本章内容是民法中的基础内容，对于以后的民法学习起着奠基作用。本章的内容主要是民事法律关系的概念和特征、民事法律关系的分类以及民事法律关系中的主体、客体和内容三要素。在学习时，注意掌握细节内容，并与具体制度相联系。

第一节　民事法律关系的本质

■ 民事法律关系的概念和特征

民事法律关系，是指由民法所调整的具有民事权利义务内容的社会关系。在社会生活中，个人和组织为了满足自身的各种需要，必须从事各种社会经济活动，如买卖、租赁、委托、承揽等活动，他们相互之间也就要发生各种社会关系。为了稳定社会生活秩序，有效地规范民事主体的行为，国家必然要运用包括法律在内的各种社会关系调整器来调整社会关系。其中，由民事法律规范所调整的社会关系，就是民事法律关系。可见，民事法律关系与民法的调整息息相关。民法是民事法律关系发生的前提，民事法律关系是民法发挥调整作用的必然结果。

民事法律关系，是现代社会中最重要的一类社会关系。一个自然人，从出生到死亡，一个法人，从登记成立到宣布解散，无时无刻不处在各种民事法律关系之中。可见，民事法律关系对每一个人和每一个法人都具有十分重要的意义。[①]

民事法律关系之形成，实际上是民法使社会关系秩序化的目的之实现过程，因此，民事法律关系在民法理论研究中具有重要地位，它是对各种具体的人身关系和财产关系的抽象，其理论可以用于对一切具体人身关系和财产关系的分析。因此，在一定意义上，可以

① 梁慧星．民法总论．北京：法律出版社，2001：60.

说民法学就是关于民事法律关系之学说，民事法律关系是民事法律制度的主线。理解民事法律关系的基本理论，有助于理解民法的各项制度及其调整机制。

民事法律关系首先是一种法律关系，但在法律关系之下，还存在着行政法律关系、刑事法律关系等与民事法律关系平行的法律关系门类。相较于这些门类的法律关系，民事法律关系具有以下特征：

1. 民事法律关系是在地位平等的民事主体之间发生的。民法调整的是平等主体之间的人身关系和财产关系，而民事法律关系是根据民法规范建立起来的关系，因而民事法律关系是平等主体之间所发生的社会关系。民事法律关系的主体地位平等，这就意味着他们的权利义务建立在平等的基础之上，在通常情况下，一方取得权利须以承担义务为前提，不允许只享有权利而不承担义务，或只承担义务而不享有权利。民事法律关系发生在地位平等的民事主体之间，也就决定了在民事法律关系中当事人的意志往往起着重要的作用。在许多情况下，民事法律关系的产生、变更和消灭以及民事法律关系的内容，都要取决于当事人的意志。只要当事人的意志符合国家意志，就应受到法律保护。民事法律关系中民事主体地位的平等，是民事法律关系区别于其他法律关系的一个重要特征。①

2. 民事法律关系以民事权利和民事义务为内容。在任何一个民事法律关系中，权利和义务都是一致的，权利的内容要通过相应的义务体现，而义务的内容则由相应的权利限定。当事人一方享有权利，必然有另一方负有相应的义务，民事权利和民事义务是从不同的角度来表现民事法律关系的内容的。民事法律关系通过这种民事权利和民事义务的限定，可以确认和保护当事人的合法权益，满足他们生产和生活的需要，达到他们各自的目的。

3. 民事法律关系体现对人身关系和财产关系的并重，但以财产关系的发生居多。民法的调整对象是平等主体之间的人身关系和财产关系，随着民法现代化、文明化的发展进程，人们对人身关系的重视程度不断加强，与此相适应，民法已逐步摆脱财产关系的褊狭。所以，民事法律关系既包含人身关系，也包含财产关系。现代社会体现出对两者的并重是民事法律关系的又一特征。但是，同样要看到，民法是商品经济发展的产物，因而由民法调整而形成的法律关系，大多是以直接物质利益为内容的财产关系，财产关系在民事法律关系中占有很大的比例。

4. 民事法律关系的保护措施主要为财产补偿性措施。民事法律关系的当事人地位平等，因而决定了一方不能惩罚另一方，惩罚只能存在于主体地位不平等的法律关系（如刑事法律关系、行政法律关系）中。例如，当事人之间约定的违约金，不允许具有惩罚性质。法律对于民事权利的保护，主要是赋予遭受损害的当事人一方以请求权。经由请求权的行使，弥补该当事人的损失。当民事法律关系被破坏时，法院科处的民事责任只是补偿受害人的损失。当事人承担民事责任的方式有返还财产、恢复原状、赔偿损失、支付违约金等。所以，民事法律关系的保障措施具有补偿性，以弥补损失为主要目的。

民事法律关系的分类

民事法律关系可以按不同的标准进行分类。民事法律关系的分类，对于把握具体的民事法律关系的性质和特点、了解当事人之间的相互关系和正确适用民事法律都具有重要

① 马俊驹，余延满．民法原论（上）．北京：法律出版社，1998：74.

意义。

（一）人身关系和财产关系

根据民事法律关系调整对象的不同或者说以是否直接具有财产或经济的内容为标准，民事法律关系可以分为人身关系和财产关系。

人身关系是指民事主体之间因人格利益和身份关系而形成的民事法律关系。如因人的姓名、名誉而发生的关系，因发明以及创造出科学、文学、艺术作品而发生的具有人身权利义务方面内容的法律关系，都属于人身关系。这类关系虽然不具有直接的物质利益内容，但并不是不与人的物质利益发生联系。

财产关系是民事主体之间因财产的归属和财产的流转而发生的民事法律关系。它直接以物质利益为内容，如财产所有权关系、债权关系、租赁关系等。

区分人身关系和财产关系的意义在于：

1. 有利于正确适用民法的基本原则。人身关系由于不具有直接的物质利益，人格和身份不是商品，因而诸如等价有偿等原则就不能适用。而财产关系是民法调整商品经济关系的结果，因而与商品经济密切联系的民法的基本原则如平等、自愿、等价有偿、诚实信用等在财产关系中必须得到充分的贯彻。①

2. 两类关系中权利的性质不同。人身关系中确立的权利一般与权利主体的人身不可分离，因而是不能转让的；而在财产关系中确立的权利是财产权利，通常是可以转让的。例如，荣誉权的权利人是不能把荣誉权转让给任何人的，而知识产权的权利人则可以将知识产权转让给他人行使。但人身权利的不可转让也存在例外，如法人、个体工商户的名称权就是可以转让的。

3. 对这两类关系的保护方法不同。人身关系受到侵犯，主要是通过非财产的手段即恢复被侵害的权利的方式加以保护，当事人承担民事责任的方式主要包括停止侵害、消除影响、恢复名誉、赔礼道歉等，但也可以通过赔偿损失等财产方式予以保护；而财产关系受到破坏时，主要适用财产补救的方式，通过返还原物、赔偿损失等民事责任的方式加以保护。

（二）绝对关系和相对关系

根据民事法律关系的义务主体范围即义务主体是否特定，可以将民事法律关系分为绝对关系和相对关系。

绝对关系是指义务主体范围不确定的那些民事法律关系。在这种法律关系中，权利人无须义务人的协助，即可直接行使和实现其权利；义务人则是权利主体以外的一切不特定的人，其义务一般表现为消极的不作为，即不实施任何妨碍权利人行使和实现其权利的行为。物权法律关系、人身权法律关系、知识产权法律关系为绝对关系。

相对关系是义务主体范围可确定的那类民事法律关系。在这种法律关系中，权利主体和义务主体都是特定的，权利人必须有具体的义务人积极协助才能实现其权利，义务人只是特定的一人或数人，其他第三人对权利人则不负有积极义务。如债权法律关系就为相对关系。在绝对关系不能实现时，也会产生相对关系。例如，所有权和人身权受到侵害时，就会在权利人和侵害人之间产生侵权损害赔偿关系。

---

① 马俊驹，余延满．民法原论（上）．北京：法律出版社，1998：76.

区别绝对关系和相对关系的意义在于，它有利于确定民事法律关系的义务人及其义务，有利于确定民事权利主体享有的权利及其行使和实现的方式，从而准确地适用民事法律规范。例如，保管关系是相对法律关系，保管人是义务人，负有妥善保管的义务，其他人则不负有这种义务，而只是与该财产的所有人处于绝对法律关系之中。其他人只要不实施侵害该财产的行为，对该财产的灭失就不负任何责任。寄存人只能向保管人或按照约定交付保管的第三人行使领取保管物的权利。

（三）物权关系和债权关系

根据民事权利主体实现其民事权利的不同方式，可以把财产关系区分为物权关系和债权关系。

物权关系是指物权人直接支配物并排除他人干涉的民事法律关系，物权人一般不需要义务人实施某种积极行为予以配合即可实现其权利，显然，它是一种绝对的民事法律关系。所有权关系以及其他关于物权的关系都是物权关系。

债权关系是指债权人有权要求债务人为一定行为的民事法律关系，债权人只有得到债务人的一定行为相配合才能实现其权利。债务人的一定行为通常是积极的行为，所以债权关系属于相对关系。

区分物权关系与债权关系的意义在于：物权和债权是两类基本的财产权，它们在主体特征、内容、客体、权利设定、期限、效力、保护方法上都有各自不同的特点，区分两者的不同特点有重要的意义。正是基于这种分类，民法中才建立了物权法和债权法这两种财产法律制度，财产的确权和流转才有了法律上的保障。

第二节　民事法律关系的要素

民事法律关系的要素是指构成民事法律关系必须具备的条件。任何民事法律关系都由主体、客体和内容三个要素构成。只要民事法律关系的任何一个要素发生变化，具体的民事法律关系就会随之变更。

■ 民事法律关系的主体

民事法律关系的主体，又称为民事主体，是指参与民事法律关系，享有民事权利、承担民事义务的人。

理解民事法律关系的主体，应当把握以下几点：

1. 民事法律关系的主体应当具备两个基本条件：其一是能够实际参加民事法律关系；其二是得到法律的承认和保护。任何个人和组织要成为民事主体，首先必须能够实际参加民事法律关系，同时还必须由法律赋予其主体资格，也就是要得到法律的认可，法律不予认可，就不能成为民事法律关系的主体，如古罗马及中国奴隶社会中的奴隶。

2. 民事法律关系的主体既可包括自然人，也可包括法人、非法人组织（如合伙）、国家等。自然人是民事法律关系的最重要的参与者；法人是自然人为进行更大规模的民事活动而采取的组织形式，是民事法律关系的另一类重要参与者；非法人组织是介于自然人和法人之间，未经法人登记的社会组织，也是民事法律关系的参与者之一；国家在某些情况下亦可作为民事主体，如以国家名义发行国库券，接受无主财产或无人继承的财产等。任何个人和组织要成为民事主体，必须由法律赋予其主体资格。民事主体资格的确定，应依据以下条件：其一，具备独立法律资格者应有自身的独立性；其二，赋予主体独立法律资格，必须对第三人有益无害；其三，赋予主体独立的法律资格，对其内部人员应利多弊少。①

3. 民事法律关系的主体由权利主体和义务主体构成，彼此相对而存在。在参加民事法律关系的当事人中，享有权利的一方是权利主体，承担义务的一方是义务主体。在某些民事法律关系（例如赠与等）中，一方只享有权利，另一方只承担义务。而在绝大多数的民事法律关系中，双方当事人都既享有权利又承担义务，例如买卖关系、委托关系等。在这些民事法律关系中，民事法律关系主体既可享受法律赋予的民事权利，同时又须履行法律所要求的义务，每一方当事人既是权利主体，又是义务主体。当事人的这种双重主体的身份，是由这些民事法律关系的双务性决定的。权利和义务的一致性是民事法律关系主体的重要特点。

4. 按照民事法律关系的各方主体的人数是否单一，民事法律关系的主体可以划分为单一主体和多数主体。在民事法律关系中，每一方主体可以是单一的，也可以是多数的。例如，在债权关系中，债权人和债务人每一方都既可以是一个人，也可以是几个人。

按照民事法律关系义务主体是否特定，民事法律关系的主体可以划分为特定主体和不特定主体。在相对法律关系中，权利主体和义务主体都是特定的；在绝对法律关系中，承担义务的一方是除权利人以外的一切不特定的人。

■ 民事法律关系的客体

民事法律关系的客体，是民事主体所享有的民事权利和承担的民事义务所共同指向的对象。民事权利和民事义务如果没有具体的对象，就将成为无法落实、毫无意义的东西，因而民事法律关系的客体也是构成民事法律关系的不可缺少的要素。

理解民事法律关系的客体，应当把握三点：

1. 民事法律关系的客体是民事主体享有民事权利和承担民事义务的基础。在通常情况下，民事主体是为了某项事务彼此才设立一定的权利、义务，从而建立民事法律关系的。当事人在参加民事法律关系的过程中，正是由于民事权利和民事义务共同指向的对象的存在，才享有民事权利、承担民事义务。

2. 民事法律关系的客体具有形式的多样性。民事法律关系客体的范围受一定生产力的发展水平和社会历史条件的制约，随着生产力的发展，民事法律关系客体的范围在不断扩大。现代社会中，随着财产及具有财产价值的东西日益增多，民事权利客体的多样性也日益增强。通常认为，目前民事法律关系的客体主要有五类：物、行为、智力成果、人身利益和权利。

物是存在于人体之外，能够为人力所支配并且能满足人类某种需要，具有稀缺性的物质对象，它主要是物权法律关系的客体，例如所有权、用益物权法律关系的客体一般仅限于物。由于物在民事法律关系中占有十分重要的地位，是最主要的民事法律关系客体，所

① 崔建远．市场秩序与法制完善．时代论评，1989（1）．

以各个国家和地区的民法典一般在总则中对之加以规定。

担保物权法律关系的客体一般也是物，但不限于物，还包括权利，如国有土地使用权抵押、权利质押等。继承权的客体（遗产）既有物也有权利。

债权法律关系的客体是行为，行为作为民事法律关系的客体，是指民事法律关系权利人行使权利的活动和义务人履行义务的活动。在严格意义上，债的法律关系的客体是给付行为，如运输合同法律关系、保管合同法律关系等。

人身权法律关系的客体是人身利益，人身利益具体地表现为人格和身份。人格在法律上表现为姓名或名称、生命健康、肖像、名誉、隐私等；身份在法律上表现为荣誉等。从我国目前的民事立法及司法解释来看，人身利益的法律保护日益受到重视，所以确立人身利益为民事法律关系的客体，不仅具有理论研究的意义，而且在实践中也有利于加强对人身权的保护。

知识产权法律关系的客体是智力成果，智力成果是人类在生产和社会实践中，用脑力劳动所创造的借助于一定的材料表现出来为人们所认识的自然科学、社会科学和艺术成就。近代，智力成果在推动社会进步方面起着越来越重要的作用，智力成果已经商品化，因此，智力成果也成为民事法律关系的客体。

3. 民事法律关系的客体与民事利益密切相关。从民事法律关系客体的五种形式可以看出，作为民事法律关系的客体，必然是具有物质利益或者人身利益的事物，否则人们也不会关心它，更不会为其设立各种民事法律关系。

■ 民事法律关系的内容

民事法律关系的内容，是指参与民事法律关系的民事主体所享有的民事权利和承担的民事义务。换句话说，法律关系主体间的民事权利和民事义务，构成了民事法律关系的内容。

作为民事法律关系内容的权利和义务，在民事法律关系中占有重要的地位，往往成为我们识别民事法律关系的性质、类别和社会属性的重要依据。例如买卖、赠与、租赁、保管等不同合同类别的划分，正是根据合同当事人之间权利、义务的不同而确定的；又如我们判断一个民事法律关系是公平的、互利的，还是属于欺诈的、显失公平的，也主要是从民事法律关系所确定的双方的权利和义务来观察的。

理解民事法律关系的内容，应当把握三点：

1. 民事法律关系的内容由民事权利和民事义务构成。民事权利，是指民法所确认的民事主体享有某种民事利益的可能性。民事权利是由民法所赋予的，并且构成民法的基本内容。它具体包括：（1）权利人依法直接享有某种利益，或者实施一定行为的自由；（2）权利人可以请求义务人为一定行为或不为一定行为，以保证其享有实现某种利益的自由；（3）这种自由是有保障的自由，它表现为在权利受到侵犯时，有权请求国家机关予以保护。

民事义务，是指民事主体依法应当为一定行为或不为一定行为从而使相对的民事主体实现其利益的可能性。它具体包括：（1）义务人必须依据法律的规定或合同的约定，为一定的行为或不为一定的行为，以便满足权利人的利益；（2）义务人只承担法定的或约定的范围内的义务，而不承担超出这些范围以外的义务；（3）义务人必须履行其义务。

2. 民事权利与民事义务是直接相互对应的。在任何一个具体的民事法律关系中，一方民事主体享有民事权利，都需要另一方民事主体承担相应的民事义务。权利和义务往往同时产生、变更和消灭。权利的内容要通过相应的义务表现，而义务的内容则由相应的权利界定。因此，民事权利和民事义务是从不同的角度来表现民事法律关系内容的。

3. 民事权利表现为法律保障其实现的性质，民事义务体现为法律强制其履行的特性。从性质上看，任何民事权利都体现着一定的利益，这种利益是权利人的个体利益与整个社会利益的结合。权利体现着一定的利益，实际上是确定人们享有利益和实现某种利益行为的范围或限度，在这一限度内，权利主体可以依自己的意志享有某种利益，由此表现出权利的意志因素，反映出权利人发挥其积极性、主动性的行为自由。

民事义务是一种受到国家强制力约束的法律义务，如果义务人不履行其义务，将依法承担法律责任。民事义务和民事权利一样，也是国家通过法律确认的，它规定了义务主体的行为范围，即义务人必须这样或那样做。[①] 没有义务人的这种必要行为，既不能满足权利人的利益需要，也不能维护国家所需要的社会秩序。

第三节　民事法律关系的发生、变更和终止

民事法律关系的发生、变更和终止是民事法律关系变动的三种形式。民事法律关系的变动，通常产生民事权利和民事义务变更的结果，但民事法律关系的变动不等同于民事权利变动，民事法律关系的变动为产生民事权利变动的前提，两者应有所区别：(1) 两者的发生不尽一致。通常情况下，民事法律关系发生时，民事权利和民事义务即行发生。但在附停止条件或附始期的法律行为中，民事法律关系虽发生，但其权利须待条件成就或期限届至方能发生。(2) 两者的变更并不一致。例如债权债务关系内容的变更，若属于法律关系性质变更或标的物的变更，肯定会导致民事权利性质和内容的变更，但如果仅仅是履行期限、履行方式的变更或所附条件、所附期限的变更，却并不导致民事权利的变更。(3) 两者的消灭亦不一致。例如在租赁关系中，租金请求权因清偿而消灭，但租赁关系并不随之消灭，须待期限届满方才消灭。又如代理关系消灭，但因代理关系而产生的报酬请求权并不消灭。

一　民事法律事实

民事法律事实，是指由民法所规定的，引起民事法律关系发生、变更和消灭的现象。

理解民事法律事实的内容，应当把握五点：

1. 民事法律事实是民法所规定的客观现象。首先，民事法律事实是一种客观的现象。没有表现为客观现象的主观意识，不是法律事实。例如，内心存在订立合同的意思，却未表示出来，这种内心意思不能使合同成立。其次，作为法律事实的客观现象必须符合民法的规定。能够作为法律事实的客观现象，必须是由民法规定的、能够引起一定的法律效果的客观现象，违反民法规定的客观现象不是法律事实。

---

① 佟柔．中国民法．北京：法律出版社，1990：35.

2. 民事法律事实能够引起民事法律关系的发生、变更和消灭。民事法律规范本身并不能在当事人之间引起民事上的权利、义务关系，而只是表明民事主体享有权利和承担义务的可能性。但是，法律可以根据需要，规定一些事实条件，当发生这些事实时，民事法律关系就会产生、变更和消灭。因此，民事法律关系是民事法律规范的规定和实际发生的民事法律事实的共同结果。

3. 具体民事法律关系的发生、变更和消灭对民事法律事实有不同的要求。不同的民事法律事实分别引起民事法律关系的发生、变更和消灭。如出租人和承租人订立租赁合同，导致当事人之间产生租赁法律关系。经过出租人的同意，承租人将承租的房屋加以维修，因而相应减少了承租人交付的租金，导致这一法律关系变更。租赁期满，当事人之间未再签订合同续租，导致这一法律关系消灭。可见，具体民事法律关系的发生、变更和消灭对民事法律事实有着不同的要求。

4. 民事法律事实分为事件和行为两大类。事件是指发生的某种客观情况，它与当事人无关。例如，人的死亡使得继承人取得继承遗产的权利，物的灭失引起所有权关系的消灭，他人的行为使当事人享有不当得利返还请求权，国家的征收使当事人丧失财产所有权等。行为则是指民事主体事实的活动，它是当事人的有意识的活动，引起民事法律后果。行为可以分为：(1) 民事行为，是指行为人确立、变更、终止民事权利义务关系的行为。民事行为是最主要的民事法律事实。(2) 准民事行为，是指行为人以法律规定的条件业已满足为前提，将一定的内心意思表示于外，从而引起一定法律效果的行为。它主要包括意思通知行为、观念通知行为和感情表示行为等。(3) 事实行为。行为人实施的一定行为，一旦符合了法律的构成要件，不管当事人主观上是否有确立、变更或消灭某一民事法律关系的意识，都会由于法律的规定，引起一定的民事法律后果。这种行为就是事实行为。事实行为有合法的，也有不合法的。从事智力创造活动，拾得遗失物、漂流物等属于合法的事实行为；侵害国家、集体的财产或他人的人身、财产则是不合法的事实行为。

5. 民事法律关系的产生、变更和消灭，有时只以一个法律事实为根据，有时需要以两个或两个以上的法律事实的相互结合为根据。例如，遗嘱继承法律关系，就需要立遗嘱的行为和遗嘱人死亡这两个法律事实才能发生。这种引起民事法律关系的产生、变更或消灭的两个以上的事实的总和，叫作民事法律关系的事实构成。要求事实构成的民事法律关系，只有在事实构成具备的情况下，才能引起民事法律关系的产生、变更和消灭。

民事法律关系的发生

民事法律关系的发生，又称民事法律关系的设立，是指因某种民事法律事实的存在而在民事主体之间形成了民事权利和义务关系。

理解民事法律关系的发生，应当把握两点：

1. 民事法律关系的发生，首先取决于某种民事法律事实的存在，通过民事法律事实，能够使民事法律所规定的权利义务转化为当事人实际享有的权利和承担的义务，可以说民事法律事实是联系民法所规定的权利及义务和当事人实际享有的权利及义务的桥梁。如自然人的死亡导致继承法律关系的产生，婚姻关系的当事人依法办理了结婚登记手续导致婚姻关系的发生，法人之间订立买卖合同使买受人和出卖人之间的买卖关系发生，某种侵权行为引起损害后果出现导致侵权赔偿关系发生。

2. 民事法律关系的发生，还有赖于法律的规定和合同约定的存在，因为作为法律事实的客观现象必须符合民法的规定才能导致民事法律关系的发生。如法律规定了监护人的设立，由此产生了监护人的监护职责；委托合同中确定了委托方和被委托方的权利和义务内容。

■ 民事法律关系的变更

民事法律关系的变更，又称民事法律关系的相对消灭，是指因某种民事法律事实的出现而使民事主体之间已经发生的民事法律关系的某一要素发生改变。

具体来说，因民事法律事实的出现而导致民事法律关系的变更包括：(1) 主体变更(权利主体或义务主体发生变化)；(2) 内容变更（民事主体享有的民事权利和承担的民事义务在范围和性质上发生变化)；(3) 客体变更（民事主体所享有的民事权利和承担的民事义务所共同指向的对象发生变化)。

理解民事法律关系的变更，应当把握两点：

1. 民事法律关系的变更原因，是法律所规定的或者合同约定的某种民事法律事实的出现。例如发生了法律规定的可以变更的民事行为，根据我国《合同法》第 54 条的规定，对于因重大误解订立的、在订立时显失公平的合同当事人一方有权请求人民法院或者仲裁机构变更或撤销。一方以欺诈、胁迫的手段或者乘人之危，使对方在违背真实意思的情况下订立的合同，受损害方有权请求人民法院或者仲裁机构予以变更或撤销。当事人请求变更的，人民法院或者仲裁机构不得撤销。人民法院依当事人的请求而变更当事人之间的合同，此时，当事人之间的民事法律关系就发生了变更。同时，当事人约定也可以变更民事法律关系，如当事人协议约定改变履行合同的标的、履行期限、履行地点、履行费用的承担、履行方式等。

2. 民事法律关系变更的结果，是使业已存在的民事法律关系的主体、客体和内容发生了某种变化，所以民事法律关系的变更，又可称民事法律关系的相对消灭。如经过出租人的同意，承租人将承租的房屋加以维修，因而相应减少了承租人应当交付的租金。在买卖合同中，当事人因重大误解将标的物理解偏差，人民法院判定，对合同中的标的物予以变更。

■ 民事法律关系的终止

民事法律关系的终止，又称民事法律关系的绝对消灭，是指因某种民事法律事实的出现而导致业已存在的民事法律关系归于消灭。

理解民事法律关系的终止，应当把握两点：

1. 民事法律关系终止的原因，是出现了某种民事法律事实，如委托合同中委托人取消了委托或者受托人辞去了委托而使委托关系结束；婚姻关系的当事人依法办理了离婚登记手续而使婚姻关系结束；专利权保护期限届满，专利进入公有领域而使原先的专利失去专利法的保护；等等。

2. 民事法律关系终止的法律后果，是指原本存在的某种民事法律关系不复存在。民事法律关系终止是民事法律关系完全意义上的消灭，因此有别于民事法律关系的变更，又可称为民事法律关系的绝对消灭。如商标权人因某种注册商标逾期未办理续展手续而丧失了商标权，法律对此商标不再以保护注册商标的方法加以保护；买卖合同出卖人和买受人的义务都履行完毕，各方的合同权利得以实现，买卖关系消灭；自然人死亡后，其婚姻关系消灭等。

本章小结

本章的内容主要是：民事法律关系的概念和特征，即民法所调整的具有民事权利义务内容的社会关系，它是民法调整地位平等的民事主体之间的民事权利和民事义务所形成的社会关系，以财产关系的发生居多，并以财产补偿为主要保护措施；民事法律关系的分类，即财产关系和人身关系、绝对关系和相对关系以及物权关系和债权关系；民事法律关系中的主体、客体和内容三要素；民事法律关系的发生、变更和终止的概念、条件及具体内容。

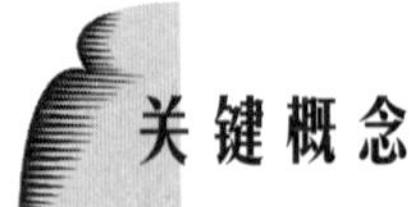

关键概念

民事法律关系　　财产关系　　人身关系　　绝对关系　　相对关系
民事法律事实

思考题

1. 试述民事法律关系的特征。
2. 简述民事法律关系的分类。
3. 民事法律关系的构成要素有哪些？

第三章 自然人

导　学

本章的内容是民事主体中的一个基本方面，包括了自然人、个体工商户、农村承包经营户以及合伙。在学习本章的内容时，注意其中一些具体内容的比较，包括民事权利能力和民事行为能力、宣告失踪和宣告死亡；还要注意一些细节，比如合伙的入伙、退伙等具体制度的内容。

第一节　自然人的民事权利能力

民事权利能力的概念和法律特征

《民法总则》第 13 条规定：自然人从出生时起到死亡时止，具有民事权利能力，依法享有民事权利，承担民事义务。第 14 条规定：自然人的民事权利能力一律平等。民事权利能力，是法律赋予民事主体进行民事活动，享有民事权利和承担民事义务的资格。它是公民参加民事法律关系、取得民事权利、承担民事义务的法律依据，也是公民享有民事主体资格的标志。在本质上，它是民事主体参加民事法律关系、取得民事权利和承担民事义务的一种可能性，反映着民事主体在民法上的地位。[①] 严格说来，“民事权利能力”应称为“民事权利义务能力”更贴切。但由于民法尊奉权利本位原则，往往从权利的角度去说明民事法律关系，因此民事权利义务能力被定型为民事权利能力，简称权利能力。[②]

自然人的民事权利能力与其享有的民事权利，是两个既有内在联系而又意义不同的法学概念，通过对两者的比较，我们可以清楚地认识民事权利能力的基本法律特征。[③]

---

① 尹田．民法教程．北京：法律出版社，1997：23.

② 刘书臻．新民法学．北京：人民出版社，1995：49.

③ 佟柔．中国民法学·民法总则．北京：中国人民公安大学出版社，1990：91.

第一，民事权利能力来源于法律的直接规定，即民事权利能力是法律所赋予的，而不是天赋的，也不是某个人的恩赐，更不是生而具有、先天带来的。不论民事主体是否实际参加了民事法律关系，它都是客观存在的。而民事权利是民事法律关系的要素，它是自然人在具体的民事法律关系中实际取得的，是自然人民事权利能力得以实现的结果。任何自然人只有参加到具体的民事法律关系中，才能实际享有民事权利。

第二，民事权利能力既包括民事主体取得民事权利的资格，也包括民事主体承担义务的资格，因此它既可称为权利能力，也可称为义务能力。民事权利和民事义务的一致性，是现代民法规定民事主体法律地位的通例。民事权利则是民事主体在具体的民事法律关系中实际取得的权利，它与民事义务是两个不同的概念，它们在具体的民事法律关系中，互相独立或者相互对等，并且是互相不可代替的。

第三，民事权利能力与民事主体不可分离，既不能放弃，也不能转让，他人也无权限制或剥夺，因为民法关于民事权利能力的规定属于强制性规范，不具有任意性。而民事权利则不然，除法律有规定外，民事主体可以依法转让或放弃某项民事权利，如民事权利中的财产权，有关机关也可以根据法律的规定，对民事主体的某项民事权利进行限制行使或剥夺。

第四，民事权利能力的内容和范围均系法律直接决定的，不反映民事主体的个人意志。而民事权利则是民事主体在实际参加民事活动时根据自己的意愿而取得、变更或消灭的，民事权利的具体内容也是根据民事主体的意志而确定的，反映着民事主体个人的意志。

自然人民事权利能力的开始和终止

《民法总则》第 13 条规定：自然人从出生时起到死亡时止，具有民事权利能力，依法享有民事权利，承担民事义务。可见，自然人的民事权利能力始于出生，终于死亡，终生享有。

如何确定出生时间，对自然人能否享有民事权利能力具有重要意义。西方学者有种种不同主张，如阵痛说、初声说、露出说、独立呼吸说等。我国学者一般认为，出生应以婴儿活着和离开母体为准，也就是说，胎儿全部露出离开母体，并且能独立呼吸即为活婴的时间，就是自然人出生的时间。根据《民法总则》第 15 条的规定，自然人的出生时间，以出生证明记载的时间为准；没有出生证明的，以户籍登记或者其他有效身份登记记载的时间为准。有其他证据足以推翻以上记载时间的，以该证据证明的时间为准。

由于自然人的民事权利能力始于出生，这就必然涉及尚未出生的胎儿的法律地位如何确认的问题。为了保护其出生后的健康成长，各国民法都做了特别的规定，如瑞士民法规定，凡涉及对胎儿个人利益的保护，均视为胎儿已出生，即总括性保护；法、德等多数国家只对胎儿利益应予以保护的事项，如继承、遗赠，在立法上做出具体规定，视为具有与出生婴儿相同的权利能力，即予以个别的保护。我国《民法总则》第 16 条规定：涉及遗产继承、接受赠与等胎儿利益保护的，胎儿视为具有民事权利能力。但是胎儿娩出时为死体的，其民事权利能力自始不存在。由此规定可以看出，我国民法也在特别领域赋予了胎儿一定的权利能力，更全面地保护了胎儿的利益。

自然人的民事权利能力，可分为一般民事权利能力与特殊民事权利能力。一般民事权利能力，泛指参加一般民事法律关系的法律资格；特殊民事权利能力，指参加特定的民事法律关系所要求的法律资格。自然人特殊民事权利能力受年龄限制，如结婚的民事权利能力受到法定婚龄的限制；参加劳动的民事权利能力，亦受到应满一定年龄的限制。

自然人的民事权利能力到自然人死亡时终止。自然人一旦死亡，便失去了从事民事活动、参加民事法律关系的可能性和必要性，法律上就不能再保留其民事权利能力。公民的死亡包括生理死亡和宣告死亡两种情形。生理死亡又称自然死亡或绝对死亡，是指自然人的生命最终结束的客观事实。如何认定生理死亡的时间，历来有种种学说，如脉搏停止说、心脏搏动停止说等。随着现代医学的发展，移植器官手术的成功和完善，各国又普遍推出脑死亡学说。可见，死亡时间的确定在于医学技术水平，应当以医学上确定的死亡时间为准。在我国，一般是以呼吸和心跳均告停止的时间为生理死亡的时间。自然人生理死亡的时间，一般以医生签署的死亡证明上所记载的死亡时间为准，没有死亡证明的，以户籍簿上登记的死亡时间为准。①

宣告死亡又称推定死亡或相对死亡，是指自然人离开其住所下落不明，满一定期限，经利害关系人申请，人民法院依法定程序宣告其死亡的民事法律制度。宣告死亡产生与生理死亡相同的法律结果。

自然人死亡后，涉及其婚姻关系终止、遗产继承开始等一系列问题，因而认定自然人死亡的具体时间具有重要意义。尤其在相互有继承关系的若干人共同遇难的情况下，当不能确知其死亡时间之先后时，只能借助价值判断，予以法律拟制。各国民事立法一般采取推定死亡时间的办法。如《法国民法典》（第 720～722 条）实行死亡在后的推定；《瑞士民法典》（第 32 条）实行同时死亡的推定。根据我国《民法总则》第 15 条的规定，自然人的死亡时间，以死亡证明记载的时间为准；没有死亡证明的，以户籍登记或者其他有效身份登记记载的时间为准。有其他证据足以推翻以上记载时间的，以该证据证明的时间为准。由于各种原因，出生证明、死亡证明以及户籍登记或者其他有效身份登记记载的时间，也有可能出现记载错误的情况。如果有其他证据足以推翻出生证明、死亡证明以及户籍登记或者其他有效身份登记记载的时间的，应以该证据证明的时间为准。最高人民法院的司法解释指出：相互有继承关系的几个人在同一事件中死亡，如不能确定死亡时间的，推定没有继承人的人先死亡。死亡人各自都有继承人的，如几个死亡人辈分不同，推定长辈先死亡；几个死亡人辈分相同，推定同时死亡，彼此不发生继承，他们各自的继承人分别继承。这项规定从保护继承人的利益出发，遵照自然规律来解决推定死亡的问题，因而较为合法。②

第二节　自然人的民事行为能力

■ 自然人民事行为能力的概念和法律特征

民事主体进行民事活动，不仅应当具有民事权利能力，还必须具有民事行为能力。民

---

① 佟柔．中国民法．北京：法律出版社，1990：70．

② 佟柔．中国民法学·民法总则．北京：中国人民公安大学出版社，1990：99．

事行为能力，是指根据法律的规定，民事主体以其行为从事民事活动和承担民事义务的能力。民事活动是一种涉及财产利益或其他利益的活动，需要行为人具有相当的判断能力和认知能力。如果行为人对自己的行为结果缺乏必要的预见，则行为人自身的利益就难以得到保护，同时，也不利于维护社会经济秩序的稳定。因此，民法在赋予一切自然人以民事权利能力，承认每个自然人都可以享受权利和承担义务的同时，确认具备一定心理条件的自然人具有民事行为能力，可以独立参加民事活动，不具备一定心理条件的自然人不能独立参加民事活动或只能独立参加在一定范围内的、与其心智能力相适应的、简单的民事活动。这样，有利于保护自然人的合法权利，维护社会交易安全。①

自然人的民事行为能力具有如下法律特征：

第一，自然人的民事行为能力由法律直接规定。自然人是否具有独立从事民事活动的能力，并不取决于公民的主观意愿，而是由国家法律为维护人民的合法权益和保障社会的正常秩序而予以规定的。

第二，自然人的民事行为能力受到自然人的年龄和智力状况的影响。并非一切自然人都具有相同的民事行为能力，这种能力是受客观条件限制的。只有达到一定年龄、智力状态正常的自然人，才能正确地理解其行为的社会意义，独立完成某一民事行为，取得民事权利、承担民事义务。

第三，自然人的民事行为能力只在法定情形下依法定程序受到限制或被取消。民事行为能力是法律赋予自然人的从事民事活动的资格，它有效地保障着自然人获得应有的合法权益。民法有关自然人民事行为能力的规定属于强制性规范，对于自己的民事行为能力，自然人不得转让和放弃。除非法律规定的应当限制或取消自然人民事行为能力的情形出现，非依法定程序，任何个人和组织均无权限制或取消公民的民事行为能力。②

第四，自然人的民事行为能力从内容上看，既包括因实施合法行为而取得民事权利和承担民事义务的能力，又包括因实施违法行为而承担民事责任的能力。

■ 自然人民事行为能力的类型

立法是现实的反映。自然人作为民事主体，虽然都平等地享有民事权利能力，但每个自然人对其行为的认识能力，是受年龄、精神状态等客观因素影响的。为使自然人的民事权利不因其年龄和精神状态的因素而受到不应有的损失，同时保障社会的正常秩序，客观上需要对民事活动参加者的行为能力加以区分。③ 根据公民的年龄、精神健康状态等因素，我国民法将公民的民事行为能力分为三种类型。

1. 完全民事行为能力。这是指达到一定年龄、智力正常的公民享有的以自己的独立行为从事民事活动的能力。《民法总则》第 17 条明确规定：18 周岁以上的自然人是成年人。不满 18 周岁的自然人为未成年人。第 18 条第 1 款规定：成年人为完全民事行为能力人，可以独立实施民事法律行为；第 18 条第 2 款规定：16 周岁以上的未成年人，以自己的劳动收入为主要生活来源的，视为完全民事行为能力人。这一规定包含两项内容：

（1）普通的完全民事行为能力人。年满 18 周岁的自然人为成年人，法律赋予其完全

---

① 尹田．民法教程．北京：法律出版社，1997：27.

②③ 佟柔．中国民法学·民法总则．北京：中国人民公安大学出版社，1990：100.

民事行为能力的资格，可以独立地进行民事活动，属于完全民事行为能力人。之所以将18周岁作为成年的标志，这是结合我国宪法的规定，并考虑自然人的生理、心理和智力发育的规律得出的。

（2）特殊的完全民事行为能力人。在现实生活中，有一部分16周岁以上的未成年人，已经参加社会劳动，有固定收入或比较稳定的收入，并能够以他们自己的这些劳动收入为主要生活来源，可以认为，这些自然人基本上具备了独立处理自己事务的能力。在法律上把他们视为完全民事行为能力人，赋予他们与成年人相同的民事行为能力，这对保护这些自然人的合法权益和维护社会秩序都有重要意义。

2. 限制民事行为能力。这是指达到一定年龄的未成年人和精神不健全的不能完全辨认其行为后果的成年人所享有的可以从事与其智力、年龄和精神状况相适应的民事活动的能力。《民法总则》第19条规定：8周岁以上的未成年人为限制民事行为能力人，实施民事法律行为由其法定代理人代理或者经其法定代理人同意、追认，但是可以独立实施纯获利益的民事法律行为或者与其年龄、智力相适应的民事法律行为。《民法总则》第22条规定：不能完全辨认自己行为的成年人为限制民事行为能力人，实施民事法律行为由其法定代理人代理或者经其法定代理人同意、追认，但是可以独立实施纯获利益的民事法律行为或者与其智力、精神健康状况相适应的民事法律行为。

因此，限制民事行为能力人应包括两种人：一种是8周岁以上的未成年人；另一种是不能完全辨认自己行为的成年人。8周岁以上的未成年人虽然身体和智力已经发育到一定程度，对社会事物具有一定的识别能力和判断能力，但因其年龄尚小，智力发育未成熟，缺乏各种必要的社会知识和社会活动经验，不能充分预见其行为的社会结果和法律意义，对许多民事行为不能做出正确、全面的判断。因此，法律虽然根据他们的需要给予一定的从事民事活动的行为能力，但为维护他们的切身利益和社会经济秩序，必须对其民事行为能力加以必要限制。不能完全辨认自己行为的成年人，虽然已经成年，但由于各种障碍，他们的感觉、知觉、记忆、思维和情绪等精神活动失去正常状态，不能像一般成年人那样认识和判断事物，因而要对其民事行为进行限制，使其进行与自己的精神健康状况相适应的民事活动。

3. 无民事行为能力。这是指完全不具有以自己的独立行为从事民事活动的能力。《民法总则》第20条明确规定：不满8周岁的未成年人为无民事行为能力人，由其法定代理人代理实施民事法律行为。第21条规定：不能辨认自己行为的成年人为无民事行为能力人，由其法定代理人代理实施民事法律行为。8周岁以上的未成年人不能辨认自己行为的，适用前款规定。且第23条规定：无民事行为能力人、限制民事行为能力人的监护人是其法定代理人。可见，我国民法所规定的无民事行为能力人有两种：一种是不满8周岁的未成年人；另一种是不能辨认自己行为的成年人。这些自然人因年龄小或存在其他严重障碍，对事物缺乏判断能力，不能独立进行民事活动。为了保护这些自然人的合法权益，当他们需要进行民事活动时，应由其法定代理人代理进行，以保证其合法民事权益的实现。①

① 尹田．民法教程．北京：法律出版社，1997：31.

■ 自然人民事行为能力的法律宣告

自然人的民事行为能力由于其年龄、精神健康状态的变化而具有可变性。一是造成自然人作为无民事行为能力人和限制民事行为能力人的客观障碍已经消失，使其成为限制民事行为能力人和完全民事行为能力人；二是由于出现了法律上规定的情形，导致享有完全民事行为能力和限制民事行为能力的自然人在法律上蜕变为限制民事行为能力人和无民事行为能力人。为保护自然人的合法权益，维护社会正常秩序，需要对民事行为能力状态发生改变的自然人进行法律宣告。[①]

根据《民法总则》第 24 条的规定，对自然人民事行为能力的法律宣告，应遵循以下的法律规则：

第一，“不能辨认或者不能完全辨认自己行为的成年人，其利害关系人或者有关组织，可以向人民法院申请认定该成年人为无民事行为能力人或者限制民事行为能力人”。没有利害关系人的申请，人民法院不得主动进行宣告。这里所说的利害关系人，主要是指不能辨认或不能完全辨认自己行为的成年人的父母、成年子女以及其他亲属等。宣告自然人为无民事行为能力人或限制民事行为能力人，不仅关系到该自然人能否独立进行民事活动的问题，而且关系到对他人合法权益的保护和社会经济秩序的稳定，所以只有人民法院才有权依照法定的审判程序做出宣告。人民法院对自然人无民事行为能力或限制民事行为能力的宣告，应根据司法精神病学鉴定或者参照医院的诊断、鉴定确认。

第二，“被人民法院认定为无民事行为能力人或者限制民事行为能力人的，经本人、利害关系人或者有关组织申请，人民法院可以根据其智力、精神健康恢复的状况，认定该成年人恢复为限制民事行为能力人或者完全民事行为能力人”。

第三，“本条规定的有关组织包括：居民委员会、村民委员会、学校、医疗机构、妇女联合会、残疾人联合会、依法设立的老年人组织、民政部门等”。

第三节　监　护

■ 监护的概念和功能

监护，是对无民事行为能力人和限制民事能力人加以监督和保护的民事法律制度。为了保护无民事行为能力人和限制民事行为能力人的合法权益，维护社会正常经济秩序，法律设立了监护制度。在监护关系中，履行监督和保护职责的人称为监护人，监护人可以是具有完全民事行为能力的自然人，也可以是社会组织。作为监护对象的无民事行为能力人、限制民事行为能力人称为被监护人。

监护制度的功能在于：

第一，保护无民事行为能力人和限制民事行为能力人的合法民事权益。由于无民事行为能力人和限制民事行为能力人不能以自己的行为独立地享受民事权利、承担民事义务，而实行监护制度，就可由监护人作为代理人，代理或协助被监护人进行民事活动和民事诉讼，保护被监护人的合法权益。

---

① 佟柔．中国民法学·民法总则．北京：中国人民公安大学出版社，1990：105.

第二，弥补无民事行为能力人和限制民事行为能力人在民事行为能力方面的缺陷。无民事行为能力人和限制民事行为能力人由于不具备从事民事活动的生理和心理基础，不能独立进行民事活动。监护制度通过监护人的代理行为进行民事活动，解决了无民事行为能力人和限制民事行为能力人在民事行为能力方面的困难或障碍。

第三，监督无民事行为能力人和限制民事行为能力人实施正常的民事行为。无民事行为能力人和限制民事行为能力人由于缺乏对自身行为的社会后果和法律意义的正确认识，可能实施不法行为，给他人的合法权益造成损害。设立监护制度，可由监护人对无民事行为能力人和限制民事行为能力人加以监督和约束，防止他们实施违法行为。

监护人的设定

监护人是指对无民事行为能力人和限制民事行为能力人加以监督和保护的人。各国民法规定的设立监护人的方式有三种[①]：第一种为法定监护，指监护人直接根据法律规定产生；第二种为遗嘱监护，指监护人由父母通过遗嘱的方式为未成年子女指定；第三种为指定监护，是指监护人由人民法院或其他有权指定监护人的单位、组织的指定而产生。在我国，根据无民事行为能力人和限制民事行为能力人的具体情形，可分别为其设定法定监护人、遗嘱监护人、指定监护人、协议确定监护人和意定监护人。

法定监护人，是指根据法律的直接规定而为无民事行为能力人和限制民事行为能力人设定的监护人。《民法总则》第 26 条规定：父母对未成年子女负有抚养、教育和保护的义务。成年子女对父母负有赡养、扶助和保护的义务。根据第 27 条的规定，父母是未成年子女的监护人。未成年人的父母已经死亡或者没有监护能力的，由下列有监护能力的人按顺序担任监护人：（1）祖父母、外祖父母；（2）兄、姐；（3）其他愿意担任监护人的个人或者组织，但是须经未成年人住所地的居民委员会、村民委员会或者民政部门同意。根据第 28 条的规定，无民事行为能力或者限制民事行为能力的成年人，由下列有监护能力的人按顺序担任监护人：（1）配偶；（2）父母、子女；（3）其他近亲属；（4）其他愿意担任监护人的个人或者组织，但是须经被监护人住所地的居民委员会、村民委员会或者民政部门同意。

关于遗嘱监护人，《民法总则》第 29 条规定：被监护人的父母担任监护人的，可以通过遗嘱指定监护人。有权以遗嘱的形式指定监护人的主体仅限于父母，其他任何人都不能以遗嘱的形式指定监护人。被监护人的父母可以通过立遗嘱的形式为被监护人指定监护人，但前提是被监护人的父母正在担任着监护人，如果父母因丧失监护能力没有担任监护人，或者因侵害被监护人合法权益被撤销监护人资格等不再担任监护人的，父母已不能再通过立遗嘱的形式为被监护人指定监护人。

指定监护人，是指当无民事行为能力人和限制民事行为能力人的法定监护人对由谁担任监护人发生争议时，则由有关社会组织为无民事行为能力人和限制民事行为能力人在法定监护人中指定某人担任监护人。《民法总则》第 31 条规定：对监护人的确定有争议的，由被监护人住所地的居民委员会、村民委员会或者民政部门指定监护人，有关当事人对指定不服的，可以向人民法院申请指定监护人；有关当事人也可以直接向人民法院申请指定

① 佟柔．中国民法学·民法总则．北京：中国人民公安大学出版社，1990：119.

监护人。居民委员会、村民委员会、民政部门或者人民法院应当尊重被监护人的真实意愿，按照最有利于被监护人的原则在依法具有监护资格的人中指定监护人。依照该条第一款规定指定监护人前，被监护人的人身权利、财产权利以及其他合法权益处于无人保护状态的，由被监护人住所地的居民委员会、村民委员会、法律规定的有关组织或者民政部门担任临时监护人。监护人被指定后，不得擅自变更；擅自变更的，不免除被指定的监护人的责任。第 32 条规定：没有依法具有监护资格的人的，监护人由民政部门担任，也可以由具备履行监护职责条件的被监护人住所地的居民委员会、村民委员会担任。

关于协议确定监护人，《民法总则》第 30 条规定：依法具有监护资格的人之间可以协议确定监护人。协议确定监护人应当尊重被监护人的真实意愿。协议监护具有以下几个特点：

第一，协议主体必须是依法具有监护资格的人。未成年人的父母有监护能力的，不得与其他人签订协议，确定由其他人担任监护人，推卸自身责任。对于未成年人，协议监护只限于父母死亡或者没有监护能力的情况，协议的主体为：(1) 祖父母、外祖父母；(2) 兄、姐；(3) 经未成年人住所地的居民委员会、村民委员会或者民政部门同意的其他愿意担任监护人的个人或者有关组织。对于父母丧失监护能力的，父母可以不作为协议监护的主体，但对协议确定监护人也可以提出自己的意见，具有监护资格的人在协议确定未成年人的监护时，从有利于保护被监护人的利益出发，应当尽量予以尊重。对于无民事行为能力或者限制民事行为能力的成年人，协议的主体为：(1) 配偶；(2) 父母、子女；(3) 其他近亲属；(4) 经该成年人住所地的居民委员会、村民委员会或者民政部门同意的其他愿意担任监护人的个人或者有关组织。

第二，协议确定的监护人必须从具有监护资格的人之间产生，不得在法律规定的具有监护资格的人之外确定监护人。在具有监护资格的人之外确定监护人的，协议监护无效。

第三，协议监护是具有监护资格的人合意的结果，合意产生后，由协议确定的监护人担任监护人，履行监护职责。监护人一旦确定，即不得擅自变更，否则要承担相应的法律责任。

第四，协议确定监护人对被监护人的利益影响重大，应当充分尊重被监护人的真实意愿。

关于意定监护人，《民法总则》第 33 条规定：具有完全民事行为能力的成年人，可以与其近亲属、其他愿意担任监护人的个人或者组织事先协商，以书面形式确定自己的监护人。协商确定的监护人在该成年人丧失或者部分丧失民事行为能力时，履行监护职责。

监护人的职责

《民法总则》第 34 条规定：监护人的职责是代理被监护人实施民事法律行为，保护被监护人的人身权利、财产权利以及其他合法权益等。监护人依法履行监护职责产生的权利，受法律保护。监护人不履行监护职责或者侵害被监护人合法权益的，应当承担法律责任。第 35 条规定：监护人应当按照最有利于被监护人的原则履行监护职责。监护人除为维护被监护人的利益外，不得处分被监护人的财产。未成年人的监护人履行监护职责，在做出与被监护人利益有关的决定时，应当根据被监护人的年龄和智力状况，尊重被监护人的真实意愿。成年人的监护人履行监护职责，应当最大限度地尊重被监护人的真实意愿，保障并协助被监护人实施与其智力、精神健康状况相适应的民事法律行为。对被监护人有能力独立处理的事务，监护人不得干涉。

因此，监护人的职责主要有以下几项：

1. 保护被监护人的人身、财产及其他合法权益。监护人应当保护被监护人人身方面的合法权益，主要包括被监护人的生命权、健康权、姓名权、肖像权、名誉权、荣誉权等。监护人应当保护被监护人财产方面的合法权益，主要表现为被监护人的个人财产所有权、继承权和受赠权等。监护人为了被监护人的利益，可以合理利用或处分被监护人的财产。当被监护人的人身、财产和其他合法权益受到非法侵害时，监护人作为法定代理人有权代理被监护人请求人民法院给予保护，代为参加民事诉讼活动。①

2. 监督被监护人从事民事活动。被监护人由于缺乏对自身行为的社会后果和法律意义的正确认识，可能实施不法行为，从而给他人的合法权益造成损害，因此监护人要注意监督被监护人从事的民事行为。

3. 代理被监护人参加民事法律关系。监护人在代理被监护人参加民事法律关系、从事民事活动时，必须以被监护人的名义进行，依法为被监护人取得民事权利，设立民事义务。未成年的监护人履行监护职责，在做出与被监护人利益有关的决定时，应当根据被监护人的年龄和智力状况，尊重被监护人的真实意愿。成年的监护人履行监护职责，应当最大限度地尊重被监护人的真实意愿，保障并协助被监护人实施与其智力、精神健康状况相适应的民事法律行为。对被监护人有能力独立处理的事务，监护人不得干涉。

4. 管束和教育被监护人。未成年人尚处在身心发育时期，监护人有义务对其进行德育、智育、体育等方面的培养和教育。被监护人由于缺乏对其行为后果的正确认识，可能会实施损害国家、集体和他人利益的行为，因而要求监护人对被监护人进行管理和教育，约束被监护人的行为，防止其实行不法行为。如果监护人不履行监护职责，致使被监护人实施了损害国家、集体和他人利益的行为，监护人须对被监护人造成的损害承担民事责任。监护人能够证明确实尽了监护职责的，可以减轻他的民事责任。②

■ 监护的终止

监护是为保护无民事行为能力人和限制民事行为能力人的人身和财产利益而设立的。一旦被监护人已经可以自我保护和具有正常生活能力，或者没有保护必要时，或者监护人的行为显然对被监护人有重大不利，监护继续存续也就没有意义，应该终止。监护的终止，又称监护的撤销，是指设立监护人的原因消失或监护人不适格时，依法撤销监护关系。

监护的终止包括两种情形：

第一，监护的自然终止。根据《民法总则》第 39 条的规定，有下列情形之一的，监护关系终止：（1）被监护人取得或者恢复完全民事行为能力；（2）监护人丧失监护能力；（3）被监护人或者监护人死亡；（4）人民法院认定监护关系终止的其他情形。监护关系终止后，被监护人仍然需要监护的，应当依法另行确定监护人。具体如设定监护人的未成年人已经成年或者精神病人已经恢复了正常的健康状态，取得了完全民事行为能力，不必经

① 佟柔．中国民法．北京：法律出版社，1990：77.

② 佟柔．中国民法学·民法总则．北京：中国人民公安大学出版社，1990：123.

过法定程序，便自动撤销原来的监护关系。为未成年人和精神病人设立监护，是因为他们没有民事行为能力或者只有部分民事行为能力。一旦未成年人随着年龄的增长而成为成年人，精神病人因治愈已经恢复正常状态，那么他们就取得或恢复了完全民事行为能力。这时监护对于他们来说就不必要了，从而监护随之终止。[①]

第二，监护的诉讼终止，是指监护人不履行监护职责，或者其行为侵害了被监护人的人身财产权益，经利害关系人或者有关社会组织申请，法院可以通过诉讼程序撤销原监护人的资格，并依法另行指定监护人。《民法总则》第 36 条规定：监护人有下列情形之一的，人民法院根据有关个人或者组织的申请，撤销其监护人资格，安排必要的临时监护措施，并按照最有利于被监护人的原则依法指定监护人：(1) 实施严重损害被监护人身心健康行为的；(2) 怠于履行监护职责，或者无法履行监护职责并且拒绝将监护职责部分或者全部委托给他人，导致被监护人处于危困状态的；(3) 实施严重侵害被监护人合法权益的其他行为的。该条规定的有关个人和组织包括：其他依法具有监护资格的人，居民委员会、村民委员会、学校、医疗机构、妇女联合会、残疾人联合会、未成年人保护组织、依法设立的老年人组织、民政部门等。前款规定的个人和民政部门以外的组织未及时向人民法院申请撤销监护人资格的，民政部门应当向人民法院申请。第 37 条规定：依法负担被监护人抚养费、赡养费、扶养费的父母、子女、配偶等，被人民法院撤销监护人资格后，应当继续履行负担的义务。第 38 条规定：被监护人的父母或者子女被人民法院撤销监护人资格后，除对被监护人实施故意犯罪的外，确有悔改表现的，经其申请，人民法院可以在尊重被监护人真实意愿的前提下，视情况恢复其监护人资格，人民法院指定的监护人与被监护人的监护关系同时终止。

监护制度设立的目的在于保护无民事行为能力人和限制民事行为能力人的人身、财产和其他合法权益，若监护人的行为侵害了被监护人的合法权益，这就会使监护制度的功能得不到有效实现。此时，应取消原监护人的监护资格，依法另行确立监护人，以期保护被监护人的合法权益，从而亦使监护这一法律制度的功能得到圆满发挥。

第四节　宣告失踪

一、宣告失踪的条件和程序

宣告失踪，是指自然人离开其住所下落不明满一定期限，经利害关系人申请，由人民法院依法定程序宣告其为失踪人的民事法律制度。建立宣告失踪制度是必要的，因为失踪人生死不明的事实如任其长期存在下去，与失踪人有关的财产关系即处于一种不稳定状态中，这显然不利于社会经济生活的稳定，不利于保护失踪人及其利害关系人的合法权益。而宣告失踪制度是人民法院在法律上以推定方式确认自然人失踪的事实，结束失踪人财产无人管理、所承担的义务得不到履行的不正常状态，从而维护自然人的合法权益和社会经济秩序的稳定。[②]

---

① 佟柔．中国民法学·民法总则．北京：中国人民公安大学出版社，1990：124.

② 同①127.

《民法总则》第40条规定：自然人下落不明满二年的，利害关系人可以向人民法院申请宣告该自然人为失踪人。第41条规定：自然人下落不明的时间从其失去音讯之日起计算。战争期间下落不明的，下落不明的时间自战争结束之日或者有关机关确定的下落不明之日起计算。因此宣告自然人失踪必须具备以下条件：

第一，自然人离开其住所下落不明。所谓下落不明，按照司法解释，是指自然人离开最后居住地后没有音讯，或者没有确切音讯，从而根本无法寻找到本人。

第二，自然人下落不明的状态持续超过了法定期限。《民法总则》规定的宣告失踪条件中，自然人下落不明应满二年，自自然人音讯消失之日起算，战争期间下落不明的，从战争结束之日或者有关机关确定的下落不明之日起计算下落不明的期限。

宣告失踪的程序是：第一，由下落不明的自然人的利害关系人向人民法院提出宣告失踪的申请。所谓利害关系人，是指在法律上与被申请宣告失踪人存在一定的人身关系或者民事权利义务关系的人。主要有被申请宣告失踪人的配偶、父母、子女、兄弟姐妹，以及祖父母、外祖父母、孙子女、外孙子女等近亲属，还包括与被申请宣告失踪人有民事权利义务关系的人，主要是指被申请宣告失踪人的债权人、合伙人等。只有利害关系人提出宣告某自然人为失踪人的申请，人民法院才能依法宣告，否则，即使某自然人下落不明已满二年，人民法院也不能主动宣告。第二，由人民法院依照民事诉讼程序宣告失踪。人民法院是唯一有权宣告某自然人为失踪人的机关，其他任何组织、自然人都无权宣告他人为失踪人。最高人民法院的司法解释规定，人民法院审理的宣告失踪的案件，比照民事诉讼法规定的特别程序进行。人民法院审理宣告失踪案件，应当查清被申请宣告失踪人的财产，指定临时管理人或者采取诉讼保全措施，发出寻找失踪人的公告。公告期间为6个月，期间届满，人民法院根据被宣告失踪人的失踪事实是否得到确认，做出宣告失踪的判决或终结审理的裁定。如果判决宣告失踪，应当同时指定失踪人的财产代管人。①

■ 宣告失踪的法律后果

宣告失踪并不影响自然人的主体资格，他仍然是具有民事权利能力的主体，因而不产生其财产所有权移转的法律结果，也不改变与其人身有关的民事关系。根据《民法总则》的规定，宣告失踪的法律后果涉及两个方面。

第一，失踪人财产的管理。《民法总则》第42条规定：失踪人的财产由其配偶、成年子女、父母或者其他愿意担任财产代管人的人代管。代管有争议，没有前款规定的人，或者前款规定的人无代管能力的，由人民法院指定的人代管。指定失踪人的财产代管人，应根据对保护失踪人财产有利的原则，按照以上规定的顺序指定。没有上述代管人，或者他们无能力作为代管人，或者不宜作为代管人的，人民法院可以指定有关组织为失踪人的财产代管人。无民事行为能力人、限制民事行为能力人失踪的，其监护人即为代管人。代管人可以是一人，也可以是多人，财产代管人在管理失踪人的财产时，应当遵守法律的要求，恪守代管职责，而不得使用和处分失踪人的财产，或将其财产据为己有。《民法总则》第44条规定：财产代管人不履行代管职责、侵害失踪人财产权益或者丧失代管能力的，失踪人的利害关系人可以向人民法院申请变更财产代管人。财产代管人有正当理由的，可

① 佟柔．中国民法学·民法总则．北京：中国人民公安大学出版社，1990：128.

以向人民法院申请变更财产代管人。人民法院变更财产代管人的，变更后的财产代管人有权要求原财产代管人及时移交有关财产并报告财产代管情况。

第二，失踪人债务的承担。《民法总则》第 43 条第 2 款规定：失踪人所欠税款、债务和应付的其他费用，由财产代管人从失踪人的财产中支付。由于失踪人并未丧失民事权利主体资格，其原来享有的民事权利仍然有效，所承担的民事义务仍须履行，因此决定了失踪人在失踪之前所应缴纳的税款、所欠债务以及失踪期间应支付的其他费用，并不因其失踪而免除。失踪人的财产代管人，应当依法以失踪人的财产清偿失踪人应当缴纳的税款和应当偿还的债务，以及支付应付的其他费用。债权人要求失踪人缴纳税款、清偿债务的，可以直接向代管人请求，代管人拒绝支付的，可以将代管人作为被告提起诉讼。代管人应付的“其他费用”，根据司法解释主要包括赡养费、扶养费、抚育费和因代管财产所必需的管理费和劳务费等费用。[①]

根据《民法总则》第 43 条第 3 款可知，财产代管人因故意或者重大过失造成失踪人财产损失的，应当承担赔偿责任。

宣告失踪的撤销

《民法总则》第 45 条规定：失踪人重新出现，经本人或者利害关系人申请，人民法院应当撤销失踪宣告。失踪人重新出现，有权要求财产代管人及时移交有关财产并报告财产代管情况。

如果失踪人重新出现或者有人确知其下落的，经本人或者利害关系人的申请，法院应当撤销所做的失踪宣告判决，此即宣告失踪的撤销。自然人下落不明是宣告其失踪的事实根据，一旦被宣告失踪的自然人重新返回住所或工作单位，或者被宣告失踪自然人的亲属、朋友、同事、本人单位等已知道了失踪人的确实下落，那么，法律上继续认定其失踪就丧失了事实根据，应当撤销对该自然人的失踪宣告。宣告失踪的撤销必须符合法律规定的条件，按法定程序进行。宣告失踪的撤销条件有两种：第一，被宣告失踪人重新出现；第二，他人确知失踪人的下落。宣告失踪撤销的程序，首先是由被宣告失踪本人或者他的利害关系人（配偶、父母、子女、祖父母、外祖父母、兄弟姐妹以及与宣告失踪者有民事权利义务关系的公民和法人）依法向人民法院提出要求撤销宣告失踪的申请；然后由人民法院对申请人提出的申请进行审核，对被宣告失踪人重新出现和关于得知失踪人确切下落的事实进行认真查证；查证确实之后，人民法院即依法做出撤销宣告失踪的判决。

第五节　宣告死亡

宣告死亡的条件和程序

宣告死亡，是指自然人离开其住所下落不明满一定期限，经利害关系人申请，人民法院依法定程序宣告其死亡的民事法律制度。它是人民法院以判决的方式推定公民死亡，从法律上消灭失踪自然人人格的法律手段，它能引起与自然死亡同样的法律后果。如果一个

① 佟柔．中国民法学·民法总则．北京：中国人民公安大学出版社，1990：130.

自然人下落不明多年，以他为中心的一切民事法律关系都将长期处于不稳定状态，如其配偶不能再婚，其继承人不得接受其财产，其债权人不得实现债权，债务人无法履行义务。因此，宣告死亡的法律制度，有利于结束由于自然人下落不明而产生的民事权利义务的不确定状态，保护该自然人的继承人和其他近亲属、利害关系人的合法利益，也有利于发挥财产的效用，维护正常的社会经济秩序。由于宣告死亡能引起与自然死亡同样的法律后果，因此宣告死亡必须具备法定的条件和经过法定程序。①

宣告死亡的条件为：

第一，自然人离开其住所或最后居住地下落不明，杳无音讯，不知生死。

第二，自然人下落不明的状态持续超过了法定期限。根据《民法总则》第46条的规定，自然人下落不明满四年的或因意外事故下落不明满两年的，其利害关系人可以向人民法院申请宣告该自然人死亡；因意外事件下落不明，经有关机关证明该自然人不可能生存的，申请宣告死亡不受二年时间的限制。从该规定可以看出，自然人下落不明满四年或因意外事故下落不明从事故发生之日起满两年就是宣告死亡的法律事实。

宣告死亡的程序是：

第一，利害关系人向人民法院提出宣告下落不明的自然人死亡的申请。利害关系人是指与下落不明的自然人有直接民事权利义务关系的民事主体，其范围包括：配偶、父母、子女、兄弟姐妹、祖父母、外祖父母、孙子女、外孙子女和其他有民事权利义务关系的自然人、法人及其他社会组织。由于宣告死亡与宣告失踪不同，宣告死亡将会引起与自然死亡同样的法律后果，因此与宣告失踪相比，宣告死亡更应当慎重。为此，司法解释对申请宣告死亡的利害关系人规定了一个顺序：(1) 配偶；(2) 父母、子女；(3) 兄弟姐妹、祖父母、外祖父母、孙子女、外孙子女；(4) 其他有民事权利义务关系的人。根据上述的顺序规定，人民法院在审理宣告死亡的案件时，一定要对提出宣告死亡申请的利害关系人的身份资格进行严格的审查，在前一顺序利害关系人未提出宣告死亡的情况下，其他利害关系人不得提出申请。《民法总则》第47条规定：对同一自然人，有的利害关系人申请宣告死亡，有的利害关系人申请宣告失踪，符合该法规定的宣告死亡条件的，人民法院应当宣告死亡。

第二，人民法院依民事诉讼程序发出寻找失踪人的公告，公告期为一年，但因意外事故下落不明，经有关机关证明该自然人不可能生存的，宣告死亡的公告期间为三个月。公告期间届满仍寻找不到失踪人的，人民法院即可认定被申请人死亡并做出宣告失踪人死亡的判决。

根据我国的司法解释，宣告失踪不是宣告死亡的必经程序，即自然人下落不明的情形符合宣告死亡的条件时，利害关系人可以不经过申请宣告失踪而直接申请宣告死亡。如果其利害关系人只申请宣告失踪，人民法院应宣告失踪。如果在申请宣告失踪或宣告死亡问题上利害关系人之间发生争议，应以前一顺序利害关系人的申请为准。如果同一顺序的利害关系人中有人申请宣告死亡，而有人不同意宣告死亡，则应当宣告死亡。

---

① 尹田．民法教程．北京：法律出版社，1997：35.

宣告死亡的日期确定

《民法总则》第48条规定：被宣告死亡的人，人民法院宣告死亡的判决做出之日视为其死亡的日期；因意外事件下落不明宣告死亡的，意外事件发生之日视为其死亡的日期。

宣告死亡的法律效果

宣告死亡是从法律上消灭失踪自然人人格的法律制度，因此，宣告死亡引起的法律后果与自然人自然死亡的法律后果相同，包括四个方面：

第一，被宣告死亡的自然人终止了民事主体资格。

第二，被宣告死亡的自然人所参与的民事法律关系发生变更或者终止。

第三，被宣告死亡的自然人的婚姻关系，自死亡宣告之日起消灭。

第四，被宣告死亡的自然人，其财产转化为遗产，以继承程序转移。被宣告死亡的自然人的继承人可以依照继承法的规定开始继承其遗产，没有遗产继承人或者继承人放弃继承权的，按继承法的规定，其遗产应归国家或者集体组织所有。

但《民法总则》第49条的规定，自然人被宣告死亡但是并未死亡的，不影响该自然人在被宣告死亡期间实施的民事法律行为的效力。

宣告死亡的撤销

宣告死亡是对自然人已经死亡的一种法律推定。实际上，该自然人可能已经死亡，也可能没有死亡。一旦被宣告死亡的自然人重新出现，或者确知其没有死亡，那么，为维护该自然人的合法权益，在法律上就必须要撤销原来的死亡宣告。因此，宣告死亡的撤销，是指被宣告死亡的人重新出现，或者有人确知被宣告死亡人的下落，经本人或者利害关系人申请，人民法院应当撤销对其的死亡宣告。宣告死亡撤销制度的目的，在于保护受到不真实死亡宣告的人及其亲属的利益，同时兼顾善意相对人的信赖利益。[①]

根据《民法总则》第49、51、52、53条的规定，宣告死亡被撤销后，引起如下法律后果：

第一，自然人在被宣告死亡期间所实施的民事法律行为有效。因为宣告死亡是一种法律上的推定，如果被宣告死亡的自然人事实上仍生存着，那么他仍然具有民事权利能力，可以参与民事活动，依法享受民事权利和承担民事义务。如果他是一个完全民事行为能力人，在其被宣告死亡期间，其所实施的民事法律行为仍然具有效力。[②]

第二，宣告死亡被撤销后，婚姻关系从撤销死亡宣告之日起自行恢复；但其配偶已经再婚或者向婚姻登记机关书面声明不愿意恢复的除外。

第三，被宣告死亡的自然人在被宣告死亡期间，其子女被他人依法收养，于死亡宣告撤销后，该收养关系仍受法律保护。因此，被宣告死亡的人在死亡宣告被撤销后，仅以未经本人同意为由而主张收养无效的，人民法院一般不予准许，但收养人和被收养人同意解除收养关系的除外。

第四，如果利害关系人隐瞒真实情况（明知或应知失踪公民并未死亡）而使他人被宣

---

① 刘书臻．新民法学．北京：人民出版社，1995：70.

② 佟柔．中国民法学·民法总则．北京：中国人民公安大学出版社，1990：135.

告死亡的，除应返还财产及孳息（指原物所产生的新的经济利益，包括天然孳息和法定孳息两种）外，还应赔偿给被宣告死亡自然人造成的损失。

第五，被撤销死亡宣告的自然人有权请求返还财产，如果其原物已被第三人合法取得，第三人可不予返还，这是为了保护善意相对人的利益，从而维护交易的安全。但按照继承法取得原物的自然人或者社会组织应当返还原物或给予适当补偿。

第六节　个体工商户和农村承包经营户

■ 个体工商户的概念和法律特征

个体工商户，是指自然人从事工商业经营，经依法登记的民事主体。

个体工商户具有以下法律特征：

第一，个体工商户是独立的民事主体，享有民事权利和承担民事义务。

自然人以个体工商户的资格从事商品生产和经营活动，就成为民事主体的一种特殊形式，取得了某些商品生产和经营活动的特殊民事权利能力和民事行为能力，享有一定的民事权利，包括合法财产的占有、使用、收益和处分的权利，依据合同和法律享有的各种债权，等等；同时，个体工商户对所负债务承担无限责任。

第二，个体工商户须依法办理登记。

个体工商户经工商行政管理机关核准登记，取得营业执照后方为成立。个体工商户成立后，必须在核准登记的范围内从事经营，不得擅自超出经营范围进行活动。个体工商户改变字号以及生产经营范围、合并、转让、停业等，也必须到相应的工商行政管理机关进行登记。

第三，个体工商户从事工商业经营活动，属于私营经济范畴。

从本质上看，个体工商户是以个人或者家庭占有的生产资料从事工商业经营，这与农村承包经营户依承包经营合同利用集体所有的土地从事经营活动不同，属于私营经济范畴。

第四，个体工商户从事民事活动，必须遵守法律的相关规定。

个体工商户只能在法律规定的范围内从事生产经营活动，行使民事权利，承担民事义务，包括经营范围、经营行为等方面，都不得超出法律规定的界限，否则按照违法经营处理。

■ 农村承包经营户的概念和法律特征

根据《民法总则》第 55 条的规定，农村承包经营户是指农村集体经济组织的成员，依法取得农村土地承包经营权，从事家庭承包经营的民事主体。农村承包经营户是我国实行家庭承包责任制后出现的新事物，是农村经济体制改革、商品经济发展的产物。农户的家庭承包经营已成为我国农村集体经济组织中的重要经营方式。这种经营方式，扩大了农民的自主权，发挥了小规模经营的优越性。《民法总则》规定了农村承包经营户的法律地位，对保护农村承包经营户的合法权益、促进农村家庭承包经营的发展具有重要意义。①

---

① 马原．中国民法教程．北京：中国政法大学出版社，1995：57.

农村承包经营户是农村集体经济组织的成员，以户为单位，通过与集体组织签订农业承包合同，取得集体所有的或国家所有由集体使用的土地、山岭、果园及其他生产资料的承包经营权。因此，农村集体经济组织的成员只有当与集体组织签订了承包合同，才享有农村承包经营户的民事主体资格。其法律特征为：

第一，农村承包经营户是农村集体经济组织的成员，与农村集体经济组织密切相关，属于集体所有制经济的分散经营方式。农村的土地等主要生产资料属于集体所有，承包经营者则是农村集体经济组织的成员，由此决定了农村承包经营户并不属于个体经济范畴，而是农村集体经济组织的一种生产经营模式的法律表现。这是农村承包经营户与个体工商户的区别之一。①

第二，农村承包经营户是独立的民事主体，依法享有民事权利和承担民事义务。农村承包经营户属于公民中一种特殊的民事主体，享有特殊的民事权利能力和民事行为能力。农村承包经营户具有相对独立的商品生产者和经营者的地位，在其经营范围内，以户的名义独立参加民事法律关系，取得民事权利，承担民事义务。

第三，农村承包经营户按照与集体经济组织订立的承包合同从事商品经营活动。农村承包经营户从事的是商品经营活动。农村承包经营户必须按照承包合同从事商品经营活动。承包合同，是农户承包经营的前提，是农户占有生产资料和取得经营权的基础。在承包合同规定的范围内，农村承包经营户一方面能够自主地安排生产计划、作物布局、增产措施，并统一支配户的劳动力，组织生产协作，独立或相对独立地完成任务；另一方面能够以独立或相对独立的商品生产者和经营者的身份进入交换领域，与其他民事主体发生商品关系。②

第四，农村承包经营户从事民事活动必须遵守法律的相关规定。农村承包经营户在承包经营活动中，必须遵守国家法律，履行法律规定的义务，承包人违法经营或不履行国家法律规定的义务，应承担相应的法律责任。

■ 个体工商户和农村承包经营户的民事责任承担

个体工商户和农村承包经营户对外以户的名义从事民事活动，在享有民事权利的同时也应当承担民事责任，这也是其作为民事主体的体现。

个体工商户和农村承包经营户在对外承担民事责任时，应依照《民法总则》和我国相关司法解释的规定。这方面的规定主要有：

第一，个体工商户、农村承包经营户的债务，区分不同的经营主体，采用不同的承担方式。个体工商户的经营活动如果是由个人经营的，以个人财产承担，且承担无限清偿责任，而不能涉及家庭财产；如果是由家庭经营的，则以家庭共有财产承担无限责任；无法区分的，以家庭财产承担。农村承包经营户的债务，以从事农村土地承包经营的农户财产承担；事实上由农户部分成员经营的，由该部分成员的财产承担。

第二，以自然人个人名义申请登记的个体工商户和个人承包的农村承包经营户，用家庭共有财产投资或者其收益的主要部分供家庭成员享用的，其债务应以家庭共有财产承

---

① 佟柔．中国民法学·民法总则．北京：中国人民公安大学出版社，1990：137.

② 佟柔．中国民法．北京：法律出版社，1990：89.

担。这是因为经营主体有时候不易区分，有的家庭由一个或几个成员为代表从事经营活动，表面上看是个人经营，而实际上以家庭共同财产投资，经营的收益也由整个家庭享有，如果这时仅以个人财产对债务承担责任，不利于公平和债权人利益的保护。因此法律规定，用家庭共有财产投资或者其收益的主要部分供家庭成员享用的，视为家庭承包经营，其债务应以家庭共有财产承担无限责任。

第三，在夫妻关系存续期间，一方从事个体经营或者承包经营的，其收入为夫妻共同财产，债务亦应以夫妻共同财产清偿。按照我国《婚姻法》的规定，婚姻存续期间，夫妻任何一方取得的合法收入均为夫妻共同财产，从事个体经营或者承包经营的收入也是同样。依据夫妻共同财产制的法理，在夫妻关系存续期间产生的债务，也应该由夫妻共同财产清偿，这一原则也同样适用于从事个体经营或者承包经营的债务。

第四，个体工商户、农村承包经营户的债务，如以家庭共有财产承担责任，应当保留家庭成员的生活必需品和必要的生产工具。这是基于家庭共同生产和生活的考虑，当用家庭共同财产承担债务的时候，要考虑家庭成员的基本生活和生产需要，为其保留必要的财产，使其能够继续从事基本活动，不致因为债务而失去继续生存的条件。

第七节　合　伙

合伙的概念和法律特征

合伙，是指自然人、法人或者其他组织订立合伙合同，共同出资、合伙经营、共享收益、共担风险的营利性组织。合伙属于非法人组织的重要类型，得以自己的名义进行民事活动。

我国《民法总则》并未对合伙做出详细的规定，仅在第 102 条明确了合伙属于非法人组织的一种。《民法总则》第 102 条第 2 款规定："非法人组织包括个人独资企业、合伙企业、不具有法人资格的专业服务机构等。"自然人组成合伙后，即形成新的民事主体，对外以合伙的名义从事民事活动，承担民事责任。虽然合伙不具有法人资格，但它仍然是独立的民事主体，在对外的民事活动中，合伙与自然人的主体资格是不同的。

合伙具有以下法律特征：

第一，合伙的设立基础是合伙人之间的合伙协议。

合伙在本质上是一种当事人各方允诺出资，以经营共同事业的合意，因而合伙协议就是合伙得以成立并存续的基础。合伙人相互之间权利和义务的约束主要是依据合伙协议来进行的，合伙协议应当明确约定合伙人的出资义务，出资的数额、方式、时间，合伙财产的归属，合伙收益的分配，合伙事务经营，入伙和退伙等事宜。合伙必须遵守合伙协议，按照协议的约定享有权利和履行义务。

第二，合伙的物质基础是合伙人之间的共同出资，并形成合伙财产。

合伙经过合伙人的出资形成合伙自身的财产，才能对外从事民事活动。合伙人出资数额可以不等，种类也可以不同。《合伙企业法》第 16 条第 1 款规定：合伙人可以用货币、实物、知识产权、土地使用权或者其他财产权利出资，也可以用劳务出资。合伙人可以依据出资的价值，确定合伙人享有的合伙财产的份额，从而确定合伙人收益分配和债务分担的比例。

第三，合伙的经营活动由合伙人共同决定。

合伙的一个重要特点是合伙人共同经营、共同管理。《合伙企业法》第 26 条规定：合伙人对执行合伙事务享有同等的权利。按照合伙协议的约定或者经全体合伙人决定，可以委托一个或者数个合伙人对外代表合伙企业，执行合伙事务。作为合伙人的法人、其他组织执行合伙事务的，由其委派的代表执行。合伙是在合伙人协商一致的基础上形成的集合体，所以合伙人对合伙的内部事务享有充分的民主权利。

第四，合伙的盈余分配由合伙协议确定或者按合伙人的另行约定处理。

合伙的盈余分配是将合伙的损益分配给个人，它直接关系到各个合伙人的切身利益，所以应当按照一定的方法分配。通常情况下，各合伙人应按其在合伙中的出资份额的比例分享盈利和分担亏损。在合伙人有合同约定的情况下，按约定的办法分配。

第五，合伙的对外债务，由合伙人按照出资比例或者协议的约定以各自的财产承担清偿责任，各合伙人对合伙的债务承担连带责任。

合伙存续期间产生的债务，各个合伙人都应以自己的全部财产承担清偿责任，即合伙人对合伙债务负无限责任，当合伙财产不足以清偿债务的时候，合伙的债权人有权向各个合伙人要求清偿，合伙人可以按照出资比例或者协议的约定以各自的财产承担清偿责任。此外，合伙人还要对合伙的债务承担连带责任，也就是说，每个合伙人都对合伙的债务负有全部清偿的责任，债权人有权向一个或几个合伙人要求清偿全部合伙债务，当某个合伙人承担了此项债务后，有权向其他负有连带义务的合伙人追偿其应当负担的份额。当事人之间对债务承担比例的约定，仅在其内部有效，不能用来对抗债权人。

合伙的成立

合伙的成立必须符合法律的规定，根据《民法总则》和相关司法解释及有关的行政法规，成立合伙的法律要求是：

第一，合伙人应当对出资数额、盈余分配、债务承担、入伙、退伙、合伙终止等事项订立书面协议。

由于合伙协议是合伙存续的基础，因此合伙人在设立的时候，必须订立合伙协议。合伙协议应当明确出资数额、盈余分配、债务承担、入伙、退伙、合伙终止等事项，以保证合伙事务按照协议的规定进行。

第二，合伙可以起字号，依法办理工商登记，在核准登记的范围内从事经营活动。

合伙作为独立的民事主体，可以有自己的字号，有字号的合伙在进行了工商登记后，可以在核准的范围内以自己字号的名义从事民事活动。这可以使合伙与其他民事主体相区分，也有利于合伙创立自己的商誉，促进其经营活动。

第三，当事人之间没有书面合伙协议，又未经工商行政管理部门核准登记，但具备合伙的其他条件，如有两个以上无利害关系人证明有口头协议的，应当认定为合伙关系成立。

这是法律对事实上的合伙关系的一种认定。有时候，合伙人之间并不签订合伙协议，而是直接根据口头的约定从事合作事务。如果发生争议，因为没有合伙协议就认定合伙关系不存在，既不利于当事人民事利益的实现，也不利于保护善意相对人。因此法律规定，当事人之间没有书面合伙协议，又未经工商行政管理部门核准登记，但具备合伙的其他条件，如有两个以上无利害关系人证明有口头协议的，认定为合伙关系成立。这样，合伙人以合伙名义从事的民事活动就有了法律依据。

合伙的加入和退出

合伙的加入，又称入伙，是指在合伙经营期间，原合伙人以外的人申请加入合伙并取得合伙人身份的行为。关于入伙的法律要求，根据我国相关的司法解释，在合伙经营过程中增加合伙人，书面合伙协议有约定的，按照约定办理；书面合伙协议未约定的，必须经过全体合伙人的同意；未经全体合伙人同意的，应当认定入伙无效。之所以如此规定是因为：首先，第三人加入合伙，亦为合伙协议的一种变更，故在无特别协议的情况下，应以全体合伙人的同意为条件；其次，合伙人之间对合伙债务负连带清偿责任，任何一个合伙人无力偿还合伙债务时，必将加重其他合伙人的责任。新合伙人与其他合伙人享有一致的权利和承担一致的义务，按其各自出资的比例获取盈余和负担亏损，并共同享有合伙现存的全部债权。同时，新合伙人也应与其他合伙人一起对合伙原有的债务承担连带责任。

合伙的退出，又称退伙，是指在合伙存续期间，原合伙人退出合伙组织，从而丧失合伙人身份的行为。合伙是因合伙人彼此信任而成立的，合伙人入伙自愿，退伙也应自由。关于退伙的法律要求，依照我国相关的司法解释，合伙人退伙，书面合伙协议有约定的，按照书面合伙协议处理；书面合伙协议未约定的，原则上应予准许退伙。但因其退伙给其他合伙人造成损失的，应当考虑退伙的原因、理由以及双方当事人的过错等情况，确定其应承担的赔偿责任。

合伙人退伙必然涉及财产结算和债务分担等问题。在结算标准方面，退伙人与其他合伙人之间的结算，应以退伙时的财产状况为准，如果合伙事务尚未了结，应在以后了结时计算。[①] 合伙人退伙应按约定分担合伙经营期间发生的合伙债务。合伙人退伙时未按约定分担或者未合理分担合伙债务的，退伙人对原合伙人的债务应当承担清偿责任，退伙人已分担合伙债务的，对其参加合伙期间的全部债务负连带责任。合伙人退伙时有权分割合伙财产，包括合伙人投入的财产、合伙期间积累的财产和合伙债权等，入伙的原物在退伙时原则上应当予以退还，退还原物确有困难的，可以折价处理，但不应损害退伙人的合法权益。[②]

合伙的内部财产关系

合伙的内部财产关系，包括合伙财产的构成和合伙财产的管理与使用。

合伙财产的构成不仅对合伙的债权人或合伙人的债权人关系重大，而且对于合伙人之间的相互关系也十分重要。合伙财产是指合伙人在成立合伙时投入的财产和合伙经营期间积累起来的财产，包括资金和实物。根据《民法总则》的规定，合伙的财产来源于两个方面：第一是成立合伙时由合伙人投入的财产，包括资金和实物。合伙人成立合伙时投资财产的行为称为出资。合伙人的出资总额反映了合伙的经营规模和经济实力，关系到合伙在

---

① 佟柔．中国民法．北京：法律出版社，1990：154.

② 郑立，王作堂．民法学．北京：北京大学出版社，1997：100.

进行民事活动时的资信声誉。各个合伙人的出资数额则可反映每个合伙人的股权利益和合伙债务的分担比例。出资数额可以用货币表示，也可以用股份表示。[①] 第二是在合伙经营期间积累起来的财产。合伙经营积累的财产，包括用合伙经营积累的资金购买的机器及交通工具等，未分配的合伙盈余、合伙债权，以及合伙的名称权（商号）、专利权、商标权等无形财产权。[②] 在性质上，这两部分财产都应属于合伙人的共有财产。

对合伙的共有财产，应当由合伙人统一管理和使用以实现成立合伙的目的。可以说合伙组织对合伙财产的统一管理和使用，反映出在合伙关系中存在着一种与合伙人个人意志相区别的团体意志，是合伙财产具有一定的团体属性的重要表现。原则上，非经全体合伙人的一致同意，任何合伙人都不能使用和处分合伙的财产。但在无法达成一致意见的情况下，即在合伙人之间对合伙财产的管理和使用发生分歧时，应当按照少数服从多数或出资少者服从出资多者的原则决定合伙财产的管理体制和使用事宜。总之，合伙乃是以经营共同事业为目的的一种团体关系，其财产系为此目的而存在，故具有团体财产的性质，这样才能保证合伙组织按照合伙事业经营的需要统一管理使用，实现合伙经营的目的。所以，任何合伙人均不得擅自使用或处分合伙财产，以防止对合伙事业造成损害及侵犯其他合伙人的合法权益。[③]

合伙的经营

《合伙企业法》第 26 条规定：合伙人对执行合伙事务享有同等的权利。按照合伙协议的约定或者经全体合伙人决定，可以委托一个或者数个合伙人对外代表合伙企业，执行合伙事务。作为合伙人的法人、其他组织执行合伙事务的，由其委派的代表执行。根据这条法律规定的要求，合伙的经营涉及合伙的经营决策、合伙经营事务的执行、合伙经营的监督、合伙经营结果的承担四个方面。

第一，合伙的经营决策，由全体合伙人共同决定。合伙作为若干公民共同出资、共同经营的组织，其经营好坏与盈亏状况直接影响每一个合伙人的利益，由此决定合伙的经营活动，包括经营范围的改变、合伙人的变动、合伙人出资份额的向外转让、经营收益分配等合伙的重大事务，都必须由全体合伙人共同决定。如果合同没有特别规定，合伙人不论出资多少和以何物出资，对合伙事务均有同等的表决权。当然，在日常业务活动中，为了不影响合伙的经营决策和日常业务的执行，不排除按照少数服从多数的原则或多数份额的原则来达成合伙的共同意志。

第二，合伙经营的事务由全体合伙人共同执行或者委托合伙人中的一人或数人执行。各国合伙法规定，除合同另有约定外，合伙人均有执行合伙事务的权利和义务。但是，合伙作为一种社会组织，要正常地开展事务，不可能由各个合伙人分别执行，通常在签订合伙合同时，各合伙人就应民主推举出能力较强、威信较高的合伙人作为负责人。因此，合伙负责人是由全体合伙人共同推举或委托合伙人中的一人或数人担任的，由该负责人对外代表合伙人的利益，对内承担经营管理职责。合伙负责人的权力由全体合伙人赋予，并接

---

① 佟柔．中国民法学·民法学．北京：中国人民公安大学出版社，1990：141.

② 郑立，王作堂．民法学．北京：北京大学出版社，1997：96.

③ 同②95.

受全体合伙人的监督。

第三，合伙经营的监督权，由全体合伙人共同行使或分别行使。合伙负责人或执行人应定期向全体合伙人报告合伙事务执行、合伙财产、债权人债务等情况，并定期公布账目，以便其他合伙人进行监督。合伙人对合伙事务有检查监督的权利，不允许合伙人以协议的方式放弃或剥夺。①

第四，合伙经营的结果，无论是由合伙负责人还是合伙人委托的其他人造成的，均应由全体合伙人承担民事责任。合伙负责人或合伙人委托的其他人在权利范围之内的经营活动是代表全体合伙人的民事法律行为，其行为所产生的法律效果归属于全体合伙人，所以应该由全体合伙人承担连带民事责任。

■ 合伙的对外财产关系

合伙的对外财产关系，包括以下两个方面：

1. 合伙与其他民事主体发生的物权法律关系和债权法律关系。合伙作为独立的民事主体，可以与其他民事主体就财产归属和财产流转进行民事活动，从而取得财产所有权或设定债权。

2. 合伙对外承担的债务清偿责任。合伙债务，是指于合伙关系存续期间，合伙人以其字号或全体合伙人的名义，在与第三人发生的民事法律关系中所承担的债务。根据《民法总则》和相关司法解释的规定，合伙的债务，由合伙人按照出资比例或者协议的约定，以各自的财产承担清偿责任，全体合伙人对合伙的债务承担连带清偿责任，但法律另有规定的除外。偿还合伙债务超过自己应当承担数额的合伙人，有权向其他合伙人追偿。由此规定可以看出：

（1）合伙人内部对合伙债务的分担属于按份责任，也就是说，在合伙人内部，对合伙债务的清偿责任可以由合伙协议确定，如约定按一定比例承担或平均承担等。如果合伙协议对此没有约定或者约定不明确，则由合伙人按出资比例对合伙债务承担清偿责任。

（2）合伙人“以各自的财产承担清偿责任”，是指合伙人对合伙债务清偿责任的财产范围，不限于合伙人出资的财产，也包括合伙人所有的而未出资的其他财产，即合伙人对合伙债务承担着无限清偿的责任。合伙人之所以对合伙债务承担无限清偿责任，主要是由合伙人的出资方式和合伙财产的规模决定的。法律对合伙人的出资标的和数额一般很少限制，这样形成的合伙财产往往不足以作为履行债务的担保，债权人所承担的风险相应增加，这样既不利于保护债权人，也不利于合伙人对自己的行为进行约束。同时，法律不要求或很少要求合伙人在分配盈余之前提取一定比例的后备基金，合伙人也未必会自觉将部分经营收益用于扩大再生产，这种盈余分配的方式限制了合伙财产的不断积累，在此种情况下，如果合伙人仅以合伙财产承担债务清偿责任，就会促使合伙人将经营收益的全部或大部分归为己有，其结果不仅损害债权人的合法权益，而且妨碍合伙经营的健康发展。因此，合伙人对合伙债务承担无限责任，是商品经济关系和交易秩序的客观要求，是维护债权人合法权益，保障合法经营自身发展的需要。② 但应注意的是，合伙债务首先应由合伙

---

① 郑立，王作堂．民法学．北京：北京大学出版社，1997：89.

② 佟柔．中国民法．北京：法律出版社，1990：148.

财产承担，不足部分才涉及合伙人的其他个人财产。

（3）合伙人对合伙债务承担连带责任。所谓连带责任，是指每个合伙人对于合伙债务都负有全部清偿的责任，合伙的债权人也有权向合伙人中的一人或数人要求清偿合伙债务的一部分或全部。所以，尽管合伙人内部是按一定的比例或份额来承担责任的，但对外则要承担连带清偿全部合伙债务的责任。因而当任何一个或数个合伙人无力清偿合伙债务时，其他合伙人就有代替清偿的责任，这实质上就是合伙人之间互为担保。[①] 合伙人之所以承担连带清偿责任，是基于合伙财产的共有性质以及全体合伙人对第三人的共同行为产生的。除法律另有规定的以外，合伙人承担的连带责任是不以当事人之间有无约定或有无相反约定为转移的法定责任。[②]

（4）合伙人偿还债务超过自己应当承担的数额时，拥有追偿权。此时该合伙人处于债权人的地位，有权就超过的部分向其他未履行或未完全履行其应承担的合伙债务的合伙人追偿，以保障清偿了合伙债务的合伙人的合法权益。

有限合伙

有限合伙是一种类似于普通合伙的合伙企业，只是除“普通合伙人”之外，有限合伙还可以包括“有限合伙人”。有限合伙与有限责任合伙性质不同，有限责任合伙里所有合伙人都承担有限责任。

根据我国《合伙企业法》的规定，有限合伙有如下特征：

（1）有限合伙与普通合伙同在。有限合伙由至少一名普通合伙人和至少一名有限合伙人共同组成，二者缺一不可，有限合伙企业仅剩有限合伙人的，应当解散；有限合伙企业仅剩普通合伙人的，应转为普通合伙企业。

（2）双重责任形式并存。有限合伙由有限合伙人与普通合伙人共同组成，对合伙组织的债务，有限合伙人仅以其出资为限承担责任，而普通合伙人则对合伙债务承担无限责任，同时普通合伙人之间承担连带责任。

（3）有限合伙人不参与合伙事务的处理。作为有限合伙人对合伙债务承担有限责任的代价，有限合伙人不具有管理合伙事务的权利。有限合伙事务的管理权应由普通合伙人行使，而且也只有普通合伙人有权代表全体合伙人约束合伙组织。有限合伙人只有对合伙事务的检查监督权。当有限合伙人参与合伙事务的经营管理时，就应对合伙债务承担无限责任。

本章小结

本章的内容有自然人的民事权利能力、自然人的民事行为能力、监护、宣告失踪和宣告死亡、个体工商户和农村承包经营户、合伙。

---

① 郑立，王作堂．民法学．北京：北京大学出版社，1997：98.

② 佟柔．中国民法．北京：法律出版社，1990：149.

关键概念

监护　　宣告失踪　　宣告死亡　　合伙　　有限合伙

思考题

1. 试述合伙的财产责任。
2. 试述宣告失踪和宣告死亡的条件和程序。

第四章

法　人

导　学

本章主要论述的是法人的概念和特征、根据不同标准对法人进行的分类、法人的民事权利能力和民事行为能力以及法人的成立、变更和终止。在学习本章的过程中，注意法人与自然人之间的比较，了解法人的特征。

第一节　法人的民事法律地位

法人的概念和特征

法人是具有民事权利能力和民事行为能力，依法独立享有民事权利和承担民事义务的组织。现代社会，除自然人的活动外，还有各种组织体以团体的名义进行活动。其中由法律规定具有民事权利能力和民事行为能力的组织体就是法人。人们在经济生活中有共同从事事业的需要，合伙是首先出现的满足这一需要的组织形式，但是合伙无法实现社会化大生产对积聚资本、规模经营的要求，于是公司制度应运而生。首先出现的公司形式是无限公司，无限公司其实也就是淡化了家族色彩的合伙，1673 年，法国首先承认了无限公司的法律地位，但是由于无限公司的财产并没有和其成员的财产分离，也没有独立的人格，因此也难以满足投资者降低风险和专业化经营的需求。作为无限公司的改良形式，两合公司出现了，它是部分股东负无限责任、部分股东负有限责任的公司，它在一定程度上实现了降低风险和规模经营的要求，但是并不彻底，没有改变筹资范围有限的状况。于是又出现了股份有限公司，它由一定人数的股东设立，全部资本分成均等的股份，成员以认购的股份为限，对公司承担有限责任。股份有限公司具有独立的行为能力，集资的限制少，又能最大限度地满足投资者降低风险和获利的需要，因此股份有限公司成为公司形式的典型，公司也成为法人的典型模式。后来法人模式扩展到非营利的组织，对社会产生了很大影响。

对于法人本质的认识，有许多种不同的学说。一是法人拟制说，即认为除自然人外没有独立人格的存在，法人仅仅是因为法律上的目的被承认了具有人格，法人之所以能够独立承担民事责任，完全是人工单纯拟制的结果。这种学说在现在的英美法国家中占主导地位。二是法人否认说，也就是不承认法人的人格，而是把法人看作一定目的的财产，或者是财产的管理人。否认法人作为独立主体存在，难以适应社会生活的需要，所以此说一直没能成为通说。[①] 三是法人实在说，认为法人并不是法律虚构的，而是一种客观存在的主体。依据这种学说，法人是一种客观实在，它有别于其成员的财产，有自己的组织，由其机关来实现它的意志。这一学说奠定了大陆法系国家法人制度的基本理论。我国《民法总则》也采用了这种说法。

法人的概念与企业的概念不完全等同，现代企业的形式大多为法人，但是并不是所有的企业都具有法人资格，个人私营企业、合伙企业就不是法人。另外，法人的概念也不同于公司的概念，无限公司与两合公司没有独立的主体资格，不是法人；而国家机关法人、社会团体法人也不是公司，法人的外延大于公司。

法人有很多地方是不同于合伙的。其一，法人的目的具有永久性，而合伙具有暂时性；其二，法人具有一定的组织和财产，具有超个人的主体资格，而合伙仅为个人的集合，没有独立的主体资格；其三，法人的财产属于其自身，而合伙的财产属于全体合伙人共有；其四，法人的成员仅以其投入的财产为限对法人的债务承担有限责任，而合伙债务，除了合伙财产外，各合伙人还要以自己的财产承担无限连带责任。

总的来说，法人的特征表现在以下四个方面：

第一，法人是按照一定方式组成的社会组织。这是法人与自然人最大的区别，自然人是单个主体，而法人都是集合的主体，它是人的集合与财产的集合的统一。比如机关法人、企业法人、事业单位法人等，都表现为一种社会组织，它们有自己的组织机构，有不同于成员的组织意志，保证法人按一定的方向进行活动。

第二，法人是按照法定的条件和程序成立的。法人是社会组织，但不是所有的社会组织都能成为法人，只有那些具备法定条件，得到了国家认可或批准的社会组织才能取得法人资格。法人都要具有一定的财产和经费，这是法人具有独立人格和独立承担民事责任的基础。法人还要有自己的名称、组织机构和场所，保证法人以自己的名义从事各项活动并使经营正常进行。另外，法人的成立也要依据法律、行政法规等规定的程序进行，在这方面，各国的规定不同，有的国家要求法人的成立必须经过特定机关的批准，而有的国家法律规定只要法人经过登记即可宣告成立。

第三，法人具有相应的民事权利能力和民事行为能力。法人作为拥有独立人格的民事主体，拥有民事权利能力和民事行为能力。法人的民事权利能力和民事行为能力表现为法人能够以自己的名义从事民事活动，并用自己的财产承担民事责任。法人的民事权利能力和民事行为能力不同于其成员的民事能力，表现出法人人格的独立性。同自然人相比，法人的民事能力也有自己的特点。法人的民事权利能力和民事行为能力是同时产生的，都是从法人成立时即具有的。而自然人出生时只有民事权利能力，达到一定年龄后才有民事行为能力，民事权利能力与民事行为能力不完全同一。

---

① 王利明．民商法研究：第3辑．北京：法律出版社，1999．

第四，法人具有独立承担民事责任的能力。法人以其全部财产独立承担自己行为的法律后果，而不是用法人成员、法人创始人或其他法人的财产做这种承担。法人能够独立承担民事责任，是它拥有独立财产的必然结果。法人的财产独立于其成员的财产，因此它的成员仅以投入的财产为限承担责任。所以，法人能够独立承担民事责任的反面解释，就是法人成员对法人只负有限责任。①

法人的分类

根据不同的标准，可以将法人进行不同的分类，主要有下述几种。

（一）公法人和私法人

这是以法人设立的法律依据为标准对法人进行的分类。公法人是依照公法设立的法人，比如国家的行政管理机关、司法审判机关等；私法人就是依照私法设立的法人，比如各种从事经营的公司。这是大陆法国家对法人的一种划分方法。公法人和私法人设立的目的也不同，一般公法人都是以实现公共福利为追求，而私法人多为追求私人利益。

（二）社团法人和财团法人

以法人内部结构的不同，可以将法人分为社团法人和财团法人。社团法人是指以其成员的存在为基础，按照其章程从事活动的社会组织，如公司、协会、学会等。财团法人是指以他人捐赠的财产为基础而成立的，依照捐赠的目的和法人的章程规定从事活动的社会组织，如基金会、慈善机构等。社团法人是以社员权为基础的人的集合体，其成立的基础在于人，因此也称为人的集合。财团法人是为一定目的而设立的，并由专门委任的人按规定目的使用各种资产，其成立的基础是财产，因此也称为财产的组合。社团法人可以是营利性的，如公司，也可以是公益性的，如红十字会。而财团法人一般是非营利性的。

各国对社团法人和财团法人的称谓并不一致。如在日本，组织体在经过主管官厅批准取得法人资格后，称为社团法人和财团法人，在此前则称为社团和财团，因此日本法上还有非法人社团与非法人财团的区分。在英美法国家中，由于信托制度替代了财团法人的功能，所以没有社团法人和财团法人的区分。有的学者将属于企业法人的各种公司和属于社会团体法人的各种学会、协会解释为相当于传统分类中的社团法人，而将基金会解释为传统分类中的财团法人。②

（三）企业法人和非企业法人

这是我国按照法人设立的宗旨和所从事活动的性质对法人进行的分类。

1. 企业法人。

企业法人是以营利为目的，从事商品生产、流通和提供各类服务的经营性经济组织，属于营利法人。在我国，按照所有制形式，企业法人可以分为全民所有制企业法人、集体所有制企业法人和私营企业法人；按照是否有外资参与，可将企业法人分为中资企业法人、中外合资经营企业法人、中外合作企业法人和外资企业法人。但是上述两类划分已经不能适应现代市场经济的要求，按照国际的通行做法，根据企业法人的组合形式，将其分为公司法人和非公司法人，公司法人又可分为股份有限公司和有限责任公司。

---

① 彭万林，覃有土，张俊浩．民法学．北京：中国政法大学出版社，1994：74.

② 江平．法人制度论．北京：中国政法大学出版社，1994：51.

2. 非企业法人。

非企业法人包括机关法人、事业单位法人和社会团体法人。

（1）机关法人。机关法人是指根据法律规定或行政命令而成立的，行使国家权力和从事国家活动，具有法人资格的社会组织，它相当于公法人。国家机关以法人的资格进行活动的，与其他当事人处于平等的法律地位。有独立经费的机关法人以自己的名义参加民事活动所产生的债务，应以它的独立经费给予偿还。国家机关依照法律或者行政命令成立，不需要进行核准登记程序，即可取得机关法人的资格。

（2）事业单位法人。事业单位法人是指从事社会公益事业，具有独立法人资格的社会组织，属于公益法人。事业单位法人是由国家机关或者其他组织利用国有资产设立的，从事文化、教育、卫生、体育、新闻等公益事业的单位。这些法人组织不以营利为目的，一般不参与商品生产和经营活动。它们的独立经费主要来源于国家财政拨款，也可以通过集资入股或者由集体出资的方式取得。事业单位以法人的名义参加民事活动所产生的债务，应以它们自己的独立经费负清偿责任。依照法律或者行政命令组建的事业单位，从成立之日起，即具有法人资格；由自然人或法人自愿组建的事业单位，应依法办理法人登记，方可取得法人资格。

（3）社会团体法人。社会团体法人是指由自然人或法人基于共同的目的而自觉成立，依其章程规定从事社会活动，具有独立法人资格的社会组织。如民主党派团体、人民群众团体、文学艺术团体、科学研究团体等。社会团体法人的特点就在于它是由自然人和法人自愿组成的，按照其章程活动，以实现成员的意愿。社会团体法人采取由参加成员出资或由国家资助的办法建立团体财产和活动基金，并以此对其债务承担清偿责任。

（四）营利法人和非营利法人、特别法人

这是我国《民法总则》对法人所做的特有分类。营利法人是指以取得利润并分配给股东等出资人为目的成立的法人（《民法总则》第 76 条）。营利法人包括有限责任公司、股份有限公司和其他企业法人等。非营利法人是指为公益目的或者其他非营利目的成立，不向出资人、设立人或者会员分配所取得利润的法人（《民法总则》第 87 条）。非营利法人包括事业单位、社会团体、基金会、社会服务机构等。特别法人，《民法总则》第 96 条规定："本节规定的机关法人、农村集体经济组织法人、城镇农村的合作经济组织法人、基层群众性自治组织法人，为特别法人。"

非法人组织

根据《民法总则》第 102 条规定：非法人组织是不具有法人资格，但是能够依法以自己的名义从事民事活动的组织。非法人组织包括个人独资企业、合伙企业、不具有法人资格的专业服务机构等。

非法人组织实施行为的条件：

1. 依法成立。非法人组织应当依照法律规定登记，设立非法人组织，法律、行政法规规定需经有关机关批准的，依照其规定。

2. 有一定的财产。非法人组织负债时，由非法人组织所有财产承担清偿责任；非法人组织的财产不足以清偿债务的，其出资人或者设立人承担无限责任。法律另有规定的，依照其规定。

3. 有特定的人从事相关民事活动。《民法总则》第 105 条规定：非法人组织可以确定一人或者数人代表该组织从事民事活动。

根据《民法总则》第 106 条的规定，有下列情形之一的，非法人组织解散：

（1）章程规定的存续期间届满或者章程规定的其他解散事由出现；

（2）出资人或者设立人决定解散；

（3）法律规定的其他情形。

非法人组织解散的，应当依法进行清算。而且，非法人组织除适用《民法总则》第四章规定外，参照适用《民法总则》第三章第一节的有关规定。

第二节 法人的民事权利能力

法人民事权利能力的特点

法人的民事权利能力是指法律赋予法人的从事民事活动、享有民事权利、承担民事义务的资格。

法人的民事权利能力，相对于自然人的民事权利能力而言，具有以下特点：

第一，法人的民事权利能力从法人依法成立时开始享有，到法人终止时消灭。法人的主体资格由法律赋予，所以当法人按照法律的规定成立的时候，也就具备了法律赋予其主体资格的条件，法人自然开始享有民事权利能力。当法人被撤销、解散或破产时，法人的主体资格消失，其民事权利能力也就终止。

第二，在范围方面，法人的民事权利能力与自然人不同。同自然人相比，法人的民事权利能力受到很多的限制。一是自然性质的限制，也就是说，由于法人与自然人在性质上的差异，某些专属于自然人的权利，法人不能享有。如自然人基于固有的性别、年龄、亲属关系而产生的权利，法人无从享有。法人不能成为继承人，但是可以成为受遗赠人。法人只有名称权、名誉权，但没有以肉体为前提的人格权。二是法律的限制。有些特别法对法人的权利能力的某一方面予以限制，比如《公司法》中有关于公司不得成为其他公司无限责任股东的限制。三是法人目的的限制。法人是为了实现一定的目的而设立的组织，其章程规定的目的构成对其活动的限制，法人只能在其登记的目的范围内活动。但是随着市场经济的发展，过于严格地以法人目的限制法人的权利能力，会损害其适应市场环境的能力，因此世界各国现在一般都趋向于对法人的目的做宽泛解释。根据我国法律的规定，法人登记的不是目的，而是其经营范围。法人的民事权利能力受其经营范围的限制。法人超出经营范围签订的合同，一般不宜一概认定为无效，应该区分具体情况分别对待，以避免社会资源的浪费。例如，法人超出经营范围活动，订立越权合同，如果双方当事人已经履行完毕，法律不加干预；如果正在履行中，一方诉他方违约，他方可以合同越权为由抗辩。①

第三，法人之间的民事权利能力是不同的，因其性质和设立目的的限制而有所差异。自然人的权利能力从出生时产生，人格上平等，因而一般都是相同的。法人则因为设立目

---

① 彭万林，覃有土，张俊浩．民法学．北京：中国政法大学出版社，1994：82.

的的不同而有不同的经营范围，因而也就在权利能力上有差别。各个法人受到法律和自己章程的约束，其权利能力的内容也不相同，所以法人的权利能力也被称为特殊的权利能力。

法人民事权利的行使

法人民事权利的行使也有不同于自然人的特点，主要表现为：

第一，法人的民事权利由法人的机关和工作人员或代理人行使。自然人的民事权利通常是由自己实现的，法人则不同，法人作为社会组织，其自身不能行为，必须经自然人代其为之。所以法人的权利通常是由法人的机关和工作人员或者机关委托的代理人来实现。法人的机关，是指根据法律的规定或法人章程的规定，对内管理法人事务，对外代表法人从事民事活动的个人或集体，法人机关的活动视同法人的行为。法人的机关一般由权力机关、执行机关和监督机关三部分组成。其中权力机关是法人的意思形成机关，如股份有限公司和有限责任公司的股东大会，它们决定法人生产经营中的重大问题。执行机关是具体负责实现法人意志的机关，如股份有限公司的董事会。执行机关的主要负责人是法人的法定代表人，如董事长，法定代表人有权代表法人对外进行活动。监督机关是指有权对执行机关的行为进行监督检查的机关，如股份有限公司的监事会。另外，法人机关可以委托代理人进行活动。法人机关及其代理人在权限范围内所为的一切行为，均为法人本身的行为，其行为后果由法人承担。也只有通过这些机关的活动，法人才能实现其民事权利。

第二，法人民事权利的行使必须依法进行，不得滥用。在现代社会，没有绝对不受限制的权利，无论是自然人的民事权利还是法人的民事权利，都必须在法律的框架内行使，都必须符合法律和社会公序良俗的要求。现代民法已经从绝对地追求个人自由转向社会本位，因此，法人在从事民事活动，获取自身利益最大化的同时，也必须考虑社会利益，而不能以牺牲社会公益为代价，获得自己的权利的实现。比如法人要注意减少环境污染，不能靠损害消费者获利，不得侵犯劳动者的利益。法人更不能利用其主体资格从事违法行为。

第三，法人民事权利的行使不得违反法人的目的、性质和章程的规定，不得损害相对人的利益。前文已述及，法人的设立目的，构成了对其行为能力的限制。因此法人必须在民事活动中从事与其目的、性质相符合的行为，诚实守信地遵守其章程。法人在与相对人进行交易的时候，应将其可以行使的权利范围予以公示，以保护相对人的选择权。法人不得恶意超出权利能力的范围进行交易，然后以合同超出章程规定为由拒绝履行义务。为了保护相对人的利益，对于法人超越经营范围签订合同，善意相对方已经履行的，法院可以认定合同有效，强制法人履行义务。

第三节　法人的民事行为能力

法人的民事行为能力的特点

法人的民事行为能力，是指法人根据法律的规定，以其行为从事民事活动，取得民事权利和承担民事义务的能力。法律赋予法人民事行为能力是为了使其实现权利能力。法人的民事行为能力，包括法人从事法律行为和其他合法行为的能力，也包括法人对其违法行为承担民事责任的能力。

法人的民事行为能力与自然人的民事行为能力不同，具有如下特点：

第一，法人的民事行为能力和民事权利能力同时产生，同时消灭。当法人具备相应的条件，并经设立程序取得法人资格后，即开始享有权利能力，也同时具备行为能力。当法人被撤销或解散而终止的时候，其权利能力和行为能力都随之终止。所以法人的民事行为能力和民事权利能力具有时间上的同一性，两者的发生和消灭一致。而自然人的民事权利能力从出生时就具有，但民事行为能力要达到一定的年龄并且精神健康方可完全具备。自然人的民事权利能力到死亡时终止，民事行为能力可能在此之前因为精神失常而暂时中止，所以自然人的民事权利能力和民事行为能力具有时间上的分离性。

第二，法人的民事行为能力受其能力范围的影响。如同法人的能力范围构成对其权利能力的限制一样，由于法人的民事权利能力与民事行为能力的一致性，法人的能力范围同样构成对其行为能力的限制。法人将其目的范围进行登记后，一般就只能在这个范围内从事民事活动。这种限制的目的是保护与法人进行交易的第三人，使其明确法人能力范围的大小，而不会同法人进行其能力范围之外的民事活动，以免受到不必要的损失。由于法人的民事权利能力是特殊的，法人的民事行为能力也就是特殊的，所以各个法人的民事行为能力因其经营范围的不同而不同。

第三，法人的民事行为能力只能通过它的工作机关或工作人员实现。如同法人的民事权利能力不能靠其自身实现一样，法人的民事行为能力也只能依靠其机关、工作人员或法人机关委托的代表来实现。法人机关或代表的行为就是法人的行为，法人承担其法律效果，这是由法人的社会组织的特点决定的。法人从事的民事活动，要由其意志机关形成决策，由其执行机关执行，并受到其监督机关的监督，经过这些机关的活动，法人的民事行为能力才能实现。因此，法人机关在其权限内从事行为的后果要由法人承担。我国《民法总则》第62条规定：法定代表人因执行职务造成他人损害的，由法人承担民事责任。法人承担民事责任后，依照法律或者法人章程的规定，可以向有过错的法定代表人追偿。

法人的民事行为能力的限制

法人的民事权利能力不是任意的，法人的民事行为能力同样受到法律和社会公益的种种限制，法人的民事行为能力的限制主要表现为：

第一，法人的民事行为能力从范围上受到设立法人的目的、性质和章程的限制。法人的民事权利能力和民事行为能力都是在其登记的经营目的的框架之内的，法人在社会上存在，就要奉行其设立所应对社会承诺的宗旨，这就是说，法人必须在其公示的目的范围内活动，否则会造成社会的混乱，如事业单位和学校设立的目的是从事国家的公共事业和教育事业，因而不能从事营利性活动，只承担社会公益事业任务。法人的性质决定了它不能从事某些活动，比如专属于自然人人身的行为，法人不得为之。再有，上文提到的事业单位和学校，在性质上属于非营利法人，因此从这一角度讲，也不得从事经营活动。最后，法人的有效成立都必须有自己的章程，法人的章程体现出设立者的目的，法人必须遵守其章程，如果在章程中有对法人活动范围的规定，法人必须遵守这一范围的限制。

第二，法人民事行为能力的实现受到法人机关和工作人员活动的限制。由于法人自身不能实现其民事行为能力，而要依靠其机关和工作人员，因此法人机关和工作人员的活动就对法人民事行为能力的实现有很大的影响。法人代表机关和工作人员对外从事的活动要由法人承担责任，因此法人的民事行为能力能够在多大程度上得到实现，主要取决于其机关和代表人的行为。法人机关和代表人在其权限范围内，依照法人章程进行民事行为，法人的民事行为能力才能变为现实。从这一意义上讲，法人的机关是法人维持其人格的要件。[①]

第四节 法人的成立、变更和终止

一、法人的成立

（一）法人成立的概念

法人的成立，是指依照法律规定的条件和程序创设法人，使其具有民事主体资格的全过程。法人从成立时起，即具有民事主体资格，相当于自然人的出生。法人一旦成立，社会上存在的一定的人和一定的财产即结合为组织体，开始具有人格，同时享有民事权利能力和民事行为能力。

法人的成立须经自然人筹组、创办，这个筹建的过程称为法人的设立，设立完成后，还必须办理法人登记，法人才能宣告成立。法人的设立与法人的成立不是同一概念，法人的设立行为能使法人成立，而法人的成立则是法人得以存在的事实状态。设立时尚未成立，而成立必须经过设立。

（二）法人成立的条件

法人成立对社会的影响是很大的，因此为了维护交易安全，扩大法人的有利影响，限制其不利影响，各国法律多对法人的成立规定了严格的条件。一般均要求法人依法成立，有必要的财产和经费，有自己的名称、组织机构和场所。我国法律对法人的成立也规定了必要的条件。

根据《民法总则》的规定，法人应当：

第一，依法成立。

法人依法成立有两层意思：一是法人的组织设立必须合法，它的设立目的和宗旨要符合国家和社会公共利益的要求，它的组织机构、设立方式、经营范围、经营方式必须符合法律的要求，也就是法人的活动内容必须合法。二是法人成立的审核和登记的程序必须符合法律的要求，即法人设立的程序必须合法。

第二，有财产和经费。

要成为法人的社会组织，需要有财产和经费。在民法领域，无财产就无人格，拥有必要的财产和经费，对法人来说极为重要，这是其享有民事权利和承担民事义务的基础，也是其独立承担民事责任的物质保障。其中必要的财产是对企业法人的要求，必要的经费是对机关、事业单位和社会团体法人的要求。企业法人，因其经营范围和性质的不同，须相

① 梁慧星．民法总论．北京：法律出版社，2001：144.

应具有不同的法律规定的最低财产数额。

第三，有自己的名称、组织机构和场所。

法人的名称、组织机构和场所也是其成立的必要条件。

法人的名称是其拥有独立人格的标志，也是将其特定化，以区别于其他法人的标志。法人的名称是其商誉的载体，因此，法人的名称权是财产性权利，可以转让、出卖。法人的名称包括其所在地、责任形式、经营范围等内容，以便与交易相对人联系和识别。

法人必须具备一定的组织机构，明确其权力机关、执行机关和监督机关，这是实现法人团体意志，独立享有民事权利和承担民事义务的组织保证。一般法人都设立权力机关、执行机关和监督机关，使法人的意思能够产生并且得到正确执行。法人组织机构健全是法人开展正常业务活动的必要条件，因此，具有完备的组织机构，才可成为法人。

法人要从事生产经营活动，就必须有自己固定的场所，以便确立一个活动中心地同各方联系，开展业务活动，并且有利于国家对法人进行监督和管理。法人的住所是法人主要办事机构所在地，有的法人还可以设有分支机构或在几个场所设立机构。法人的场所包括法人的住所，也包括法人从事经营活动的其他地点以及分支机构所在地。

第四，以其全部财产独立承担民事责任。

法人能够独立承担民事责任，是指法人能以自己的财产作为自己债务的担保手段，而不以法人成员和其他法人的财产担保债务。法人的最低资本额保证了在通常情况下，法人能以自己的财产独立承担民事责任。而企业法人的出资者仅以出资为限，承担民事责任。在一些学说中，把法人的民事责任能力看作法人的民事能力的一种。

（三）法人设立的程序

在法人发展的历史上，各国对法人的设立采取了不同的原则。其一，自由设立主义。也称为放任主义，即国家对法人的设立不加任何限制，不干涉，完全听凭当事人自由处断。这一原则在中世纪商事公司勃兴的时候，曾为各国广泛采用，但有碍交易安全，近代以来，除瑞士民法采用外，已不多见。其二，特许设立主义。也称为立法特许主义，即法人之设立须经特别立法机关或国家元首的许可。此种主义对法人的设立限制过严，故现在除法国外，也鲜有采用。其三，行政许可主义。也称核准设立主义，即法人的设立须经行政机关的许可。法人在具备了法律规定的条件后，还要由主管的行政官署对其进行审查，做出批准或不批准的决定。[①] 其四，准则设立主义。也称登记主义，即法律预先规定法人成立的条件，一旦设立符合这些条件，无须经过主管部门的批准，即可直接办理登记成为法人。其五，强制设立主义。即国家以法令规定某种行业或在某种情况下，必须设立一定的法人组织。现代各国对不同类型的法人分别采取不同的设立原则。

我国法律对法人设立的程序也有明确的规定，根据不同的法人分别采取如下规则：

第一，机关法人的设立，采取强制设立主义。机关法人的设立，取决于宪法和相关国家机构设置法的规定，因此采取的是强制设立主义，依照法律的强制性规定设立。机关法人自成立之日起，即具有法人资格。

第二，企业法人的设立，根据不同的情况采取不同的设立原则。在我国，企业法人可分为公司法人和非公司法人。对于非公司法人，传统上采用的都是行政许可主义，即法人

---

① 江平．法人制度论．北京：中国政法大学出版社，1994：113.

设立时需具备法律规定的条件，还需要有关主管部门的批准。对于公司法人，我国《公司法》采用的是严格的准则设立主义。公司设立时，必须具备法律规定的条件，同时在特定的情况下还须符合法律或者行政法规中明确规定的其他一些限制性条款。

第三，事业单位法人和社会团体法人的设立，分别采取特许设立主义和行政许可主义。事业单位法人的设立，须依照国家法律和行政命令的规定，在设立上采取特许设立主义。事业单位法人自成立之日起，即具有法人主体资格。社会团体法人的设立，有的采取特许设立主义，需要按照国家法律和行政命令的规定来设立，如妇女联合会、工会等；有的采取行政许可主义，即法人的设立需要经过业务主管部门审查同意，然后向登记机关申请登记方可成立，如各种协会、学会等。

■ 法人的变更

法人的变更，是指在法人存续期间发生法人组织的分立、合并或其他重大事项的变化。法人的变更包括以下类型：

第一，法人的分立。这是指将一个法人分为两个或两个以上法人组织的行为。法人分立的形式包括两种：一是创设式分立，即一个法人分为两个法人，原法人终止。二是存续式分立，即原法人继续存在，由其分出另一个法人。法人分立后，其原享有的权利和承担的义务由分立后的法人享有连带债权、承担连带债务，但是债权人和债务人另有约定的除外。

在我国，法人分立时要经过主管部门审批，分立出来的法人要进行设立登记，消灭的法人要办理注销登记，存续的法人办理变更登记。法人分立后，消灭或变更原法人，设立新法人。因分立而消灭的法人，其权利义务由分立后的法人承受。在存续式分立中，其权利义务依分立时的约定或章程规定的方式承受。

第二，法人的合并。这是指两个或两个以上法人依照法律规定或协议约定整合为一个法人的行为。法人合并的形式包括两种：一是新设合并，即两个或两个以上法人合为一个新法人，原法人全部终止。二是吸收合并，即一个或几个法人被归并入另一个法人之中，被合并的法人终止，其权利和义务由合并后的法人享有和承担。

法人的合并通常包括以下几个阶段：(1) 法人的意思机关做出与其他法人合并的决议，或独资法人的出资人做出与其他法人合并的决定；(2) 合并双方订立合并合同（合并后新设法人或存续法人的成立，应视为该合同终止）；(3) 通知债权人或公告通知；(4) 制定章程，转移财产，产生机关等；(5) 在一定期限内向登记机关申请变更登记或解散登记、设立登记。

法人其他重大事项的变化还表现在法人在组织机构、性质、活动范围、财产或者名称、住所、隶属关系等重要事项上发生的变动。

为了保护交易安全，《民法总则》第 64 条规定：法人存续期间登记事项发生变化的，应当依法向登记机关申请变更登记。

■ 法人的终止

法人的终止，又称法人的消灭，是指因法定事由的出现而导致法人主体资格的丧失。法人终止后，其民事权利能力和民事行为能力丧失，民事主体资格消灭。法人的终止不同于法人的解散。法人的终止是指法人在实体意义上已消灭，而法人的解散是指法人将要终止，在清算完结并向登记机关办理注销登记与公告后，法人才告消灭。

根据《民法总则》第68条的规定，法人终止的法定事由包括：

第一，法人解散。它主要是指法人因目的事业完成或无法完成、法人机关的决议、法人章程所规定的存续期限届满或解散事由的发生而自动解散的情况。

第二，法人被宣告破产。企业法人不能清偿其到期债务时，法院可根据债权人或债务人的申请，宣告其破产。这是因为法人资不抵债时，如果仍允许其继续参与民事活动并与他人发生民事法律关系，不仅会损害债权人或其他利害关系人的合法权益，而且也会影响社会正常经济秩序。[①]

第三，法律规定的其他原因。如法人的合并、分立以及发生战争等。

法人的终止，依法必须经过清算。法人的清算是指法人消灭时，由依法成立的清算组织依据其职权清理并消灭法人的全部财产关系。《民法总则》第70条第1款规定：法人解散的，除合并或者分立的情形外，清算义务人应当及时组成清算组进行清算。不难看出，清算为法人终止的必经程序。

就企业法人而言，清算分为破产清算和非破产清算。破产清算是指以破产法规定的清算程序进行的清算。非破产清算则是不以破产法规定的程序进行的清算，但在清算时若发现其具备破产原因，即应申请破产，适用破产清算程序。破产清算的清算组织，其成员由法院从企业上级主管部门、政府财政部门等有关部门和专业人员中指定。

清算组织的主要任务是了结现务、收取债权、清偿债务、移交剩余财产。清算终结，应由清算人向登记机关办理注销登记并公告。完成注销登记和公告，法人即归于消灭。

法人解散并不意味着法人的终止。法人解散后应成立清算组织进行清算。

清算组织是指以清算企业法人债权债务为目的而依法设立的组织。如果公司解散逾期不成立清算组的，人民法院可以根据债权人的申请，指定有关人员组成清算组。

清算法人，是指处于清算状态中的法人。企业法人被解散后，应当进行清算，从解散的事由出现至清算程序结束，并办理注销登记之前，企业法人一直处于清算的状态。

《民法总则》第70条规定：法人解散的，除合并或者分立的情形外，清算义务人应当及时组成清算组进行清算。法人的董事、理事等执行机构或者决策机构的成员为清算义务人。法律、行政法规另有规定的，依照其规定。

清算义务人未及时履行清算义务，造成损害的，应当承担民事责任；主管机关或者利害关系人可以申请人民法院指定有关人员组成清算组进行清算。法人的清算程序和清算组职权，依照有关法律的规定；没有规定的，参照适用公司法的有关规定。

《民法总则》第72条规定：清算期间法人存续，但是不得从事与清算无关的活动。法人清算后的剩余财产，根据法人章程的规定或者法人权力机构的决议处理。法律另有规定的，依照其规定。清算结束并完成法人注销登记时，法人终止；依法不需要办理法人登记的，清算结束时，法人终止。注销登记，通常是指登记主管机关根据企业法人的申请，对符合终止条件的企业法人，依照法定程序消灭其法人资格的一种具体行政行为。

---

① 郑立，王作堂．民法学．北京：北京大学出版社，1997：83.

本章小结

本章的主要内容是：法人的概念和特征；根据不同标准对法人进行的分类；法人的民事权利能力和民事行为能力；法人的成立、变更和终止。

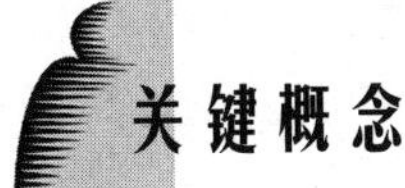

关键概念

法人　　公法人　　营利法人　　法人的分立

思考题

1. 简述法人的成立条件。
2. 简述法人的特征。
3. 简述法人民事权利能力、民事行为能力与自然人民事权利能力、民事行为能力的区别。

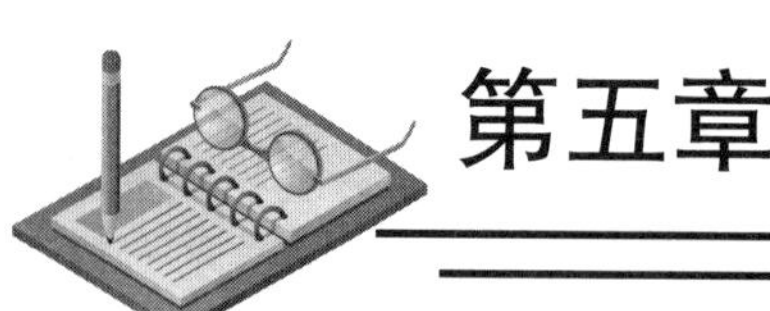

第五章 民事权利的客体

导　学

通过学习本章，掌握物、行为、人格利益和智力成果在不同民事法律关系中对民事主体实现民事权利的作用与影响，了解物、行为、人格利益和智力成果的基本类型。要求结合各类民事法律关系的特点，加深对民事权利客体的认识和理解。

第一节　物

■ 物的概念

物，作为民事权利的客体，是指除人身以外的独立存在并能为民事主体所支配的有体物。

理解民法上物的概念，应当把握下述几点。

（一）物是民事权利的客体

民法上的物，作为民事权利客体之一，是指存在于人身之外，能够满足人们的社会需要而又能为人所实际控制或支配的物质客体。这表明，民法上的物都具有物理属性，也都是哲学意义上的物质，但是物理学及哲学意义上的物及物质并不能都成为民法上的物。从另一角度看，作为民事权利客体之一的物，具有广泛的意义。凡是存在于人身之外，能够满足人们一定的社会需要而又能为人所实际控制和支配的自然物及人类创造物，都能成为民法上的物。从这个意义上讲，民法上物的范围将随着人类征服自然和改造自然的能力不断提高而呈扩大趋势。

（二）物是不包括人身的

民法上所称之物，作为民事法律关系的客体之一，有着非人身性。人类社会自废除了奴隶制之后，就不再把人当作权利之客体了。因此，现今所称民事法律关系客体的物，只能是存在于人身之外的一切有体物。在生活习惯上，与人体不可分离的金属牙、假肢、假眼等，应视为人体的一部分，不得视为物，但一旦与人体分离，可视为物。至于尸体及从人体上分离之物体如血液、肾脏、毛发等，应认为可以成为民事法律关系之客体，亦可为民法上之物。尸体及尸体火化后的骨灰，可以成为继承人继承的客体，但它只具有精神价值，不具有交换价值。自然人亦可自由支配从其身体上分离出来的物体，如血液、肾脏等的献出。

（三）物须为有体物

所谓有体物，是指占有一定空间具有某种形体的物，例如土地、建筑物、动植物以及各种物品。近年来，学理上对有体物逐渐采取扩大解释，认为有体物不必具有一定形状或固定的体积，不论固体、液体或气体，均为有体物。至于各种能源，诸如热、光、电气、电子、放射性、核能等，在技术上已能加以控制，工商业及日常生活中已普遍采用，应为民法上的物。

（四）物须是独立存在的

能够独立、个别地存在，这也是对物的要求。只有是独立物，物权人才可以对之进行直接的支配，才能用交付、登记等形式公示物上的权利状态。如果物是非独立的，则物权人无法对其进行支配，这是权利人对于物的直接支配权性质所决定的。

（五）物能为民事主体所支配

能够为民事主体所实际控制或支配的物质客体才能成为民法上的物。民事主体以一定的物质客体成立法律关系，设定彼此之间的权利义务，是为了从中获取一定的利益。如果所设定权利义务之客体不能为人所控制或支配，则权利的享有、义务的承担无法因人的意志而实现，此种法律关系的设定没有实际意义。例如，以阳光为标的设定一个买卖法律关系，就无实际的意义。因此，那些不能为人所实际控制或支配的物，如日月星辰等，不是民事法律关系的客体，而是物理学意义上的或哲学意义上的物或物质。

■ 物的分类

根据不同的标准，可以将物区分为如下几类：不动产与动产、特定物与种类物、主物与从物、原物与孳息、流通物与不流通物。

（一）不动产与动产

《民法总则》第 115 条规定：物包括不动产和动产。法律规定权利作为物权客体的，依照其规定。这是根据物能否移动以及移动是否会损害物的价值，对物进行的分类。

1. 不动产。不动产是指不能移动或移动会损害其用途或价值的物。不动产主要指土地及土地上的定着物，如房屋。

（1）土地。土地是最一般、最常用的不动产。土地是指一定范围的地球表面，以及地面上空及地下。所谓地球表面，不一定完全为土壤所覆盖，如有沟渠、水池等杂处其间，也属于土地的一部分。土地有地上、地面及地下三部分，土地表面的利用有明确的范围，地面的上空及地下有无一定的利用高度或深度有讨论的必要。就理论而言，土地的上空及地下的利用，除法律有规定者外，应无限制；就实际利用而言，土地权利人应基于禁止权利滥用原则和不得违反社会公共利益的原则，在有益的范围内对土地的上空及地下进行利用。对于他人对土地上下的干涉或利用，如无碍其所有权或使用权的行使，不得予以排除。

对于地面下的矿产资源，如煤炭、石油、天然气，虽为土地的一部分，但基于国民经济的通盘考虑，我国《宪法》第9条规定其为国家所有。

（2）定着物。定着物是指密切依附于土地，不易移动，按交易惯例为非土地的构成部分，而有独立使用价值的物。定着物主要是指房屋及其他建筑物，如纪念碑、通信电台、桥梁、牌坊、高架道路等。依附于土地但在性质上成为土地一部分的财产，如水井、排水沟、下水道，应为非定着物；临时的建筑，如为展览而临时搭建的展览棚或工棚等，应为非定着物。

2. 动产。动产是指能够移动而不损害其价值或用途的物，如书籍、衣服等。此外，某些物在性质上虽能够移动，但因价值较高，且在交易习惯上转让程序较为慎重，在法律上亦具有不动产的某些特征，在学理上称为“准不动产”，例如汽车，其移转所有权必经登记程序，而一般动产则以交付为必要。

不动产和动产有以下区别：（1）在取得方面，不动产物权比较单一（通常为继受取得），而动产物权则较为复杂（有多种原始取得方法）。（2）在权利变动方面，不动产物权通常以登记为公示方法，而动产物权则以交付（占有）为公示方法。（3）在权利的行使上，由于不动产物权的行使与社会公共利益紧密相关，故受到较多的法律限制。（4）在争议管辖方面，不动产物权纠纷适用不动产所在地法院管辖，而动产的诉讼管辖则比较灵活。

（二）特定物与种类物

这是根据是否依民事主体的意见加以具体指定而进行的分类。

1. 特定物包括在特定条件下独一无二的物和从种类物中根据民事主体的意志指定而特定化的物。前者如鲁迅先生的一页手稿、齐白石的一幅遗画等；后者如从一批奥迪牌汽车中挑选出来的某一辆等。

2. 种类物是指具有共同的特征，能以品种、规格、质量或度量衡加以确定的物。如质量、价格相同的大米，同一型号的钢管等。

特定物因独具特征或被专门指定，不能以他物替代，因而有时又称为“不可替代物”。种类物则可用相同的物替代，故又称为“可替代物”。但是，种类物与特定物的区别不是绝对的，种类物可经由民事主体的选择、确定而成为特定物。例如，被人购买走的众多奥迪牌汽车中的一辆，即因被权利人的意志确定而成为特定物。种类物与特定物区分的法律意义主要有：

（1）有些法律关系只能以特定物为客体，如所有权法律关系、租赁法律关系等；而有些法律关系的客体既可以是特定物也可以是种类物，如买卖法律关系等。

（2）物意外灭失的法律后果不同。特定物在交付前意外灭失的，由于其具有不可替代的特性，故而可以免除义务人的交付义务，权利人只能请求赔偿损失。种类物如在交付前意外灭失，由于其具有可替代性，故不能免除义务人的交付义务，可责令义务人以同种类的物交付。

（三）主物与从物

根据两个物在物理上相互独立，而在经济用途上又相互联系的关系，把物划分为主物与从物。

1. 在必须结合使用才能发挥经济效益的两个独立的物中，起主要效用的是主物。

2. 从物是相对于主物而言的。在两个独立物结合使用中处于附属地位，起辅助和配合作用的物是从物。如机器的配件、配合锁使用的钥匙、配合船使用的桨等。

从物必须具备以下条件：(1) 从物之使用目的须具有永久性。从物必须具有帮助主物的效用，此项效用不以经济效用和经济目的为限，例如，备胎是汽车的从物，钥匙是锁的从物。仅为暂时辅助主物经济效用的，不为从物。如房客居住时带来的窗帘、门帘，不为房屋的从物。但从物暂时与主物分离，仍为从物。如船舶之船桨，因修理而暂时与船舶分离，仍为船舶的从物。(2) 从物与主物同属于一人。从物必须与主物同属于一人，如汽车所有人暂借他人的备胎，该备胎就不能认为是该汽车的从物。但是，从物虽不属于主物的所有人，主物所有人将从物与主物一起出卖的，该买卖合同有效。(3) 从物须具有独立性，不为主物的部分。主物是独立之物，从物也是独立之物。例如，窗子与房屋、汽车与轮胎、西装上衣与裤子、鞋子的左右脚均为物之部分关系，不为主物与从物的关系。(4) 须在交易上视为从物。在交易上有特殊习惯，不被认为是从物的，不得以从物论。例如，装米的麻袋、火炉上的烟囱。

从物的法律意义主要在于：在法律没有相反规定或当事人没有相反约定时，主物所有人处分主物时，效力及于从物，如转移主物所有权，则从物所有权亦随之移转；在当事人没有特别约定的情况下，因标的物的主物不合约定解除合同的，解除合同的效力及于从物，而不能与之相反；若对主物所有权为一定限制，则限制亦及于从物，如对主物设定质押，则质押之效力亦及于从物。

(四) 原物与孳息

这是根据两个物之间的产生关系对物进行的分类。

原物是指依照法律规定或依其自然性质产生新物的物，如生产幼畜的母畜、带来利息的存款等。

孳息是指因物或权益而产生的收益。广义的孳息还有用益的意思，除通常所称的孳息外，还包括因物的使用或权利的行使而获得的一切利益，如利用房屋经营商业。

孳息对应的是原物。孳息分为以下两种：

1. 自然孳息。

自然孳息是指依照物的自然性质而产生的收益物，又称直接孳息。例如果树结出的果子，动物之产物如鸡蛋、羊毛、鹿茸等均属于自然孳息。但是，宰牛所获的牛肉、开垦的农田则非自然孳息，利用现代技术产生的电力亦非自然孳息。

2. 法定孳息。

法定孳息是指依照法律规定产生的收益物，又称间接孳息。法定孳息必须因他人的使用而发生。如使用自己的金钱、房屋，虽有利益，但此种利益是基于事实关系所享有的利益，而非基于法律关系所产生的收益，不能认定为法定孳息。法定孳息包括租金、承包金、利息等。

孳息的法律意义在于确定孳息收取权。在我国法律实务中，如法律未明确规定或当事人未特别约定，孳息收取权由原物人享有。

(五) 流通物与不流通物

这是根据物能否作为商品交换客体进行的分类。流通物和不流通物，又称融通物和限制融通物。

1. 流通物是指法律允许民事主体之间依法定程序自由流转的物。如生产资料和生活日用品。

2. 不流通物是指法律对其流转给予一定程度的限制或者禁止自由流转的物。如公共建筑物以及禁止流通的枪支、毒品、伪造的货币等。

在我国，不流通物主要有：

（1）专属国家所有的财产。专指国家所有的财产，如矿藏、水流等。这类财产禁止买卖、出租、抵押或以其他方式非法转让。民事主体对这类国家所有财产必须依法取得相应的权利，如采矿权、水资源使用权等，才能合法占有、使用。

（2）非专属国家所有的财产，但在流通中给予一定限制的。如：1）土地、森林、山岭、草原、荒地、滩涂、水面等自然资源，可以转让其使用权，而不能转让其所有权。2）国家授权由全民所有制单位经营管理的固定资产，闲置或因关、停、并、转的需要而将其转让的，应征得国家主管机关的同意。3）军用武器、弹药、毒品、麻醉药品等。为了维护社会秩序、保障公共安全，对这类物品的生产、流通、使用甚至保管，都得依照法律进行，不得随意私自买卖。4）黄金。包括金条、金块、金粉、金铸币等都只能由国家规定的专营单位经营、买卖。5）文物。国家对文物实行保护管理，依法属于国家所有的文物，任何人不得自行挖掘，据为己有。自然人依法可以持有某些文物，但欲出售，必须卖给国家指定的收购单位，不得私自交易，严禁将文物走私出口或私自卖给外国人。6）迷信物品，黄色淫秽书刊、磁带、录像带等，国家禁止这类物品的流通转让。

对流通物与不流通物的分类有助于我们明确某一具体的物可以设立法律关系的性质与范围。如以不流通物为客体设定法律关系时，须了解法律的相关规定，以保证所设定的法律关系不因客体不合法律要求而致无效。如果无视国家基于社会公共利益和国家利益做出的对某些物的流通限制的规定，不仅所设定的法律关系归于无效，相应的自然人或者社会组织还得受到法律的制裁。因此，民事主体在民事活动中，须了解国家有关不流通物的规定。

第二节　行　为

给付行为

给付行为，是指以交付标的物为内容的民事法律行为。

给付行为具有如下法律特征：

1. 给付行为作为民事权利的客体，须符合民事法律行为的基本条件。

给付行为作为民事法律行为，要符合主体合格、意思表示真实、内容和形式合法的要求。

给付行为不符合民事法律行为的要求，则给付行为不会发生当事人希望发生的法律效果。如买卖毒品中的给付行为，因为买卖的标的物违法而给付行为无效。

2. 给付行为在转移财产权利的合同法律关系中是双方当事人行使权利的对等。

转移财产权利的合同法律关系中给付行为是主要的履行行为，双方当事人行使权利具有对等性。例如：甲和乙签订买卖一辆“飞鸽”牌自行车的合同，给付行为分别是甲应向乙交付自行车，乙应向甲交付买车款。双方当事人行使权利时具有对等性，如一方拒不履行给付行为，另一方有权拒绝履行相应的给付行为。

3. 给付行为能产生物的所有权或占有权转移的法律后果。

给付行为的目的在于产生物的所有权或占有权转移的法律后果。如上例所述，根据买卖合同的约定，甲应向乙交付自行车，乙得到自行车后，即取得该自行车的所有权；乙应向甲交付买车款，甲得到买车款后，即取得该买车款的所有权。

■ 劳务和服务行为

劳务和服务行为，是指民事主体从事的为他人完成特定工作或提供特定服务的民事法律行为。

劳务和服务行为具有如下法律特征：

1. 劳务和服务行为作为民事权利的客体，须符合民事法律行为的基本条件。

劳务和服务行为在合同法中分为提供劳务的合同和完成工作交付成果的合同，前者强调提供特定的服务行为，包括运输合同、保管合同、仓储合同、委托合同、行纪合同、居间合同等；后者强调完成特定的工作，交付工作成果，如承揽合同、建设工程合同等。

2. 劳务和服务行为在完成工作和提供服务类合同法律关系中是双方当事人行使权利的对等。

在完成工作和提供服务类合同法律关系中，劳务和服务行为与给付行为的不同在于：劳务和服务行为是为了达到特定的目的，提供劳务和服务行为并交付工作成果。如没有达到工作成果的要求，即使进行了劳动和服务活动，也不视为正确履行。如加工服装合同，服务行为是提供定做人要求的服装。给付行为强调的是行为本身，而不是行为的目的，不要求交付工作成果，如买卖合同中，给付行为是交付标的物，而不是交付工作成果。在完成工作和提供服务类合同法律关系中双方当事人行使权利是对等的。

3. 劳务和服务行为能够产生交付工作成果和提供各类约定服务事项的法律后果。

劳务和服务行为是为了满足当事人的生产和生活的特定要求。交付工作成果和提供各类约定服务事项，必须具有特定性，其标的在市场上不能买到，并在合同成立之前不存在。如果该标的在合同成立时已存在或可以买到，则不需要提供劳务和服务行为，这也是劳务和服务行为存在的法律意义，它能够产生交付工作成果和提供各类约定服务事项的法律后果。

第三节　人格利益

■ 人格利益的概念

人格利益，是指形成人格权的客体。

人格利益具有如下法律特征：

1. 人格利益是法律加以直接规定和保护的对象。

人格权是民事主体客观固有的、以人格利益为内容的、作为法律意义上的人所必需的权利。《民法总则》第 109 条规定：自然人的人身自由、人格尊严受法律保护。人格利益是形成人格权的客体，如生命、健康、肖像、姓名、名称、名誉等各种民事主体享有的人格利益是民事主体维系其存在、进行民事活动的前提。离开了这些权利，民事主体的人身利益得不到保障，就失去了开展民事活动、享有民事权利和承担义务的基础。所以，人格利益是法律加以直接规定和保护的。

2. 不同的人格利益是形成不同人格权的基础。

人格利益，是指形成人格权的客体。不同的人格利益形成不同的人格权。我国法律规定的具体人格权有生命权、身体权、健康权、姓名权、名称权、名誉权、肖像权、隐私权等。这些权利是因为不同的人格利益而形成的。如生命利益是生命权的客体。

3. 人格利益与民事主体的人身密不可分。

人格利益离不开民事主体而存在，同样，民事主体也离不开人格利益而存在。生命安全、身体健康等人格利益与民事主体的人身不可分离，是民事主体生存的基础，也是民事主体从事社会活动和民事活动的前提。

4. 人格利益不具有直接的财产内容。

人格利益没有直接的财产内容，不直接体现民事权利主体的财产利益，不能用金钱进行衡量。人格利益虽然没有直接的财产内容，但与财产权密切相关，往往是发生财产关系的前提。同时，对人格利益的侵害往往也会影响权利人的经济利益，导致损害赔偿，引起财产关系的变化。

人格利益的类型

根据人格利益所形成的民事权利的不同，《民法总则》第 110 条规定：自然人享有生命权、身体权、健康权、姓名权、肖像权、名誉权、荣誉权、隐私权、婚姻自主权等权利。法人、非法人组织享有名称权、名誉权、荣誉权等权利。可将人格利益做如下分类：

1. 生命权的人格利益。生命权的人格利益是生命的存在和生命权的享有。

2. 健康权的人格利益。健康权的人格利益是以保持人自身及其器官以及身体整体的功能安全为内容的。包括器质健康、生理健康，也包括功能健康与心理健康。

3. 身体权的人格利益。身体权的人格利益以保护人的肢体、器官、组织的完整性为目标。

4. 姓名权的人格利益。姓名权的人格利益是公民享有的决定、使用、改变自己姓名并排除他人侵害的利益。

5. 名称权的人格利益。名称权的人格利益是法人、个体工商户、合伙等社会组织享有的决定、使用、改变自己名称并排除他人侵害的利益。

6. 肖像权的人格利益。肖像权的人格利益是公民通过各种形式在客观上再现自己形象而享有的利益。

7. 名誉权的人格利益。名誉权的人格利益是公民和法人对自己在社会生活中获得的社会评价、人格尊严享有的不可侵犯的利益。这是公民和法人参与社会关系、进行正常的社会经济活动的重要保障，法律禁止侵犯他人的名誉权。

8. 隐私权的人格利益。隐私权的人格利益是公民不愿公开或让他人知悉其个人秘密的利益，以维持正常的生活和精神的安宁。

第四节　智力成果

■ 智力成果的概念

智力成果又称智慧成果，是指民事主体在科学技术和文学艺术领域创造出的劳动成果。

智力成果具有如下法律特征：

（1）智力成果是民事主体智力创造的成果，具有无形性。

智力成果是由民事主体智力创造的成果，包括作品、专利、商标、技术秘密等智力成果。智力成果是无形的，其本身不是一种物体，但是它们可以固定化，并与有形物质相结合，从而具有价值和使用价值。所以，智力成果是一种无形财产。知识产权就是承认创造者或使用者对其智力成果或工商业标记拥有类似于对有形财产享有的独占性的支配权。

（2）智力成果所形成的民事权利具有专有性。

智力成果所形成的民事权利是知识产权，它类似于财产所有权，但是因为智力成果具有无形性，所以知识产权的所有人享有对智力成果独占性的支配权。这种支配权一方面表现为权利人对其智力成果使用和处分的权利，另一方面表现为权利人有权禁止其他人未经许可使用其智力成果。

（3）智力成果在法律保护方面具有地域性和时间性。

所谓智力成果在法律保护方面具有地域性，是指按照一国法律获得承认和保护的智力成果，只能在该国领域内发生法律效力，而不具有域外效力。要使对智力成果的保护延伸到本国之外，对作品而言，依赖于国际公约或者双边协定即可；专利、商标必须经他国行政主管机关的确认方可产生法律效力。

所谓智力成果在法律保护方面具有时间性，是指对智力成果的法律保护有一定的有效期限，它不能永远存续。在法律规定的有效期间内智力成果受到保护，超过法定期间，智力成果的权利自行消灭，相关的智力成果就不再是受保护的客体了，而成为社会的共同财富，为人们自由使用。

■ 智力成果的类型

根据智力成果的创造方法和法律对智力成果的不同规定，可将智力成果分为以下几类：

第一，作品，成为著作权的客体。

作品是指在文学、艺术和科学领域内，具有独创性并能以某种有形形式复制的智力创造成果。

1. 作品须具有的要件。

（1）属于文学、艺术和科学领域内的人类智力创造活动所产生的成果。自然存在物，非人力所创造、非智力创作的不能成为作品。

（2）具有独创性。所谓独创性，是指作品系独立创作而成，不是依已有作品复制而来，也不是根据既定的程式推演而来。独创性来自两个方面：一是作品来源于作者的劳动；二是作品体现了作者的个人特征。

独创性存在于作品的表现形式之中，而不是对作品中所包含的思想的要求。作品只要在表现形式上具有独创性就受到保护，思想本身不是作品，即使思想很新，也不受法律保护。

（3）具有可复制性。作品应能以一定客观形式表现出来为他人所感知，进而能以某种有形的形式加以复制。只有能以有形的形式表现并得以复制的智力创作，才能够再现、传播，为他人利用，产生社会效果和经济效果，从而具有保护的必要。

2. 作品的种类。

（1）文字作品。

（2）口述作品。

（3）音乐、戏剧、曲艺、舞蹈作品。

（4）美术、摄影作品。

（5）电影、电视、录像作品。

（6）工程设计、产品设计图纸及其说明。

（7）地图、示意图等图形作品。

（8）计算机软件。

（9）民间文学艺术作品。

3. 不适于著作权保护的对象。

（1）法律、法规及国家机关的决议、决定、命令和其他具有立法、行政、司法性质的文件以及官方正式译文。具有实施效力的法律和官方正式译文，并非没有独创性，但对它的考虑首先是促进其自由传播和复制，以便使人们了解和掌握，故不在著作权保护的范围之列。

（2）事实新闻。事实新闻是对新近发生的事实所做的客观报道，在表达方式上一般没有独创性。同时，在新闻传播中，居于首位的是保护社会成员享有的新闻权利。

（3）历法、数表、通用表格和公式。此类智力成果已成为人类社会的共同财富。再者，它们在表达方式上具有“唯一性”，不存在独创性表现的余地。

第二，专利，成为专利权的客体。

专利是我国专利法所规定并受到专利法保护的发明创造，具体是指发明、实用新型和外观设计。

1. 发明是指对产品、方法或者其改进所提出的技术方案，即运用自然规律、凭借智力创造活动而做出的解决某个特定技术问题的技术解决方案。发明因其最终物质表现形式不同，可以分为产品发明和方法发明两大类。产品发明即以某一具体物品实现技术方案的发明，例如对机器、设备、零部件等做出的发明。方法发明是指为解决某一技术问题所采用的步骤与手段，是通过操作方式、工艺过程等形式体现技术方案的发明，如以一种新的制作方法生产已有的产品，即属于方法发明。

2. 实用新型是指对产品的形状、构造或者其组合所提出的新技术方案。它应限定在以下的范围内：

（1）实用新型是针对产品而言的，任何方法都不属于实用新型的范围。

（2）作为实用新型对象的产品只能是具有立体形状的产品。如气态、液态、固态产品因为没有三维立体形态而不能适用实用新型。

（3）实用新型技术方案设计的产品形状和构造必须具备实用功能，能产生技术效果并能在工业上应用。

相比发明来讲，实用新型的种类和范围要小得多。在技术水平上，实用新型低于发明。我国将实用新型作为专利权保护的对象之一，是从我国实际情况出发，鼓励人们从事技术革新、技术改良，使那些创造性水平较低的“小发明”也能受到专利保护。

3. 外观设计是指对产品的形状、图案、色彩或其组合做出的富有美感的并适用于工业上应用的新设计。它具有以下特征：

（1）外观设计是以形状、图案、色彩为表现形式，与产品相结合的产物。一个单纯的美术设计，如果未依附于产品，它只能是一件艺术品，可以成为著作权的客体。只有与产品结合在一起，成为产品的外部装饰的设计才可能成为专利法意义上的外观设计。

（2）带有外观设计的产品必须能够在工业上大量复制生产，即具有工业应用性。

（3）外观设计必须能够美化产品，给人以美感。但该设计不必涉及产品的实用功能。

外观设计和实用新型之间有明显的区别：外观设计着眼于产品的外部审美价值，衡量的标准是能否引起人们美的感受。实用新型着眼于产品形状或构造设计所产生的技术效果，衡量标准是能否产生实用价值。

第三，商标，成为商标权的客体。

商标是指能够将不同的经营者所提供的商品或者服务区别开来，并可为视觉所感知的标记。

1. 商标的概念。

（1）商标属于识别性标记的范畴，它的识别对象是商品以及服务项目。使用商标的商品通常为能够在市场上流通的有形商品，包括生活消费品、生产消费品。除有形商品以外，服务项目也使用商标，以便区别不同类型的服务以及相同服务的不同提供者。

（2）商标是用来区别商品或服务来源的一种标记。商标的识别作用是通过具有显著特征的文字、图形、图案对商品或服务的标示而实现的。构成商标的文字、图形、图案由商品经营者经过设计、选择，有意识地附置于商品上以达到促进商品销售、建立商品信誉的目的。

（3）商标是工业产权所保护的识别性标记。然而，商标作为一种符号，本身没有多少价值可言，只有某个商标被长期使用，其所标示的商品或服务质量优良并保持恒定性，该商标才可能依托商品或服务建立起良好的市场信誉，形成自己的独立财产价值。决定商标无形资产价值的基础是商品的声誉和经营者的商业信誉。正是从这个意义上说，商标是企业无形资产的一部分，商标权是一项重要的工业产权。

（4）商品生产和交换活动中，还有其他一些工商业标记，如商品的名称、包装、装潢、商号、地理标记等也能够起到某种识别作用，但它们不同于商标，因为它们并非从识别功能出发，以“显著特征”为基本要求而设计选用的。对这些商业标记的保护通过反不正当竞争法实现。

2. 商标的种类。

（1）平面商标和立体商标。平面商标是以文字、图形或者文字、图形的组合构成的标志。文字商标是最为常见的商标类型。立体商标是以商品形状或者其容器、包装的形状构成的三维标志。我国新修改的商标法将平面商标和立体商标都作为商标给予保护。

（2）注册商标和未注册商标。按照商标的法律状态划分，有注册商标和未注册商标。注册商标是指由当事人申请，经国家主管机关审查核准，予以注册的商标。注册商标是商标法保护的对象，其所有人享有商标专有权。未注册商标是指其使用人未申请注册或者注册申请未被核准，未给予注册的商标。未注册商标可以在市场上使用，但其使用人不享有商标专有权，无权禁止他人使用相同商标，也无权阻止他人就相同的商标提出注册申请。

（3）商品商标和服务商标。按照商标的识别对象划分，有商品商标和服务商标。商品商标是生产经营者在生产、制造、加工、挑选或经销的有形商品上使用的标记。服务商标是提供服务的经营者在其向社会提供的服务项目上使用的标记。传统意义的商标仅指商品商标，随着经济的发展，服务商标已被商标法吸收为新的保护对象。

第四，地理标志。

第五，商业秘密，成为商业秘密权的客体。

不为公众所知、采用保密手段来保护的技术成果是商业秘密。如可口可乐的配方等。相反，如果商业成果没有采用保密手段，而选择了申请专利来保护权利的话，则变成专利。

第六，集成电路布图设计。

第七，植物新品种。

第八，法律规定的其他客体。

本章小结

本章论述的是民事权利的客体，包括物、行为、人格利益和智力成果。具体内容包括：物的法律特征、不同类型及其法律意义；给付行为的性质、法律特征；劳务和服务行为的概念与基本的法律要求；人格利益的概念、基本法律特征；智力成果的概念、法律特征和类型。

关键概念

物　给付行为　劳务和服务行为　人格利益　智力成果

思考题

1. 简述物的概念和分类。
2. 简述人格利益的类型。
3. 简述智力成果的类型。

第六章

民事法律行为

导　学

通过学习本章，认识和理解民事法律行为的本质，明确民事法律行为的有效条件，了解附条件和附期限的民事法律行为，掌握无效民事行为和可撤销的民事行为的发生情形和法律后果。要求结合社会生活实际和法律调整的特点，加深理解民事法律行为的基本理论。

第一节　民事法律行为概述

■ 民事法律行为的概念和法律特征

民事法律行为是法律事实中行为的组成部分。我国《民法总则》第 133 条规定：民事法律行为是民事主体通过意思表示设立、变更、终止民事法律关系的行为。由此可见，民事法律行为具有引起民事法律关系产生、变更或者消灭的作用。

民事法律行为的法律特征表现在下述方面。

（一）民事法律行为是一种合法行为

理解“民事法律行为”的概念，应当注意与其相关的另一概念——“民事行为”。我国在对“民事法律行为”进行定义性规定的同时，创设了“民事行为”一词。这是两个既相互独立又彼此联系的概念，应当加以区别。

根据我国有关规定的精神，民事行为是指民事主体在民事活动领域内基于其意志所实施的、能够产生一定民事法律后果的行为。但是，并非一切民事行为都是民事法律行为。其中，只有具备法律规定的有效条件的民事行为，才具有法律确认的法律效力，产生行为人预期的法律后果，属于民事法律行为。而不具备法定有效条件的民事行为则不具有法律效力，不产生行为人所追求的法律后果，或者通过当事人依法行使变更权或撤销权导致其效力的变更或者消灭。所以，民事行为的范围大于民事法律行为，两者在形式逻辑上是包容和被包容的关系，即民事行为包括民事法律行为、无效民事行为和可撤销、可变更的民事行为。

理解民事法律行为的合法性应着眼于其内容和形式均应符合法律的规定，而且，合法性的范围是广义的，既要符合法律规定，又要符合社会公共利益和社会公德的要求。这是民事法律对社会经济生活进行调整的目的，也是民事法律行为的本质属性。

民事法律行为必须具有合法性，因为它必须是合法行为，才能为国家法律所确认和保护，从而能够产生行为人预期的民事法律后果。

（二）民事法律行为以行为人的意思表示作为构成要素

1. 意思表示是指行为人追求民事法律后果（民事法律关系的设立、变更或消灭）的内心意思用一定的方式表达于外部的活动。民事法律行为是人们有目的、有意识的行为，所以意思表示是民事法律行为的必要组成部分。比如，顾客在商店将其要购买某一商品的想法用口头方式告诉售货员就是意思表示。

也就是说，意思表示是民事主体借助一定的表现方式表达其设立、变更或者终止民事权利和民事义务关系的内部意志的过程。它是由民事主体主观上追求民事法律后果的内心意思和外部表示两部分构成的，即行为人追求民事法律后果的内心意思必须通过一定的方式表达出来，才能为他人所知晓。两者缺少其一均不是意思表示。

2. 意思表示与民事法律行为。《民法总则》第 134 条规定：民事法律行为可以基于双方或者多方的意思表示一致成立，也可以基于单方的意思表示成立。法人、非法人组织依照法律或者章程规定的议事方式和表决程序做出决议的，该决议行为成立。所以，意思表示是民事法律行为的必要组成部分。每种民事法律行为都必然存在意思表示。缺少民法所确认的意思表示的行为就不是民事法律行为。例如，邀请朋友吃饭也是人有意识的行为，但它所表达的意思并非追求民事法律后果，不属于意思表示，故不构成民事法律行为。民事法律行为区别于另一类民事法律事实——事件，后者是与人的意志无关的客观现象。

意思表示是民事法律行为的构成要素，但并不等于民事法律行为。因为，不同的民事法律行为，其意思表示构成是不一样的，既可以由一种意思表示所构成，也可以是包含两种或多种意思表示。比如立遗嘱的行为，只要有行为人一方的意思表示就能成立，而签订买卖合同的行为则需有买方和卖方的两种意思表示并且一致才能成立。

（三）民事法律行为能够实现行为人所预期的民事法律后果——设立、变更或消灭民事法律关系

民事法律行为是一种目的性行为，即以设立、变更或终止民事法律关系为目的。这一目的是行为人在实施民事法律行为之时所追求的预期后果。基于民事法律行为具有的合法性，法律确认和保护民事法律行为的效力，故行为人所追求的预期后果必然可以实现。可见，民事法律行为的目的与实际产生的后果是相互一致的。这一特点使得民事法律行为区别于民事违法行为。因为，民事违法行为（如侵权行为）也含有依法产生的法律后果（如将人打伤后，侵权行为人承担的损害赔偿民事责任）。但是，这种法律后果并不是行为人实施民事违法行为时所追求的后果，而是根据法律规定直接产生的，并非以当事人的意思表示为根据。

通过分析上述民事法律行为的特征，我们可以看到民法规定民事法律行为制度的意义在于：为社会公众设置了从事民事活动的行为模式，具体表现为民事法律规范规定了民事主体在参与民事活动时所应当具备的有效条件。行为人应当按照法定条件实施相应的行为，即构成民事法律行为，其法律效力为法律所确认和保护；反之，则不产生合法的效力。如果广大社会公众均按照法律规定的有效条件从事民事活动，就可以将每个人的行为均纳入合法的范围，民事立法调整的目的也就达到了。

意思表示

（一）意思表示的概念

意思表示属于民事行为的核心要素，是指表意人将其期望发生某种法律效果的内心意思以一定的方式表达于外部的行为。关于意思表示的构成要素学界认识不一，但主流观点认为应当包括三个要素：目的意思、效果意思和表示行为。

根据《民法总则》第 137 至 140 条的规定可知，行为人做出意思表示的方式有四种：

1. 口头形式。
2. 书面形式。
3. 推定形式。
4. 沉默方式。

（二）意思表示与意思实现

意思实现，是指民事主体做出特定的行为以代替相应的意思表示。我国《合同法》第 22 条规定："承诺应当以通知的方式作出，但根据交易习惯或者要约表明可以通过行为作出承诺的除外。"其后段"根据交易习惯或者要约表明可以通过行为作出承诺"，即属关于意思实现的规定。依据我国《合同法》第 26 条第 1 款的规定，承诺不需要通知的，根据交易习惯或者要约的要求做出承诺的行为时生效。

（三）意思表示的生效

1.《民法总则》第 137 条规定：以对话方式做出的意思表示，相对人知道其内容时生效。以非对话方式做出的意思表示，到达相对人时生效。以非对话方式做出的采用数据电文形式的意思表示，相对人指定特定系统接收数据电文的，该数据电文进入该特定系统时生效；未指定特定系统的，相对人知道或者应当知道该数据电文进入其系统时生效。当事人对采用数据电文形式的意思表示的生效时间另有约定的，按照其约定。第 138 条规定：无相对人的意思表示，表示完成时生效。法律另有规定的，依照其规定。

2. 以公告方式做出的意思表示，公告发布时生效。

（四）意思表示的撤回

《民法总则》第 141 条规定：行为人可以撤回意思表示。撤回意思表示的通知应当在意思表示到达相对人前或者与意思表示同时到达相对人。此条规定表示，意思表示是可以被撤回的，但是需满足两种情况之一：其一是撤回的通知必须在意思表示到达相对人之前到达相对人；其二是撤回的通知应与意思表示同时到达相对人。

（五）意思表示的解释

1. 意思表示的解释对象。
2. 意思表示解释的方法有文义解释、体系解释、习惯解释、目的解释、诚信解释等。
3. 意思表示有无相对人对意思表示解释具有重要影响。

有相对人的意思表示的解释，应当按照所使用的词句，结合相关条款、行为的性质和目的、习惯以及诚信原则，确定意思表示的含义。

无相对人的意思表示的解释，不能完全拘泥于所使用的词句，而应当结合相关条款、行为的性质和目的、习惯以及诚信原则，确定行为人的真实意思。

民事法律行为的类型

根据不同的标准，可以将民事法律行为分成不同的种类。

（一）根据民事法律行为的成立是否以交付实物为条件，可将民事法律行为分为诺成性民事法律行为和实践性民事法律行为

诺成性民事法律行为是指仅以双方当事人意思表示一致即告成立的民事法律行为。大多数民事法律行为都是诺成性的，如买卖、承揽、租赁等。实践性民事法律行为则是指不仅要求双方当事人的意思表示一致，而且要交付实物才能成立的民事法律行为，如保管、自然人之间的借贷等。

由此可见，诺成性民事法律行为与实践性民事法律行为，各自成立的条件是不同的。前者是双方当事人意思表示一致时成立，而后者则必须是在双方当事人意思表示一致，并且依法或依约定交付实物时才成立。应当注意，交付实物的行为在这两类民事法律行为中具有不同的法律意义，其在诺成性民事法律行为中只是民事法律行为成立之后的履行行为，而其在实践性民事法律行为中则是民事法律行为成立所需的条件。

（二）根据民事法律行为当事人之间的民事权利和民事义务构成的不同，可将民事法律行为分为单务民事法律行为和双务民事法律行为

单务民事法律行为是指民事法律行为的一方当事人负有义务，而另一方当事人仅享有权利的民事法律行为。比如，赠与行为中的赠与人负有交付赠与物的义务，而受赠人则享有请求赠与人给付赠与物的权利。

双务民事法律行为则是指民事法律行为的双方当事人均承担义务，也都享有权利。而且，彼此的权利和义务相互关联、互为条件，一方的义务就是另一方的权利。比如，买卖合同中出卖人和买受人的权利和义务就是相互对应的。

相比较而言，双务民事法律行为的当事人在行使权利和履行义务的过程中，适用同时履行抗辩权（《合同法》第 66 条）、不安抗辩权（《合同法》第 68 条和第 69 条）等制度。而单务民事法律行为的履行则无须适用这些具体制度。

（三）根据民事法律行为所需的意思表示构成的不同，可将民事法律行为分为单方民事法律行为和双方民事法律行为

单方民事法律行为是指基于一方当事人的意思表示即可成立的民事法律行为。比如，立遗嘱、追认行为都属于单方民事法律行为。只要有行为人的一方意思表示就依法成立，不需要征得他人的同意。

双方民事法律行为是基于双方当事人的意思表示一致而成立的民事法律行为。其特点是必须存在各方当事人的各自意思表示，而且要一致。仅有一方当事人的孤立意思表示，或者双方各自虽然都有意思表示，但彼此不能一致的，均不属于双方民事法律行为。各种签约行为、联营行为都属于双方民事法律行为。

除了法律另有规定以外，单方民事法律行为自行为人独立表达其意思时即可成立，而双方民事法律行为则自双方当事人意思表示一致时成立。

（四）根据民事法律行为成立时是否必须采取特定的形式，可将民事法律行为分为要式民事法律行为和不要式民事法律行为

要式民事法律行为是指必须采用某种特定的形式才能成立的民事法律行为。正如《民法总则》第135条所规定的：法律、行政法规规定或者当事人约定采用特定形式的，应当采用特定形式。比如，根据《担保法》的规定，保证合同、质押合同均应采用书面形式，而抵押合同则不仅要用书面形式，而且要向法定登记机关办理抵押登记。

不要式民事法律行为是指法律没有规定特定形式而允许当事人选择约定形式的民事法律行为。

随着我国社会主义市场经济的发展，不要式民事法律行为的适用范围日益普遍，而要式民事法律行为则只适用于特定的情况。只要法律没有对行为直接规定必须采用特定形式的，就都属于不要式民事法律行为，当事人可以协商确定采用书面形式（包括合同书、信件、数据电文等有形的表现其行为内容的形式）、口头形式或者其他形式。

（五）根据民事法律行为的一方当事人承担义务是否要求对方给付对价，可将民事法律行为分为有偿民事法律行为和无偿民事法律行为

有偿民事法律行为是指一方当事人承担某项民事义务而要求对方当事人给付对价（报酬）的法律行为。比如买卖合同就是典型的有偿民事法律行为。出卖人有交付标的物的义务，而买受人有给付相应报酬的义务。

无偿民事法律行为则指一方当事人承担某项民事义务而不要求对方当事人给付对价的法律行为。它以赠与为代表。赠与人有赠与该物的义务，而受赠人没有交付报酬的义务。

在社会生活实践中，大多数民事法律行为都属于有偿民事法律行为，而存在于特定民事领域中的少数民事法律行为是无偿民事法律行为。相应地，民事立法对于有偿民事法律行为和无偿民事法律行为的调整规则就不尽相同，尤其是当事人依法所应承担的法律责任是不同的。在一般意义上，有偿民事法律行为当事人的法律责任重于无偿民事法律行为的当事人。比如，对于标的物的质量和权利所承担的瑕疵担保责任是买卖合同的出卖人必须承担的，而赠与合同的赠与人则一般不承担赠与物的瑕疵担保责任，除非是赠与人故意不告知瑕疵的，才承担民事赔偿责任。

第二节　民事法律行为的有效要件

■ 民事法律行为的实质要件

民事法律行为的要件即民事法律行为应当具备的条件，根据《民法总则》第135条和第143条的规定，具体包括行为人合格、行为人意思表示真实、行为内容合法、形式合法。前三个是民事法律行为的实质要件，第四个则是其形式要件。

根据《民法总则》第143条的规定，民事法律行为的实质要件包括：

1. 行为人合格。意即民事主体在实施具体的民事法律行为时必须具有相应的民事行为能力。是否具有相应的民事行为能力，则要以民事法律对公民、法人的民事行为能力的具体规定为标准来衡量。对于公民来讲，完全民事行为能力人从事各种民事法律行为均为合格；限制民事行为能力人在法律允许其独立进行民事活动的范围内，进行与其年龄、智力或者其精神健康状况相适应的民事活动就是合格的。而具体到法人，则必须具有独立的法人资格，并在自己经营的业务范围内从事民事活动，即为行为人合格。至于依法参与民事活动的其他组织，则必须具有法律承认的资格和在其所属法人授权范围内从事民事活动才为合格。违反上述规定的就是行为人不合格，其实施的民事行为不产生法律效力。

2. 行为人意思表示真实。意即行为人表现于外部的表示与其内在的真实意志相一致。其要求有两点：一是内部意思与外部表示相一致；二是出于行为人的自愿。只有行为人意思表示真实，才能保证其所实施的民事行为产生的民事法律后果符合行为人预期的目的，合于其切身利益，有利于建立正常的社会经济秩序。如果行为人的外在表示与其内心真实意志不一致，则为意思表示不真实，不为法律所确认和保护。

3. 行为内容合法。意即行为的具体内容既不能违反法律、行政法规的强制性或禁止性规定，也不得违背公序良俗。具体到实际生活中，首先，行为内容不得与法律、行政法规的强制性或禁止性规范相抵触。而行为人的意思表示与任意性规范不一致时则不属于违法，因为任意性规范允许当事人协商确定。其次，行为内容合法还包括行为人实施的民事行为不得违背社会公德，不得损害社会公共利益。因为，公序良俗是对民事立法的重要补充，在法律没有明文规定时，它就是衡量民事行为合法性的重要标准。

民事法律行为的形式要件

民事法律行为的形式即行为人进行意思表示的形式。根据《民法总则》第 135 条的规定，民事法律行为的形式要件即民事法律行为的形式合法。

民事法律行为所采用形式的合法性因要式民事法律行为和不要式民事法律行为的区别而有所不同。凡要式民事法律行为，必须采用法律规定的特定形式才为合法，而不要式民事法律行为，则允许当事人在法律规定的范围内选择口头形式、书面形式或其他形式作为民事法律行为的形式。

在我国，民事立法确认民事法律行为可以采用的形式包括明示形式和默示形式两大类。

（一）明示形式

所谓明示形式，就是行为人用积极的、直接的、明确的方式表达其内部意思于外部。具体包括用言语表达内心意思的口头形式；用文字表达内心意思的书面形式；其他形式。其他形式具体可表现为视听资料形式和须经特定主管机关履行特定手续的特殊书面形式，诸如公证、审核批准、登记等。

1. 口头形式。口头形式是行为人通过言语表达其内心意思而成立民事法律行为的形式，诸如当事人之间当面交谈、电话联系等。口头形式是社会公众在社会生活中广泛使用的民事法律行为形式。其优点是快捷、迅速，但是因其缺乏客观记载，在发生纠纷时难于取证，所以，口头形式大多用于即时清结的小额交易行为，而金额较大的、非即时清结的民事法律行为，则不宜采用口头形式。

2. 书面形式。书面形式是行为人以文字符号表达内心意思而成立民事法律行为的形式。书面形式的优点是通过文字符号将行为人所实施民事法律行为的内容客观地记载于一定的载体上，成为确定当事人权利和义务的依据，有利于防止民事活动中的异议和便于民事纠纷的处理。根据《合同法》第 11 条的规定，民事法律行为的书面形式包括合同书、信件和各种数据电文（包括电报、电传、传真、电子数据交换和电子邮件）等可以有形地表现民事法律行为内容的形式。

3. 其他形式。民事法律行为的其他形式是指口头形式和书面形式以外的民事法律行为形式。在我国的实际生活中，主要表现为视听资料、公证、审核批准、登记等。

（1）视听资料，就是行为人通过录音、录像等所反映的声音和形象以及电子计算机所储存的资料等表现民事法律行为内容的形式。不过，当事人以录音、录像等视听资料形式实施的民事法律行为，必须有两个以上无利害关系人作为证人，或者有其他证据证明该民事法律行为符合《民法总则》第 143 条规定的“行为人具有相应的民事行为能力”“意思表示真实”“不违反法律、行政法规的强制性规定，不违背公序良俗”，才可以认定其有效。

（2）公证，就是由公证机关对民事法律行为的真实性和合法性予以审查并加以证明的方式。公证的作用仅仅是证明民事法律行为是真实的和合法的。当发生争议时，经过公证的民事法律行为具有最强的证据力，当事人不得以其他形式的证据否定公证的效力。但是，公证本身并没有直接的法律强制力。同时，应当强调的是，我国法律对于公证一般实行自愿原则，除了法律规定或者当事人约定必须进行公证的以外，民事法律行为未经公证的，并不影响其法律效力。

（3）审核批准，就是指依法必须经有关主管机关审核批准才能成立的民事法律行为的形式。例如，根据《中外合资经营企业法》第 3 条的规定，中外合资经营企业的各方当事人所签订的合营合同必须经政府主管部门审查批准才能成立和生效。

（4）登记，就是指依法必须向有关主管机关办理登记才能生效的形式。在我国，基于不动产的公示、公信原则，与不动产（如房屋、土地、交通工具等）相关的民事法律行为一般要依法办理登记，这是此类民事法律行为的必备形式。例如，根据《担保法》第 41 条的规定，办理抵押物登记是抵押合同生效的条件，抵押合同自登记之日起生效。

（二）默示形式

默示形式是指不依赖语言或文字等明示形式，而通过某种事实即可推知行为人的意思表示成立的民事法律行为形式。行为人虽然并没有做出明示的意思表示，但根据法律的规定，可以认定行为人的某种客观事实状态就是表达同意进行民事活动的意思。

法律对民事法律行为的默示形式是有严格限定的。只有在法律有明确规定的情况下才能认定行为人以默示的形式表示其意思。例如，《继承法》第 25 条规定：继承开始后，继承人放弃继承的，应当在遗产处理前，做出放弃继承的表示。没有表示的，视为接受继承。受遗赠人应当在知道受遗赠后两个月内，做出接受或者放弃受遗赠的表示。到期没有表示的，视为放弃受遗赠。

第三节　附条件和附期限的民事法律行为

在社会经济生活中，当事人出于其特殊的需求或者受特殊因素的制约，在实施民事法律行为的过程中，约定某种客观情况作为所附条件或所附期限而影响其效力，其中约定条件的叫作附条件民事法律行为，而约定期限的即为附期限民事法律行为。

附条件的民事法律行为

附条件的民事法律行为是指双方当事人在民事法律行为中设立一定的事由作为条件，以该条件的成就与否作为决定该民事法律行为效力产生或解除根据的民事法律行为。

附条件民事法律行为是法律为了适应社会成员在生产或生活中的各种特殊需要而设立的一种特殊民事法律行为。我国《民法总则》第158条规定：民事法律行为可以附条件，但是按照其性质不得附条件的除外。附生效条件的民事法律行为，自条件成就时生效。附解除条件的民事法律行为，自条件成就时失效。

例一：某农村承包经营户与某农业生产资料公司签订籽种买卖合同，双方在该买卖合同中约定若自该买卖合同订立之日起2个月内下雨的话，买卖合同生效，双方依约履行，反之，则买卖合同不产生法律效力。可见，2个月内下雨的事实是该民事法律行为所附条件，它的成立是合同产生效力的根据。

例二：甲、乙双方签订有效期为5年的房屋租赁合同，但是在合同中约定如甲在外地工作的儿子于该租赁合同有效期内调回本市工作的话，该租赁合同即行解除。那么，甲的儿子调回本市的事实就是所附条件，它的成立是合同效力解除的根据。

附条件民事法律行为本身与其他民事法律行为一样，适用《民法总则》有关民事法律行为的各项规定；只是其所附条件具有相应的法律特点，应当符合特殊的法律要求，故应当注意条件的特性和种类。

在附条件民事法律行为中，条件就是当事人所约定的，可使民事法律行为产生或终止法律效力的客观情况，属于法律事实的范畴。这种双方约定的客观情况必须符合相应的法律要求，这样才构成附条件民事法律行为中的条件。

（一）附条件民事法律行为的要求

1. 条件应具有未来性，即条件应当是尚未发生的事实。当事人约定的事实在实施民事法律行为时已经发生或者正在发生，则不构成民事法律行为的所附条件。如甲与乙订立买卖“海尔”冰箱的合同之前已经买到了“长岭”冰箱，甲在合同中再将购买“长岭”冰箱这一事实作为条件则是毫无意义的。

2. 条件应具有或然性，即条件应当是当事人在约定时不知道其将来是否必然发生的客观情况。如果当事人在约定之时确知在将来必然发生或者必然不发生的事实，则均不是民事法律行为的所附条件。如甲向乙表示“如果太阳从西方升起，我就把房屋赠与你”，则视为根本就不希望从事该项民事行为，已经成立的民事行为无效。

3. 条件应具有意定性，即条件应当是当事人依其意志所选择的事实。如果是法律规定的条件，则不属于民事法律行为的所附条件。如甲估计自己要调回北京，而与乙订立租房合同，但合同未表示以自己调回北京为条件的意思，该合同不是附条件的合同。

4. 条件应具有合法性，即条件应当是符合法律要求的事实。因此，当事人作为条件所约定的事实就不得违反法律规范的强制性规定，也不得有悖于社会公共利益和社会公德。例如，甲与乙有仇，为了报复乙，甲私下与丙协商并承诺：如果丙将乙打伤，则赠与丙1 000元。由于该民事行为附有违法条件，该行为当然无效。

5. 条件应具有特定的目的性，即条件应当是约定用于限制民事法律行为效力的事实。如果当事人约定的事实是为了其他目的，则不属于民事法律行为的所附条件。

（二）民事法律行为所附条件的分类

1. 按条件的作用，可将条件分为延缓条件和解除条件。延缓条件的作用在于使民事法律行为产生效力，即民事法律行为在成立时暂不生效，而当所附条件成就时，才引起民事法律行为之法律效力产生。解除条件的作用则在于使民事法律行为发生解除效力，即民事法律行为自成立时起即行生效，而当所附条件成就时导致民事法律行为的效力解除。具体来讲，上述“例一”中双方当事人所签订的买卖合同就属于附延缓条件的民事法律行为，故该买卖合同在订立之时并不生效，只是在签订后约定的 2 个月内条件成就（下雨）时买卖合同才生效，才对当事人产生法律约束力。上述“例二”中所签订的房屋租赁合同就属于附解除条件的民事法律行为，故该租赁合同在订立之时就生效，只是在合同约定的条件成就（出租人的儿子调回本市工作）时，租赁合同的法律效力随之解除。

应当注意的是，根据《合同法》第 45 条第 2 款的规定，当事人不得为了自己的利益而不正当地阻止或者促成条件成就，否则，不正当阻止条件成就的，视为条件已成就，而不正当促成条件成就的，则视为条件不成就。

2. 按条件的内容，可将条件分为肯定条件和否定条件。凡是以约定事实的发生为条件内容的，就是肯定条件；凡是以约定事实的不发生为条件内容的，就是否定条件。上述“例一”中双方当事人所签订的买卖合同就属于附肯定条件的民事法律行为，因为合同的生效以下雨这个约定的事实发生为条件内容。上述“例二”中双方当事人所签订的租房合同也属于附肯定条件的民事法律行为，因为合同的解除以出租人的儿子调回本市工作这个事实的发生而产生解除效力。

附期限的民事法律行为

附期限的民事法律行为是指双方当事人在民事法律行为中约定一定的期限，以期限的到来决定该行为效力产生或解除的民事法律行为。《民法总则》第 160 条规定：民事法律行为可以附期限，但是按照其性质不得附期限的除外。附生效期限的民事法律行为，自期限届至时生效。附终止期限的民事法律行为，自期限届满时失效。例如：甲乙双方约定，自房屋租赁合同成立之日起 10 日内，出租人甲将出租的房屋交付给承租人乙使用，就是一个附期限的民事法律行为。民事法律行为通常都可以附期限，但基于社会公共利益，也有不许附期限的，其范围与不许附条件的民事法律行为范围大致相同。

期限和条件既有相同之处，又有不同之处。相同之处在于：两者都是对民事法律行为效力的某种限制，都是期待中的未来事实。不同之处在于：期限是确定的、将来一定能到来的；而条件则为将来是否发生不确定的事实。

（一）附期限民事法律行为的要求

附期限民事法律行为的要求具体包括：

1. 期限应具有未来性，即期限应当是在将来确定发生的。

2. 期限应具有意定性，即期限应当是双方当事人约定的。法律规定的期限不在此类。

3. 期限应具有特定的目的性，即附期限的目的应当是限制民事法律行为效力的产生或终止。

（二）民事法律行为所附期限的分类

1. 按期限的作用，可将期限分为始期和终期。始期是指当事人所附期限到来时民事法律行为发生效力，又叫作生效期限。例如：甲和乙订立借款 1 000 元的合同，但约定乙须在合同订立 10 日后方可取款，这里“在合同订立 10 日后方可取款”就是该借款行为所附的期限（始期）。终期则是指当事人所附期限到来时民事法律行为发生终止效力，又叫作终止期限。

2. 按期限的内容，可将期限分为确定期限和不确定期限。当事人约定的确切的具体时间（如 6 个月或 1 年后合同生效）即确定期限。当事人约定的不确切的时间（如第一次洪峰到来时合同生效），即不确定期限。

第四节　无效民事行为和可撤销的民事行为

一、无效民事行为

无效民事行为是指因欠缺民事行为的有效要件而不产生法律效力的行为。民法理论又称其为“绝对无效的民事行为”。

（一）无效民事行为的特点

1. 无效民事行为的本质特征是其违法性。即由于行为人实施的民事行为不具备法律规定的各项有效条件而违法。因此，判断无效民事行为的标准是法定的有效条件，故不同于因违反民事义务而构成的民事违法行为（违约行为和侵权行为）。

2. 无效民事行为是确定无效的。也就是说，该无效民事行为依法肯定不产生法律效力，即不论当事人是否知道该民事行为无效和是否主张认定其无效，也不管该民事行为是否经过了人民法院或者仲裁机关确认其无效，该无效民事行为依法均肯定不能产生法律效力。这一结果不因当事人的协商约定而改变，故区别于因当事人行使撤销权而变更其内容或者撤销其法律效力的可撤销的民事行为。

3. 无效民事行为自始不发生法律效力。无效民事行为作为确定无效的民事行为，其无效结果是自行为实施时起就形成的，正如《民法总则》第 155 条规定的，无效的或者被撤销的民事法律行为自始没有法律约束力，这也不同于可撤销的民事行为。

（二）无效民事行为的分类和表现

民事法律规定的民事法律行为有效条件是认定无效民事行为的法律依据，依此相应地构成四类无效民事行为，包括因主体不合格而无效的民事行为、因意思表示不真实而无效的民事行为、因内容违法而无效的民事行为和因形式违法而无效的民事行为。具体来讲，根据《民法总则》第 144、145、146、148、149、150、153、154、155 条和《合同法》第 52 条的规定，无效民事行为表现为以下情形：

1. 无民事行为能力人实施的民事法律行为。由于无民事行为能力的公民不能正确认识其行为的法律意义，依法不能独立进行民事活动，而只能由其法定代理人代为实施，因此，无民事行为能力的公民本人实施的民事行为，即构成因主体不合格而无效的民事行为。

2. 因欺诈而为的民事行为。因欺诈而为的民事行为是指一方以欺诈手段，使对方在违背真实意思的情况下实施的民事法律行为，受欺诈方有权请求人民法院或者仲裁机构予以撤销。显然，在实施该民事行为的过程中，被欺诈人所做的意思表示是不真实的，因为如果他知道真实情况就不会实施该民事行为。

认定民事行为中的欺诈，应当具备以下条件：

（1）欺诈方有欺诈的故意。

（2）欺诈方实施了欺诈行为，包括故意告知对方虚假情况（作为）或者故意隐瞒真实情况（不作为）。

（3）被欺诈方对于欺诈行为是不知情的。

（4）欺诈行为与被欺诈方实施的民事行为之间存在因果关系，即被欺诈方基于欺诈方所为的欺诈行为产生了错误认识而与欺诈方实施民事行为。

应当注意的是，根据《合同法》第52条和第54条第2款的规定，一方以欺诈手段订立的合同，在损害国家利益的前提下必然是确定无效的合同，而在未损害国家利益的情况下，则可经被欺诈方请求，由人民法院或者仲裁机关予以变更或者撤销。

3. 因胁迫而为的民事行为。因胁迫而为的民事行为是指一方或者第三人当事人以给公民及其亲友的生命健康、荣誉、名誉、财产等造成损害，或者以给法人的荣誉、名誉、财产等造成损害为要挟，迫使对方做出违背真实意志的意思表示所为的民事行为。

认定民事行为中的胁迫，应当具备以下条件：

（1）胁迫方有胁迫的故意。

（2）胁迫方实施了胁迫行为，即正在发生或者在将来可能发生危害，并且足以使被胁迫方产生恐惧，害怕胁迫的发生。

（3）被胁迫方实施的民事行为与胁迫行为之间存在因果关系，也就是说，该被胁迫方因受胁迫而被迫做出违背真实意志的意思表示并实施相应的民事行为。

应当注意的是，虽然《民法总则》将此情况列为无效民事行为的一种，但是，根据《合同法》第52条和第54条第2款的规定，一方以胁迫手段订立的合同，在损害国家利益时，必然是确定无效的合同，而在未损害国家利益的情况下，则可经被胁迫方请求，由人民法院或仲裁机关依法予以撤销。

4. 因乘人之危使对方违背真实意思而为的民事行为。因乘人之危使对方违背真实意思而为的民事行为是指因一方当事人乘对方处于危难之际，为牟取不正当利益，迫使对方做出不真实的意思表示而为的民事行为，故该民事行为也属于因危难一方意思表示不真实而无效的民事行为。

认定民事行为中的乘人之危，应当具备以下条件：

（1）一方当事人处于危难境地。如本人或其亲属突患危重病症。

（2）另一方当事人以牟取不正当利益为目的，利用对方的危难情况，提出苛刻的条件，严重损害对方的利益。如以超出法律允许的利率范围，订立高额利率的借款合同。

（3）乘人之危一方主观上是故意的。

（4）危难一方所为的民事行为与乘人之危行为之间存在因果关系，即危难一方因危难的存在而被迫接受对方提出的苛刻条件并实施相应的民事行为。

应当注意的是，《民法总则》第148条规定：一方以欺诈手段，使对方在违背真实意思的情况下实施的民事法律行为，受欺诈方有权请求人民法院或者仲裁机构予以撤销。第149条规定：第三人实施欺诈行为，使一方在违背真实意思的情况下实施的民事法律行为，对方知道或者应当知道该欺诈行为的，受欺诈方有权请求人民法院或者仲裁机构予以撤销。第150条规定：一方或者第三人以胁迫手段，使对方在违背真实意思的情况下实施的民事法律行为，受胁迫方有权请求人民法院或者仲裁机构予以撤销。但是根据《合同法》第 54 条第 2 款的规定，一方乘人之危使对方在违背真实意思的情况下订立的合同，可以经受损害方的请求，由人民法院或者仲裁机构依法予以变更或者撤销。

5. 因恶意串通损害他人利益而为的民事行为。因恶意串通损害他人利益而为的民事行为是指当事人相互之间故意通谋实施的损害国家、集体或者第三人利益的民事行为。

认定该民事行为的条件包括：

（1）当事人之间存在恶意串通的共同故意，故不同于欺诈、胁迫和乘人之危而为的民事行为。

（2）当事人恶意串通的内容是损害国家、集体或第三人的利益。

（3）该民事行为的实施造成了损害国家、集体或者第三人利益的结果。

6. 违反法律或者社会公共利益而为的民事行为。这种民事行为是指行为人实施的违反法律或者社会公共利益的民事行为。在此，应从广义角度理解民事行为的违法性，即当事人实施的民事行为与法律、行政法规的强制性规范和禁止性规范相抵触，或者违反社会公共利益和社会公德。

7. 以合法的形式掩盖非法目的而为的民事行为。这种民事行为是指当事人为规避法律，实现其非法目的而在形式上采用另一种合法的民事行为加以掩盖的情况。从民法上讲，具有掩盖作用的民事行为，叫作伪装的民事行为，因其不代表当事人的真实意思，故应当无效。同时，被掩盖的民事行为，虽然代表当事人的真实意思，但因其违反法律，所以构成无效行为。例如，甲、乙两个企业（非银行）之间为了规避现行立法有关禁止企业间商业借贷的规定，而签订一个联营合同作为伪装民事行为来掩盖双方实际上的借款合同关系。

8. 违反国家指令性计划而无效的民事行为。在我国社会主义市场经济条件下，国家对经济进行宏观调控，仍然要通过下达指令性计划来落实其宏观经济政策，民事主体在相应民事领域内实施民事法律行为涉及国家指令性计划时，亦不得违反，否则，其所实施的民事行为也会因违反指令性计划而无效。

可撤销的民事行为

（一）可撤销的民事行为的概念和特点

可撤销的民事行为是指当事人依照法律规定针对欠缺有效要件而请求人民法院或者仲裁机关予以撤销的民事行为。其中，可撤销的民事行为在民法理论上又叫作“相对无效的民事行为”。

可撤销的民事行为具有以下特点：

1. 可撤销的民事行为在当事人依法向人民法院或者仲裁机关提出请求之前是具有法律效力的，故区别于依法自始无效的无效民事行为。

2. 可撤销的民事行为因当事人依法行使撤销权而由人民法院或者仲裁机关依法裁判予以撤销其法律效力。但是，当事人未提出撤销请求，或者未依法行使撤销权的，则可撤销的民事行为的内容和效力均不发生改变。可见，在当事人依法行使撤销权之前，可撤销的民事行为的法律效力处于不确定的或然状态，从而也不同于确定无效的无效民事行为。

（二）可撤销的民事行为的认定

根据《民法总则》的规定，可撤销的民事行为具体表现为以下情形：

1. 基于重大误解而为的民事行为。因重大误解而为的民事行为是指由于行为人在对行为的性质、对方当事人以及标的物的品种、质量、规格和数量等的错误认识，使行为的后果与自己的意思相悖，并造成较大损失情况下而为的民事行为。显而易见，因重大误解而为的民事行为，是在与行为人真实意思相悖的情况下实施的，故因意思表示不真实而影响其法律效力。

认定民事行为中的“重大误解”，应具备以下条件：

（1）行为人因为自己的过失对于所为的行为存在错误认识。应当注意的是，根据《最高人民法院关于贯彻执行〈中华人民共和国民法通则〉若干问题的意见（试行）》（以下简称《最高人民法院民通意见》）第71条的规定，行为人的重大误解必须是对于其所为的民事行为的性质、内容和主体等方面的错误认识，而对于促使其从事民事行为的动机存在的错误认识则不构成重大误解。重大误解是出于行为人本人的过失发生的。因此，区别于因对方故意欺诈而为的民事行为，也排除了因第三人的错误而为的民事行为。

（2）行为人的重大误解与所为的民事行为之间存在因果关系。即基于自己的错误认识而实施了与其真实意思相悖的民事行为。例如，公民甲自己误把一幅临摹某位名画家的作品当作该名画家的真迹而予以购买，当然与其真实意思完全相悖。

（3）行为人因重大误解所实施的民事行为给当事人造成了较大损失。为了保证商品交易的安全、稳定民事流转秩序，法律将当事人得以请求撤销的误解行为限制在重大的范围内。也就是说，必须是在因误解而为的民事行为已经或者将会给当事人造成较大损失的情况下，才构成可撤销的重大误解行为。

2. 因显失公平而为的民事行为。因显失公平而为的民事行为是指一方利用对方处于危困状态、缺乏判断力等情形，致使民事法律行为成立时显失公平的民事行为。

认定民事行为中的“显失公平”，应当具备以下条件：

（1）一方当事人故意利用自己所处的政治、社会、经济等方面的优势或者利用对方没有经验。但是，显失公平行为不同于乘人之危行为，关键是在显失公平的情况下，受害一方当事人还有与对方协商的机会，而在乘人之危的情况下，则是危难一方没有选择地被迫接受对方提出的苛刻条件。

（2）双方在所为的民事行为中的权利和义务不平等，明显地违反公平、等价有偿原则。这是判定是否构成显失公平的标准。也就是说，认定显失公平应着眼于双方当事人的权利和义务是否对等。实践中，具体的判定依据涉及双方权利义务的不平等是否违反了法律、行政法规及交易习惯。但是，法律将其严格把握在明显违反公平、等价有偿原则的限度内，因而不允许当事人任意以自己无经验或不了解行情为借口请求撤销所为的民事行为。

3. 因欺诈、胁迫或者乘人之危而为的民事行为。虽然，《民法总则》第148、149条将因欺诈、胁迫或者乘人之危而为的民事行为规定为无效民事行为，但《合同法》第54条第2款针对我国社会主义市场经济发展的客观需要，考虑到因欺诈、胁迫或者乘人之危而为的民事行为在不损害国家利益的前提下，当事人有可能接受已经实施的民事行为，相应地赋予受损害方选择请求人民法院或者仲裁机关变更或撤销的权利，从而在受害方的变更权、撤销权依法存在的情况下，因欺诈、胁迫或乘人之危而为的不损害国家利益的民事行为属于可变更、可撤销的民事行为。但在受害方明确表示不请求变更或撤销，或者变更权、撤销权依法消灭的情形下，则相应的民事行为仍是有效民事行为。

（三）可撤销民事行为的效力

1. 撤销权。撤销权是指民事行为的当事人依法享有的请求人民法院或者仲裁机关对于可变更、可撤销的民事行为予以撤销的权利。被撤销的民事行为与无效民事行为一样，从行为开始时起无效。但是，被撤销的合同，不影响其中独立存在的有关解决争议方法的条款的效力（《合同法》第57条）。

撤销权是一种形成权，具有消灭民事法律关系的作用。该项权利的归属因可变更、可撤销民事行为的种类不同而有所区别。在因重大误解和显失公平而为的民事行为中，各方当事人均可以依法行使撤销权。但是，在因欺诈、胁迫、乘人之危而为的民事行为中，撤销权则只归属于受损害一方。

（1）撤销权的行使。如果可撤销的民事行为仅仅损害当事人的利益，当事人有可能请求撤销民事行为，也可能自愿接受行为结果而不行使撤销权。因此，为了督促当事人及时行使撤销权，避免可撤销民事行为的法律效力长期处于或然状态，法律对于撤销权的行使规定了1年的期限，即可撤销的民事行为自权利人知道或应当知道时起超过1年，当事人才请求撤销的，人民法院或者仲裁机关不予以保护。而且，对于可撤销的民事行为，当事人请求变更的，人民法院或者仲裁机关应当予以变更；当事人请求撤销的，人民法院或者仲裁机关应当予以撤销。但是，当事人请求变更的，人民法院或者仲裁机构不得撤销。

（2）撤销权的消灭。撤销权可因法律规定的事由而消灭。根据《民法总则》和《合同法》的规定，消灭撤销权的事由包括：1）因除斥期间届满而消灭。当事人依法行使撤销权的期限为1年，这是一种除斥期间。当该除斥期间届满时，则撤销权依法消灭。根据《合同法》第55条第1项的规定，具有撤销权的当事人自知道或者应当知道撤销事由之日起1年内没有行使撤销权的，该权利即行消灭，当事人就不得请求撤销相应的民事行为。2）因当事人放弃而消灭。根据《合同法》第55条第2项的规定，具有撤销权的当事人知道撤销事由后明确表示或者以自己的行为放弃撤销权的，该权利即行消灭。

2. 民事行为被确认无效或者被撤销的后果。民事行为被确认无效或者被撤销后，均自行为开始起无效。而且，根据《民法总则》第157条和《合同法》第58、第59条的规定，民事行为被确认无效或者被撤销后，还会产生下列法律后果：

（1）财产返还。由于民事行为无效，当事人从民事行为中取得的财产就失去了合法根据。所以，当事人应将其从该民事行为中取得的财产返还给对方，财产返还分为单方返还和双方返还。前者是有过错的一方将其从无效民事行为中所得财产返还给对方，而对方所得财产则不予以返还，依法另行处理。后者则是双方各自将其从无效民事行为中所得财产分别返还给对方。

（2）赔偿损失。无效民事行为给当事人造成损失的，还相应地产生损失赔偿的后果。该后果的承担是与当事人的过错相联系的，应依据当事人的过错确认其赔偿责任。具体来讲，有过错的一方应当赔偿对方因此所受的损失；双方都有过错的，各方应当分别按其过错程度在全部损失中承担相应的赔偿责任。

尤其应当注意《合同法》第42条所规定的缔约过失责任。所谓缔约过失责任是指一方或双方当事人在缔结合同过程中，基于其主观过错而违反法定的缔约义务，致使所欲订立的合同未能成立或者无效，并给对方当事人造成损失所应依法承担的法律责任。由此可见，缔约过失责任是我国《合同法》对于《民法总则》有关无效民事行为的一般化后果的具体化规定。而且依我国《合同法》规定，适用于缔约过失责任的承担方法主要是赔偿损失，即当事人因其缔约过失给对方造成损失的，应当承担损害赔偿责任（《合同法》第42条）。不过，追究缔约当事人的缔约过失责任，依《合同法》规定应具备以下条件：

1）缔约当事人有违反法定缔约义务的行为。这是承担缔约过失责任的客观前提，此类违反缔约义务的行为可以是作为，也可以是不作为。具体表现为：第一，假借订立合同，恶意进行磋商。第二，故意隐瞒与订立合同有关的重要事实或者提供虚假情况。第三，其他违反诚实信用原则的行为。此外，当事人泄露或不正当使用在订立合同过程中知悉的商业秘密也属于违反缔约义务的行为。

2）给对方当事人造成了损失。

3）违反缔约义务的当事人主观上存在过错。这是当事人承担缔约过失责任的主观条件，依据《合同法》及有关法律的规定，包括故意和过失。例如，《保险法》第16条规定的投保人违反如实告知义务的行为就存在着故意和过失的情况。

（3）追缴财产。在法律规定的情况下，执法机关要将当事人因无效民事行为所取得的财产（已经取得和约定取得的财产）予以追缴，收归国家、集体或第三人所有。

本章小结

本章内容主要包括：民事法律行为的概念、法律特征和类型；民事法律行为的有效要件；附条件和附期限的民事法律行为；无效民事行为和可撤销的民事行为。

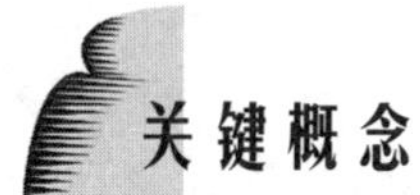

关键概念

民事法律行为　诺成性民事法律行为　实践性民事法律行为
单务民事法律行为　双务民事法律行为　单方民事法律行为
双方民事法律行为　要式民事法律行为　不要式民事法律行为
附条件的民事法律行为　延缓条件　解除条件
附期限的民事法律行为　可撤销的民事行为

思考题

1. 简述民事法律行为的概念和特征。
2. 民事行为的生效要件包括哪些内容？
3. 简述附条件与附期限民事法律行为的概念和特征。
4. 简述无效民事行为的种类及表现。
5. 简述可撤销民事行为的具体表现。

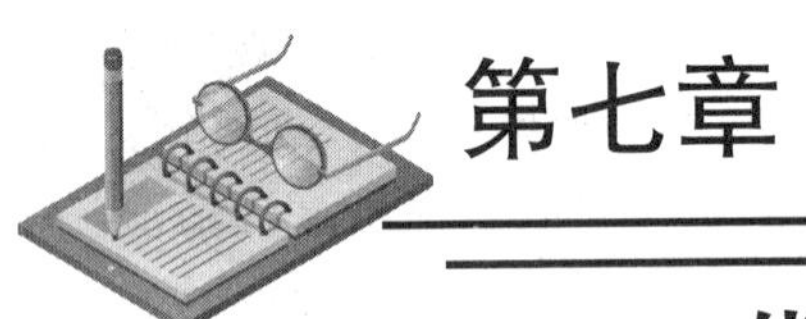

第七章

代　理

导　学

通过学习本章，认识和理解代理的概念和法律特征，掌握法律对代理权的设定和代理权行使的基本要求，明确无权代理的发生原因及法律后果，掌握表见代理，把握代理关系消灭的法律规则。

第一节　代理概述

代理作为独立的民事法律制度，是近代资本主义商品经济高度发达的结果。由于奴隶社会、封建社会的经济关系是以自然经济为基础的，商品交换的范围狭小，内容也很简单，代理没有广泛适用的可能。随着资本主义经济的产生和发展，社会化协作生产不断扩大，社会分工日益精细，商品交换关系越来越复杂。这样，社会成员往往受个人身体健康状况、知识才能及时间、地理的限制，难以亲自处理各种事务，而需要借助他人的活动来实现自己的经济需求。现代资本主义企业为了扩大世界市场，提高竞争和垄断能力，必然要委托管理人代为进行经营管理，也不可避免地通过各种经纪人、代理商、拍卖商进行活动。因此，代理适应资本主义经济的发展逐渐成为独立的民事法律制度。1804 年的《法国民法典》和 1900 年的《德国民法典》都相继规定了代理制度。

我国《民法总则》第七章第一节专门规定了代理制度，其内容包括代理的适用范围、代理种类、代理关系当事人的权利义务、代理关系的终止及无效代理等问题，成为调整我国民事领域中代理活动的法律依据。如此完善的规定，取决于代理制度在我国社会主义生活中的重要作用。一方面，它是法人扩大业务活动范围、加速商品流转、实现自身经济利益的有效方法。另一方面，这是公民行使民事权利、履行民事义务、满足物质文化生活需求的法律手段。此外，特定的代理关系（如法定代理），对巩固社会主义家庭关系，保护无行为能力人、限制行为能力人的人身和财产权益具有不可忽视的作用。

一、代理的概念和法律特征

（一）代理的概念

根据《民法总则》第162条的规定，代理是指代理人以被代理人（又称本人）的名义，在代理权限内与第三人（又称相对人）为民事法律行为，其法律后果直接由被代理人承受的民事法律制度。其中，代为他人实施民事法律行为的人，称为代理人；由他人以自己的名义代为民事法律行为，并承受法律后果的人，称为被代理人。例如，甲接受乙的委托，以乙的名义与丙签订合同，而在乙和丙之间形成债权债务关系。可见，代理活动涉及三方主体，其整体是代理法律关系，又包含着三部分内容：一是被代理人与代理人之间产生代理的基础法律关系，如委托合同；二是代理人与第三人所为的民事法律行为，称为代理行为；三是被代理人与第三人之间承受代理行为产生的法律后果，即基于代理行为而产生、变更或消灭的某种法律关系。

（二）代理的法律特征

从民法理论上讲，代理具有下列法律特征，使其区别于其他相近的民事法律制度。

1. 代理人一般应以被代理人的名义从事代理行为。我国《民法总则》第162条规定：代理人在代理权限内，以被代理人名义实施的民事法律行为，对被代理人发生效力。在代理关系中，代理人是代替被代理人从事法律行为，以实现被代理人所追求的民事法律后果。显然，基于代理行为所产生的民事法律关系的主体应是被代理人，故代理人一般应以被代理人的名义从事代理行为。这一特征是区分代理行为与一般民事法律行为的标志，因为后者是行为人为实现自己追求的法律后果而以自己的名义实施的民事法律行为。同样，代理行为也基于这一特征区别于行纪关系。因为行纪人（如信托商店）是以自己的名义从事行纪业务活动。

但是，根据我国《合同法》第402条和第403条的规定，受托人以自己的名义，在委托人授权范围内与第三人订立的合同也对委托人产生约束力。由此可见，我国立法既在原则上确认直接代理，也在法定条件下承认间接代理。

2. 代理人在代理权限范围内独立为意思表示。这一特征有两方面含义：(1) 代理人有权独立为意思表示。作为法律行为的特殊形式，代理行为也是以意思表示作为基本要素的。所以，应当允许代理人根据当时当地的实际情况，独立地决定法律行为的内容和方式。这是维持民事流转秩序的必然要求。(2) 为了切实保障被代理人的利益，法律要求代理人必须在代理权限范围内独立为意思表示。因为代理人与被代理人是彼此独立的两个民事主体，法律之所以确认代理行为的效力，目的在于借助代理人的行为实现被代理人的民事需求，所以，代理人在代理权限范围内做出的意思表示才符合被代理人的民事权益。正是在此种意义上，代理人在实施代理行为过程中超过代理权限范围所做出的意思表示就是不真实的，其代理行为也应依法无效或被撤销、被变更。

依据这一特征，要注意区别代理与一些相似情况：(1) 代理人区别于法人的法定代表人。法定代表人与其所代表的法人是同一主体。代表人是法人的组成部分，如厂长是企业的组成部分，其所表示的意思就是法人的意思。而代理人与被代理人则是两个独立的民事主体。(2) 代理人区别于居间人、传达人。居间人只是接受委托，为双方当事人建立民事法律关系提供条件，并不参加该法律关系，也不独立表达其意思；传达人则限于原封不动地传递委托人的意思表示，不提出自己的意思。

3. 代理行为是能够引起民事法律后果的民事法律行为。通过代理人所为的代理行为，能够在被代理人与第三人之间产生、变更或消灭某种民事法律关系，如代订合同而建立了买卖关系、代为履行债务而消灭了债权债务关系，这表明代理行为具有法律上的意义，同样是以意思表示作为构成要素。因此，代理行为区别于事务性的委托承办行为。诸如代为整理资料、校阅稿件、计算统计等行为，不能在委托人与第三人之间产生民事法律关系，不属于民法上的代理行为。

4. 代理行为的法律后果直接归属于被代理人。既然代理行为的目的是实现被代理人追求的民事法律后果，那么代理人的代理行为在法律上就视为被代理人的行为，其效力直接及于被代理人，《民法总则》第 162 条规定："以被代理人名义实施的民事法律行为，对被代理人发生效力。"可见，代理人是代理行为的实施者，而被代理人则是法律后果的承受者。这是民事代理制度得以适用的本质属性。此处的法律后果涉及代理行为产生的全部后果，包括代理行为所产生的民事权利和民事义务、代理人从事代理活动所支出的必要费用。至于代理人在代理活动中实施违法行为，被代理人知道而不表示反对的，亦应承担相应的民事责任。这一点使得代理有别于某些涉及第三人的法律活动，比如，当事人以第三人作为受益人所签订的人身保险合同，其中，作为受益人的第三人只享有受益权——保险金给付请求权，而不承担义务和责任。

5. 代理广泛地适用于民事主体之间的各种民事法律行为，但是受到一定的限制。我国《民法总则》第 161 条第 1 款规定了代理制度的适用范围：民事主体可以通过代理人实施民事法律行为。所以，代理广泛适用于我国公民之间、法人之间及公民和法人之间。具体包括：（1）代理为各种民事法律行为。如买卖、承揽、租赁、债务履行、接受继承等，公民、法人均可以委托代理人代为办理。（2）代理为其他法律部门确认的法律行为，包括代办房屋产权登记、法人登记、商标注册、专利申请等行政行为，代为税务登记、缴纳税款等财政行为，代理民事诉讼等。后一项是广义的代理，原则上适用民法上代理的有关规定。

尽管代理适用的范围很广，但还是受到法律规定和当事人约定的限制。并且，并非一切法律行为都可以适用代理，《民法总则》第 161 条第 2 款又对代理的适用范围做了限制性规定：依照法律规定、当事人约定或者民事法律行为的性质，应当由本人亲自实施的民事法律行为，不得代理。具体表现在：

（1）具有人身性质的行为不得通过代理进行。比如立遗嘱、婚姻登记、解除婚姻关系、收养子女等行为不得适用代理。

（2）法律规定或者双方当事人约定应当由特定人亲自为之的，不得适用代理。如加工承揽合同中，如果约定必须由加工人亲自完成加工承揽任务，加工人就必须亲自工作而不能委托他人代为完成。又如，某些与特定人身相关联的债务履行（预约撰稿、演出、授课、讲演、特定的技术转让合同等）亦如此。因为这些行为和债务，或者依法律规定，或者根据双方当事人的约定，应当由特定人亲自为之。如果通过代理人进行，就可能侵害有关当事人的合法权益。

（3）被代理人无权进行的行为不得代理。如内容违法的民事行为和侵权行为都不能代理，不产生代理权和代理后果。

代理的类型

代理关系是基于一定法律事实而产生的。我国《民法总则》根据产生代理关系的各种法律事实，规定了代理的分类，第163条第1款规定：代理包括委托代理和法定代理。这一分类是以代理权产生原因的不同为标准的。

（一）法定代理

它是根据法律的规定而直接产生的代理关系。出于调整社会关系的需要，法律规定某些社会关系必须适用特定的代理。当社会成员之间存在相应的社会关系时，便依法产生了相应的代理关系。法定代理主要是为保护无民事行为能力人和限制民事行为能力人的合法权益而设定的。法定代理人的确定是与监护制度相联系的，一般无民事行为能力人或限制民事行为能力人的法定代理人即是其法定监护人。例如根据《婚姻法》的规定，父母为未成年子女的法定代理人；夫妻的一方失去行为能力，另一方即为其法定代理人。而我国《民法总则》第27条和第23条则明文规定，“父母是未成年子女的监护人”“无民事行为能力人、限制民事行为能力人的监护人是其法定代理人”。当无民事行为能力人、限制民事行为能力人处于一定社会组织的监护之下时，如精神病院、育幼机构等，这些组织负有监护责任，亦为法定代理人。

（二）委托代理

它是根据被代理人的委托授权而产生的代理关系。相应地，被代理人又称为委托人，代理人又称为被委托人（受托人）。委托代理一般建立在特定的基础法律关系之上，可以是劳动合同关系、合伙关系、工作职务关系，而多数是委托合同关系，即委托人和受托人约定，由受托人处理委托人事务的合同（《合同法》第396条），正是在此种意义上称其为委托代理。同时，还必须经过被代理人向代理人授予代理权，委托代理关系才能确立。因为被代理人的授权意志是委托代理关系最终建立的关键，故又称其为意定代理。如甲公民委托律师代理民事诉讼，不仅要与律师事务所订立委托合同，还必须向律师交付授权委托书，该委托代理才得以成立。可见，委托代理赖以存在的基础法律关系一般是委托合同，而代理权的产生根据则是授权行为。所以，应当注意区别委托合同与授权行为（详见本章第二节）。

委托代理是公民、法人进行商品交换的重要手段之一，其适用范围最为广泛。

第二节 代理权

代理权的概念

代理权是指代理人以被代理人的名义与第三人实施法律行为，为被代理人设定、变更或消灭民事法律关系的民事权利。

代理权是代理关系的核心内容，具体表现在以下几个方面：

1. 代理权是代理关系存续的必要条件，是基础性的法律要求。代理关系自代理权产生之时起确立，并随着代理权的消灭而终止。

2. 代理权是民事主体取得代理人资格，能以被代理人名义从事代理行为的法律依据。

基于代理权的存在，法律才确认代理人所为代理行为的效力，被代理人才承担其法律后果。所以，代理人是否拥有代理权，不仅涉及被代理人、代理人的权益，也为代理行为所涉及的第三人所关心。

3. 代理权是代理人的基本权利。与其他民事权利一样，代理人行使代理权，既受到法律的确认和保护，也要承担相应的法律责任。代理人必须在代理权限内行使代理权，代理人不得超越代理权限行使代理权，也不得滥用代理权而损害被代理人或第三人的合法权益。

■ 代理权的设定

1. 代理权是基于一定的授权而产生的，故授权行为是代理关系的组成部分。在各种代理关系中，授权行为有不同的表现形式。我国《民法总则》第 163 条第 2 款规定：委托代理人按照被代理人的委托行使代理权。法定代理人依照法律的规定行使代理权。委托代理人的授权人是被代理人，授权行为表现为授权委托，委托代理人基于被代理人的委托授权而取得代理权；法定代理人则是基于法律的直接规定获得代理权。

2. 代理关系是基于两类基本法律事实产生的：一是特定的法律关系（如委托合同关系）或特定的社会关系（如亲属关系）；二是授权行为。在社会生活中，这两类法律事实或者同时完成（如国家立法规定某种社会关系适用法定代理，同时，法律也授权某些社会成员充任法定代理人），或者分别完成（如订立了委托合同，再另行授予委托书），应当注意将两者加以区别。而其中最具有典型意义的是委托代理关系借以产生的委托合同和授权行为。

从代理制度发展过程来讲，19 世纪中叶之前，对于产生委托代理关系的根据，委托合同与授权行为是不加以区别的；但面对现代社会经济生活的客观要求，民事立法已把授权行为与委托合同予以区分。具体到我国现行立法上，《民法总则》在“代理”一章中规定了授权问题，而《合同法》则专门规定了委托合同。

相比较而言，委托合同是双方民事法律行为。它基于委托人（被代理人）和受托人（代理人）双方意思表示一致而成立，其内容是约定由受托人处理委托人的事务。故委托合同仅对委托人和受托人双方具有法律约束力，不涉及第三人。而授权行为则是单方民事法律行为，它依据授权人的独立意思表示就可以使代理人取得代理权。所以，授权行为是代理权产生的直接根据，其效力及于被代理人、代理人与第三人之间的权利义务关系，决定着代理行为是否有效。在实际生活中，第三人关心的是以他人名义与自己进行法律活动的代理人是否经过他人授权而拥有代理权，无须考虑得以授权的前提是委托合同抑或其他基础法律关系。

3. 授权行为的法律形式是代理证书，故代理证书就是证明代理人拥有代理权的法律文件。在法定代理中，代理证书是户口册、户籍机关或有关单位出具的证明法定代理人身份的文件。在指定代理中，代理证书是指定机关制作的代理指定书。而委托书则是委托代理中的代理证书。我国《民法总则》第 165 条专门就委托代理的代理证书加以规定，委托代理的代理证书，采用书面形式的，授权委托书应当载明代理人的姓名或者名称、代理事项、权限和期间，并由被代理人签名或者盖章。法律规定用书面形式的，应当用书面形式。如果法律规定或当事人约定公证的，则必须依法办理公证始为有效。

由于代理证书是确认代理人资格的依据，所以，授权人制作代理证书时，应注意其内容的完备，以免发生异议。我国《民法总则》第 165 条规定了委托书的主要内容：授权委托书应当载明代理人的姓名或者名称、代理事项、权限和期间，并由被代理人签名或者盖章。应当强调的是，代理证书所载代理权限范围应当明确。实践中确定代理权限的方式可以概括为三种：

（1）单项事务代理权。即授权代理人就某项事务代行一次法律行为，如代买某件商品。

（2）特别代理权。就是授权代理人在一定时期内连续代行同一法律行为，如授权银行长期代收房租、水电费。

（3）总代理权。表现为授权代理人就某项事务，代为有关的各种法律行为。如就某幢房屋，授权代理人代为购买、登记、纳税、维修、出租及收取房租、发生纠纷时代为参加诉讼等。

代理权的行使

（一）代理权行使的规则

为了确切实现代理适用的宗旨和目的，民事立法对代理人行使代理权的行为规定了相应的法律规则，具体表现在：

1. 代理人只能在代理权限范围内行使代理权，不得进行无权代理。作为代理人身份标志的代理权，不论是产生于被代理人的授权，还是产生于法律规定或指定机关的指定，其权限范围均决定于被代理人的合法利益，因此，代理人在代理权限范围内行使代理权，实施代理行为，才符合代理制度的宗旨。因客观情况需要变更被代理人指示的，应当经被代理人同意（《合同法》第 399 条）。在没有代理权的情况下擅自以他人名义实施的行为、超越代理权限实施的行为和代理权终止后仍以他人名义实施的行为，均构成无权代理。这些行为经被代理人追认，才转化为有权代理，而根据《民法总则》第 171 条第 1 款的规定，在被代理人不予以追认时，则不产生代理效力，应由行为人本人承担民事责任。

2. 代理人只能为维护被代理人的利益而行使代理权。由于代理人实施代理行为是为了被代理人的利益，排除因时间、空间或知识水平、健康状况等因素给被代理人带来的限制，扩大其参与市场经济活动的范围。所以，代理人应当本着这个目的行使代理权，为被代理人争取最有利的法律后果。根据《民法总则》第 164 条第 2 款的规定，代理人和相对人恶意串通，损害被代理人合法权益的，代理人和相对人应当承担连带责任。

3. 代理人应当以善良管理人的标准行使代理权。代理人行使代理权应当符合代理人的职责要求。衡量代理人是否在代理过程中履行了职责，其法律标准在于代理人是否以善良管理人的注意程度，与处理自己的事务一样的方法和标准处理代理事务。而且代理人在代理过程中和代理以后不得披露或不正当地使用被代理人的商业秘密，如果代理人不履行职责而给被代理人造成损害，根据《民法总则》第 164 条第 1 款的规定，应当承担民事责任。

4. 代理人一般应当亲自行使代理权，不得擅自转委托。代理的适用是建立在被代理人与代理人之间彼此信任的基础之上的，故代理具有严格的人身属性。因此，代理人在一般情况下应当亲自处理代理事务，运用其能力和信用实现被代理人所追求的法律后果。只有在特殊情况下，代理人才能依法将代理权转委托给他人（复代理人），并且代理人应就其选任复代理人及转委托代理权的行为向被代理人负责。

转委托是指代理人为了被代理人的利益需要，将其享有的代理权的全部或一部分转委托他人行使的行为。其中，接受转委托的人叫作复代理人或再代理人。相应地，代理人选任复代理人，并向其转授代理权的权利称为复任权。各方当事人之间的权利义务关系总体称作复代理关系。同时，这种转委托原则上是以被代理人的同意为条件的，否则代理人应对其转委托的人的行为承担民事责任。应当注意的是，这一规则主要适用于委托代理，而对于法定代理人、指定代理人来讲，在有利于被代理人之利益的范围内，转委托他人处理代理事务则不受这种法律限制。

我国《民法总则》第169条确认了转委托（复代理），《合同法》亦有相关的规定。但是，转委托在适用中应当符合如下法律规则：

（1）转委托的目的必须是被代理人的利益需要。基于代理适用的宗旨，只有为了被代理人的利益需要适用转委托，才能为法律所确认和保护，产生应有的法律意义。

（2）转委托原则上应当取得被代理人的同意（事先授权或事后追认）。根据《民法总则》第169条和《合同法》第400条的规定，代理人转委托第三人代理的，应当事先取得被代理人的同意或者追认。转委托代理经被代理人同意或者追认的，被代理人可以就代理事务直接指示转委托的第三人，代理人仅就第三人的选任以及对第三人的指示承担责任。转委托代理未经被代理人同意或者追认的，代理人应当对转委托的第三人的行为承担责任。

（3）在紧急情况下，代理人为了维护被代理人的利益需要而转委托的，不论被代理人是否同意，均依法产生转委托的法律效力。所谓“紧急情况”，按我国有关司法解释，是指由于代理人患急病，与被代理人通信、联络中断等特殊原因，代理人自己不能办理代理事项，又不能与被代理人及时取得联系，如不及时转托他人代理，会给被代理人的利益造成损失或者扩大损失的情况。

（4）代理人只能在其享有的代理权限范围内，向复代理人转委托其代理权的全部或者部分，但不得超过其代理权限。

（5）复代理人是被代理人的代理人，而不是转委托之代理人的代理人，故复代理人实施代理行为所产生的法律后果由被代理人承受。

5. 代理人不得滥用代理权。滥用代理权的行为是指代理人违法行使代理权的情况，其认定条件包括：（1）代理人拥有代理权。（2）代理人在违反法律有关代理权行使的规则、要求的情况下行使代理权。（3）已经或者可能损害被代理人的利益。可见，滥用代理权的行为均是代理人利用合法身份之便，从事有损被代理人合法权益的行为，根本违背了代理适用的宗旨和目的，故为法律所禁止。

滥用代理权的行为具体包括：

（1）自己代理。即代理人以被代理人的名义与自己为法律行为。如代理人乙以被代理人甲为卖方，以乙自己为买方，就甲委托代卖的房屋订立买卖合同。这时，代理人实际上同时具有民事法律关系双方当事人的身份，以一人的意志取代了双方意思表示一致，可能损害被代理人的合法权益。

（2）双方代理。代理人同时代理双方当事人为同一项法律行为。如甲既作为卖方的代理人，又作为买方的代理人签订同一个买卖合同。由于代理人兼为双方的代理人，以一人的意志取代了双方意思表示一致，有可能损害被代理人的利益。

(3) 代理人与第三人恶意通谋而为的代理行为。因其结果是损害了被代理人的利益，故我国《民法总则》第 164 条第 2 款规定："代理人和相对人恶意串通，损害被代理人合法权益的，代理人和相对人应当承担连带责任。"

(二) 隐名代理

隐名代理是指代理人以自己的名义而不表明被代理人身份实施的代理行为。大陆法系国家称其为间接代理，也就是行纪行为，即行纪人以自己的名义与第三人作为双方当事人订立合同，然后，行纪人再依其与被代理人之间的约定转移所产生的法律后果。而英美法系国家隐名代理的适用范围则大于大陆法系国家，具体可分为向第三人披露被代理人和不披露被代理人两类情况。最终通过被代理人行使介入权或者第三人行使选择权而使隐名代理的法律后果归属于被代理人。

《合同法》第 402 条和第 403 条则针对特定的民事活动规定了隐名代理的适用效力，即代理人以自己的名义，在委托人的授权范围内与第三人订立合同的情况，依法产生代理的法律后果。并且根据第三人知道或不知道代理关系，规定了不同的处理方式。从中可知，隐名代理在我国立法中的构成要件有：(1) 代理人以自己的名义与第三人订立合同。(2) 代理人是在被代理人的授权范围内实施隐名代理行为。(3) 代理人实施隐名代理行为是以其与被代理人之间的约定或法律要求隐名代理为前提的。

对于隐名代理的处理结果，可以概括为两个方面：

1. 代理人与被代理人之间存在代理关系的，则该隐名代理产生与显名代理相同的法律效力，即第三人与代理人所订立的合同直接约束被代理人和第三人。但是，有确切证据证明该合同只约束代理人和第三人的除外。

2. 第三人不知道代理人与被代理人之间存在代理关系的隐名代理并不必然产生显名代理的效果，而是要通过被代理人行使介入权或者第三人行使选择权而形成相应的法律后果。具体来讲，代理人因第三人的原因对被代理人不履行义务时，则应当向被代理人披露第三人，被代理人因此可以行使代理人对第三人的权利。与此同理，代理人因被代理人的原因对第三人不履行义务时，则应当向第三人披露被代理人，第三人因此可以选择被代理人或者代理人作为相对人主张其权利。但是，第三人一经选定就不得变更所选定的相对人。相应地，被选定为相对人的被代理人可以向第三人主张其对代理人的抗辩权。

由此可见，在第三人不知道代理人与被代理人之间存在代理关系的情况下，隐名代理并不直接对被代理人产生约束力，而是通过被代理人行使介入权或者第三人行使选择权，使被代理人承受相应的法律后果。

第三节 无权代理

■ 无权代理的发生原因

无权代理是指在没有代理权的情况下以他人名义实施的民事行为。可见，无权代理并非代理的种类，而只是徒具代理的表象却因其欠缺代理权而不产生代理效力的行为。我国《民法总则》将无权代理的原因概括为三种：

1. 未经授权的“代理”。民事主体未经他人授权，也没有法律的规定或国家主管机关的指定而擅自以他人名义所为的行为。

2. 代理权消灭后的“代理”行为。代理权基于被代理人的撤销、有效期限届满、代理事务已完成或者附解除条件的代理因条件成就而消灭后，原代理人仍以原被代理人的名义实施民事行为。

3. 超越代理权限的“代理”。超越代理权限的部分属于无权代理。

■ 无权代理的法律后果

无权代理行为发生后，其法律效力处于不确定状态，又叫效力待定的行为。为了稳定社会经济关系，我国《民法总则》及《合同法》有关条款规定了有关当事人处置无权代理的各项权利及其法律后果。

（一）本人的追认权和拒绝权

追认权是指本人对于他人没有代理权、超越代理权或者代理权终止后擅自以本人名义实施的无权代理行为承认其效力，同意承受其法律后果的权利。该权利实质上是对代理权的补授，属于形成权。根据《民法总则》第 171 条第 1 款的规定，行为人没有代理权、超越代理权或者代理权终止后，仍然实施代理行为，未经被代理人追认的，对被代理人不发生效力。只有经过被代理人的追认，被代理人才承担民事责任。可见，无权代理一经本人行使追认权予以追认即转变为有权代理，该行为自始产生的法律后果皆由本人承受。

拒绝权是指本人对于他人没有代理权、超越代理权或者代理权终止后擅自以本人名义实施的无权代理行为不予以追认的权利。本人拒绝追认，意味着本人不同意承受无权代理的法律后果。基于本人拒绝追认，无权代理的效力从或然状态转变成最终确定无效。即“未经追认的行为，由行为人承担民事责任”，无权代理行为自始发生的法律后果均对本人不产生法律效力。此外，根据《合同法》第 48 条第 2 款的规定，在第三人发出催告后的 1 个月内，本人未做表示的，视为拒绝追认。

（二）相对人的催告权和撤销权

在民事平等原则的前提下，与被代理人的权利相对应，无权代理所涉及的相对人也享有催告权和撤销权。这是为了保护相对人的合法权益，以表现被代理人与相对人之间平等的民事法律地位。

催告权就是相对人告知被代理人在一定期限内就是否行使追认权予以明确答复的权利。根据《合同法》第 48 条第 2 款的规定，相对人可以催告被代理人在 1 个月内予以追认。被代理人未做表示的，视为拒绝追认，从而产生无权代理的确定无效的法律后果。撤销权则是指善意相对人在被代理人行使追认权之前，撤销与无权代理人所为民事行为的权利。按照《合同法》第 48 条第 2 款的规定，在无权代理被追认之前，善意第三人有撤销其与代理人所为民事行为的权利。而且第三人行使撤销权时，应当以明示的方式做出。第三人行使撤销权之后，被代理人就不得再行追认了。但是，恶意的第三人（知道对方没有代理权而与其从事民事行为的）依法丧失撤销权。

应当指出，被代理人和相对人对无权代理行使上述权利都是单方民事法律行为，不必征得他人的同意。无权代理在被代理人或相对人行使上述权利后，从不确定状态进入确定状态（或转变为有权代理，或成为最终的无效行为）。在此种意义上，无权代理可称为相对无效代理。

(三) 经过本人追认的无权代理即转变为有权代理;被本人拒绝或被善意相对人撤销的无权代理行为确定无效

对于确定无效的无权代理所产生的后果,由无权代理人自负责任。而且因此使被代理人和相对人遭受损失的,无权代理人要承担民事赔偿责任。但是,如果相对人知道对方无权代理还与其实施民事行为给他人造成损失的,由无权代理人与相对人负连带民事责任。

表见代理

表见代理是指没有代理权、超越代理权或者代理权终止后的无权代理人,以被代理人名义进行的民事行为在客观上使相对人相信其有代理权而实施的代理行为。例如,被代理人向代理人授权时以口头方式规定了代理权的有效期限,但是该有效期限在书面的授权文件中却未予以记载,从而当该有效期限届满后,相对人并不能从书面授权文件中得知代理权已终止而与其进行的民事行为,就属于表见代理。

表见代理也为我国法律所确认。我国《合同法》第 49 条规定:行为人没有代理权、超越代理权或者代理权终止后以被代理人名义订立合同,相对人有理由相信行为人有代理权的,该代理行为有效。规定表见代理的意义在于维护代理制度的诚信基础,保护善意相对人的合法权益,建立正常的民事流转秩序。

(一) 表见代理应具备的条件

1. 存在无权代理行为。

成立无权代理的第一要件是行为人没有代理权。无权代理是指实施代理行为时无权代理或对于所实施的代理行为无代理权。如果代理人拥有代理权,则属于有权代理,不发生表见代理的问题。

2. 相对人在客观上有理由相信无权代理人有代理权。

这是成立表见代理的客观要件。这一要件是以行为人与本人之间存在某种事实上或法律上的联系为基础的。这种联系是否存在或是否足以使相对人相信行为人有代理权,应依一般交易情况而定。通常情况下,造成相对人相信表见代理人具有代理权的原因有很多,主要包括:(1) 被代理人以书面或口头形式直接或间接地对相对人表示以他人为自己的代理人,而事实上并未对其进行授权,相对人信赖被代理人的表示而与该人为法律行为。(2) 被代理人将证明代理权存在的文件交给他人,相对人信赖此文件而与该人为法律行为。如本人介绍信、盖有合同专用章或盖有公章的空白合同书等。(3) 因委托授权不明,代理人超越代理权实施代理行为,但相对人误信其代理行为仍在代理权范围之内。(4) 代理关系终止后,被代理人未采取必要的措施公示代理关系终止的事实,未收回代理人持有的代理权证书,以致造成相对人不知代理关系已终止。(5) 被代理人知道他人以自己的名义进行活动而不制止,使相对人误认为其有代理权。

3. 相对人主观上是善意的且无过错。

这是表见代理成立的主观要件。即相对人不知行为人所为的行为系无权代理行为。如果相对人出于恶意,即明知他人为无权代理,仍与其实施民事行为,或者相对人应当知道他人为无权代理却因过失而不知,并与其实施民事行为的,就失去了法律保护的必要,故表见代理不能成立。《民法总则》第 171 条第 4 款规定,相对人知道或者应当知道行为人无权代理的，相对人和行为人按照各自的过错承担责任。

（二）表见代理的法律效力

1. 当相对人主张代理行为的效力时，表见代理发生与有权代理同样的法律效果，即表见代理人的代理行为所设定的权利、义务由被代理人承担，被代理人不得以表见代理人无代理权抗辩善意相对人。

2. 被代理人承担代理行为的法律效果后，如因此造成损失的，有权向代理人请求赔偿。

3. 对表见代理，被代理人不得主张无效，但相对人可以主张无效。

第四节　代理关系的消灭

一、委托代理的终止

代理关系基于一定法律事实而终止。当然，引起各种代理关系终止的法律事实不尽相同。因代理关系产生的根据不同，则终止代理关系的原因也不尽相同。根据《民法总则》的有关规定，委托代理的终止原因主要有：

1. 代理期间届满或者代理事务完成。此时，被代理人所追求的目的已经实现，代理关系当然终止。

2. 被代理人取消委托或代理人辞去委托。在委托代理中，被代理人可撤销代理权，代理人可辞去代理权，它们都是单方民事法律行为。只要有一方当事人的意思表示，即产生终止代理关系的效力。但是，一方撤销或辞去代理权，应当事先通知对方，及时收回或交还代理证书。否则，应对由此给对方造成的财产损失承担赔偿责任。对于代理权撤销或辞去之前，代理人与相对人所为的代理行为，被代理人不得以代理权撤销或辞去为由拒绝承担后果。

3. 被代理人或代理人死亡。代理关系建立在特定人身关系的基础上，被代理人死亡使民事主体资格消失，其生前授权已无继续存在的意义；而代理人死亡则使具有人身性质的代理权不复存在。这都构成代理关系终止的当然原因。

但是，出于稳定社会经济秩序的要求，被代理人死亡后，委托代理人实施的代理行为则因以下情况而有效：

（1）代理人不知道被代理人死亡。

（2）被代理人的继承人均予以承认。

（3）被代理人与代理人约定到代理事项完成时代理权终止。

（4）在被代理人死亡前已经进行而在被代理人死亡后为了被代理人的继承人的利益继续完成的事项。

4. 代理人丧失民事行为能力。代理行为是法律行为的特殊形式，以代理人具有民事行为能力为条件，所以，代理人丧失民事行为能力就失去代他人为民事法律行为的资格，代理关系即行消灭。

5. 作为被代理人或代理人的法人、非法人组织终止。因其已失去民事主体资格，代理关系随之终止。不过，由于法人终止过程中需要依法进行清算活动，则在此范围内业已建立的代理关系仍应当有效。

法定代理的终止

根据《民法总则》的有关规定，法定代理的终止原因主要有：

1. 被代理人取得或恢复完全民事行为能力。法定代理一般是为保护无民事行为能力人或限制民事行为能力人的合法权益而设立的，那么，当被代理人取得（如未成年子女已达成年年龄）或恢复完全民事行为能力（如精神病患者恢复健康）后，设定代理的原因已消失，则代理关系即告终止。

2. 代理人丧失民事行为能力。这不符合代理制度对代理人的要求，因此应终止原有的代理关系。

3. 被代理人或代理人死亡。这使代理关系因失去主体而消灭。但是，应当以另一方知道对方死亡为条件，代理人在不知被代理人死亡的情况下实施的代理行为，其法律后果应由被代理人的继承人承受。

4. 法律规定的其他情形。

本章小结

本章的主要内容包括：代理的概念、法律特征和类型；代理权的本质和作用；行使代理权的法律规则；滥用代理权的法律后果；无权代理的发生原因；无权代理的法律后果；表见代理制度；委托代理终止的原因；法定代理终止。

关键概念

代理　法定代理　委托代理　代理权
复代理　滥用代理权　无权代理　追认权
拒绝权　催告权　撤销权　表见代理

思考题

1. 简述代理的概念和特征。
2. 简述代理的分类。
3. 简述代理权行使的规则。
4. 什么是复代理?
5. 简述无权代理的概念和法律后果。
6. 简述表见代理的概念和成立要件。

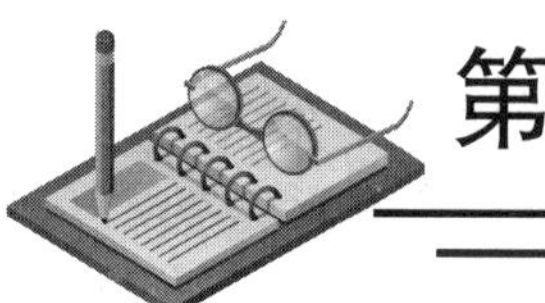

第八章

时　效

导　学

通过学习本章，认识和理解时效的概念和法律特征，明确取得时效的作用和适用范围，掌握诉讼时效的特征、适用和基本分类，了解诉讼时效的起算以及中止、中断和延长的规定，把握除斥期间以及期间和期日的法律规定。要求结合民事权利的保护方法，加深对时效制度特殊作用的理解，通晓时效制度的基本法律规则。

第一节　时效概述

一、时效的概念

时效是指法律规定的某种事实状态经过法定时间而产生一定法律后果的法律制度。

时效的含义包括以下三个方面：

1. 有法定事实状态的存在。

2. 该事实状态连续存在达到法定时间的过程。

3. 依法产生相应的法律后果，即权利的取得或消灭。

在民法领域中，时效分为两种：(1) 取得时效，又称占有时效，即指非所有人占有财产超过法定时间未受所有人追索而取得该财产所有权。(2) 消灭时效，又称诉讼时效，是指民事权利受到侵害的权利主体在法定时间内不行使请求权即丧失获得法律保护的权利。我国现行民事立法没有规定取得时效制度，《民法总则》只规定了诉讼时效制度。

二、时效的法律特征

时效的法律特征主要体现在以下几个方面：

1. 时效属于法律事实的一种。时效的法律效果，无论是导致权利取得还是引起权利消灭，均为民事法律关系产生、变更、消灭的事实根据。时效是自然事实中的状态。

2. 时效制度的实质在于对民事权利的限制。时效制度要求权利人积极地行使权利。

3. 民法中关于时效的规定，属于强行性规定，不得由当事人以其自由意思而约定排除时效的适用，或改变时效的期间及其效力。当事人关于排除时效适用、变更时效期间或事先抛弃时效利益的约定无效。但须注意的是，当时效产生法律效果后，当事人放弃时效产生的利益，则是法律所允许的。

第二节 取得时效

■ 取得时效的概念

取得时效制度是指非财产所有人以自己所有的意思公开、无争议、持续地占有他人财产超过法定期间即取得该项财产所有权的民事法律制度。

在理解取得时效制度时要注意其与诉讼时效（消灭时效）、先占、善意取得等相近法律制度的区别比较。

取得时效与诉讼时效一样，都须以一定的时间经过为要素。无论是取得时效还是诉讼时效，都是一定事实状态经过一定期间即产生一定法律后果的时效制度。但取得时效所要求的事实状态和所产生的法律后果，与诉讼时效完全不同。取得时效所要求的事实状态是占有他人的财产或行使他人的财产权的事实状态，所产生的法律后果是取得财产所有权或其他财产权。诉讼时效所要求的事实状态，是权利不行使的事实状态，所产生的法律后果是实体意义请求权的消灭。

取得时效作为取得财产所有权的一种方法，与先占制度及善意取得制度一样，均以财产的占有为取得所有权的基本条件。但是，在是否以时间为要素和占有条件方面则有很大区别。按取得时效取得财产所有权，要求一定的事实状态的占有持续一定的期间；而先占和善意取得则不要求该占有持续一定期间。在按先占制度取得财产所有权时，必须是对无主财产的占有；而按取得时效取得所有权的，必须是对他人所有的财产的占有。取得时效制度规定的占有和善意取得制度规定的占有，虽然都是对他人财产的占有，但二者对占有状态、占有原因等方面的要求不同。善意取得制度要求的占有状态须是自主占有、善意占有，并且是通过法律行为自无权转让人处取得的占有，而且一般认为，占有物不得是盗窃物、遗失物；而取得时效制度要求的占有仅为自主占有、和平占有、公然占有，无论其占有物是否是盗窃物、遗失物，均可按取得时效制度取得占有财产的所有权。[①]

取得时效具有以下的特点：

1. 占有该财产的人须是非财产所有人。自己所有的物或无主物不适用取得时效的规定。

2. 占有人未采取非法手段占有他人财产。即和平占有，是指不以暴力或胁迫手段取得或维持的占有。反之，则为强暴占有，强暴占有不能成立取得时效。如果本来为和平占有，但后来却以暴力或胁迫维持其占有，则变为带有暴力和胁迫的瑕疵占有，也不能成立取得时效。但原来的强暴占有，可因占有人的变更而转变为和平占有，如抢劫他人财产为

---

① 彭万林，覃有土，张俊浩．民法学．北京：中国政法大学出版社，1994：460.

强暴占有，但如抢劫者将其转于第三人，则第三人的占有就成为和平占有。

3. 占有人在主观上是以自己所有的意思而实施占有行为的。自主占有，是指占有人以自己所有的意思占有标的物，此为时效取得所有权的核心要件。与自主占有相对应的是他主占有，即非以所有的意思对标的物进行的占有。一般而言，基于一定法律关系而占有他人之物的，如承租人、保管人、借用人、土地使用权人、质权人以及留置权人等对标的物的占有都属于他主占有。他主占有，因占有人不是以所有的意思占有标的物，故无论经过多长时间，均不发生时效取得所有权的效力。

4. 占有人的占有行为是公开进行的。公然占有，是指不带隐蔽瑕疵的占有，即将对标的物的占有事实向社会公开。须注意的是，作为取得时效之要件的占有是公然占有还是隐蔽占有，应视占有人对占有物的利害关系人是否存在有意隐蔽其占有的事实而定，对占有物的利害关系人有意隐蔽其占有的事实的，为隐蔽占有，无意隐蔽其占有事实的，为公然占有。

5. 对占有人的占有行为并未发生权属的争议。

6. 占有人的占有行为不间断地持续达到了法定的期间。法律的目的在于保护真正的权利关系，但取得时效制度则是建立在对事实状态之尊重的基础上，这种事实状态必须要有一个持续的时间过程。如果不要求经过一定的期间，或期间过短，一出现事实占有状态与法律权利状态不一致时就发生时效取得所有权的效力，则与法律保护真正权利的目的相违背，也不符合设立取得时效之目的。因此，占有须经过法律规定的一定期间。例如，在《日本民法典》中不分动产与不动产取得，均规定为 20 年。

■ 取得时效的适用

（一）取得时效的适用范围

我国的民事立法目前只规定了诉讼时效，尚未规定取得时效，但随着我国法制体系的进一步完善，对取得时效做出规定是立法的一个必然趋势。我们认为，取得时效的适用对象与范围应包括以下的内容：

1. 取得时效应适用于不需要进行产权登记和没有进行产权登记的动产。

2. 取得时效应适用于没有进行登记的不动产。

（二）取得时效不应适用的财产

1. 已登记的动产和不动产。

2. 国家专有的财产。

3. 他物权。此类权利因无法以公开、继续的方式表现和行使，故不能为取得时效的客体。另外，依法律直接规定的权利，如留置权、优先权等也不能成为取得时效的客体。

4. 知识产权。

5. 人身权。此种权利为非财产权，不发生时效取得的问题。

（三）取得时效的中断

在取得时效适用的过程中，应当考虑建立时效的中断制度，但不能适用关于时效延长的规定。

1. 取得时效中断的概念。

取得时效的构成要件要求占有人占有他人财产的事实状态须持续经过一定期间，但占有事实状态也会因一定的事由出现而中断。取得时效的中断，就是指因一定的事由出现，使已经经过的取得时效期间归于无效，待中断事由消除后，取得时效期间重新计算。

2. 引起取得时效中断的事由。

（1）占有人丧失了占有或所有人恢复了占有。包括占有意思改变、占有人自行中止占有、占有被他人侵害或占有物遗失而未能依法恢复其占有、占有性质变更。

（2）所有权争议之诉开始或对所有权争议的仲裁或调解活动开始。

（3）司法机关对占有物采取了强制措施。

（四）取得时效制度的意义

1. 取得时效制度有利于稳定社会经济关系。无权利人以所有的意思，公然、和平地持续占有他人的所有物，并经过相当长的时期后，人们会认为其就是真正权利人，从而与之建立各种法律关系。如果将已建立的各种法律关系推翻或者使其长期处于不确定状态，都不利于社会经济关系的明晰和稳定。取得时效制度就是使财产的实际占有人依法取得所有权或其他财产权，消除财产的不确定状态，使财产的法律上的权利与财产的事实状况保持一致，建立正常的经济法律秩序。

2. 取得时效制度有利于促使权利人积极行使权利，发挥财产的社会经济效益。取得时效的规定，可以促使权利人认真管理自己的财产和行使权利，否则就存在被他人取得的危险。同时，使已长期脱离权利人的财产由实际占有人取得所有权并实际利用，也可使物尽其用，发挥财产的社会经济效益。

3. 取得时效制度有利于法院解决纠纷。长期存在的财产占有的实际状态与权利的真实状态是否一致，由于时间长久，很难取证。可见，直接以持续一定期限的事实状态为基础，使实际行使权利人成为合法的权利人，使长期消极行使权利的人丧失权利，有利于解决纠纷，同时也表现出，对漠视自己权利而不认真行使的权利人，法律也无永久保护之必要。

第三节 诉讼时效

一、诉讼时效的概念、法律特征和效力

（一）诉讼时效的概念

诉讼时效是指民事权利受到侵害的权利人在法定的时效期间内不行使权利，当时效期间届满时，即丧失了请求人民法院依诉讼程序强制义务人履行义务之权利的制度。这一概念包含了两层意思：一是权利人在此期间内享有依诉讼程序请求人民法院予以保护的权利；二是这一权利在此期间内连续不行使即归于消灭。

举例说明：甲向乙借了1 000元人民币，约定2000年2月1日偿还。但是，甲到期未偿还，乙也未向甲催要。此状态一直保持下去，直到2002年2月10日，乙才向人民法院起诉，诉请人民法院强制甲偿还所借1 000元人民币。而人民法院经过调查，却以诉讼时效届满为由，驳回了乙的起诉。即人民法院不再强制甲履行偿还所欠款项的义务，乙败诉了。

通过上例可以看到，乙作为债权人本应受到法律保护的债权，人民法院不再予以强制

性保护，原因就在于诉讼时效的影响。在法律规定的诉讼时效期间内，权利人提出请求的，人民法院就强制义务人履行所承担的义务。而在法定的诉讼时效期间届满之后，权利人行使请求权的，人民法院就不再予以保护。

（二）诉讼时效的法律特征

诉讼时效是一种能引起民事法律关系产生、变更或者消灭的民事法律事实，它具有以下法律特征：

1. 诉讼时效具有严格的法律强制性，即有关诉讼时效的民事法律规范属于强制性法律规范。其内容（时效期间长度、适用条件和适用范围等）一经法律规定，当事人就必须遵守执行。当事人不得以其意思排除诉讼时效规定的适用，协议变更法定的诉讼时效制度的内容或者约定预先放弃时效利益等均为法律所禁止。

2. 诉讼时效属于民事法律事实中的事件，不以当事人的意志为转移，故不同于民事法律事实中的行为。

3. 诉讼时效产生的法律后果是消灭了权利人的胜诉权，故区别于以当事人取得民事权利为后果的取得时效和以消灭实体权利为法律后果的除斥期间。

（三）诉讼时效的效力

诉讼时效的效力是诉讼时效届满所产生的法律后果。根据《民法总则》第 188 条和第 192 条的规定，这种法律后果表现在：

1. 诉讼时效属于消灭时效。在诉讼时效期间届满之后，所产生的法律后果是消灭了权利人享有的胜诉权，即权利人丧失了获得法律强制保护的权利。

2. 诉讼时效消灭胜诉权，而不消灭起诉权。根据《最高人民法院民通意见》的规定，权利人在超过诉讼时效期间后起诉的，人民法院仍应予以受理，不得以诉讼时效届满为由不予受理，因为人民法院在受理之后才能查明诉讼时效是否届满。当然，如果人民法院受理后查明没有中止、中断、延长事由的，则依法判决驳回其诉讼请求。如果人民法院查明权利人确有正当理由的，则依法认定诉讼时效中止、中断或予以延长，以便保护权利人的权利。

3. 诉讼时效届满并不消灭实体权利。这就是说，诉讼时效届满，导致权利人的胜诉权消失，人民法院不再予以强制保护。但是，权利人基于民事法律关系所享有的民事权利（实体权利）仍然存在，所以，诉讼时效期间届满后，义务人同意履行的，不得以诉讼时效期间届满为由抗辩；义务人已自愿履行的，不得请求返还（《民法总则》第 192 条第 2 款）。而且基于当事人之间实体权利义务的存在，义务人在自愿履行义务后，又以超过诉讼时效为由翻悔的，人民法院也不予以支持。但是，如果有证据证明实体权利本身已因其他原因而消灭的，则履行义务的义务人可以不当得利为由要求返还。

■ 诉讼时效的适用

诉讼时效属于消灭时效，可以消灭权利人的胜诉权。诉讼时效适用于债权关系，即对违反合同约定的债务人或者侵权行为人享有的财产请求权。

诉讼时效的适用范围具体包括：

1. 合同债权的财产请求权。

2. 侵犯财产权利之债的请求权。

3. 侵犯人身权利而给受害人带来的财产损失的请求权。

另外，根据《最高人民法院民通意见》的规定，下列内容不应列入诉讼时效的适用范围：（1）婚姻家庭关系中与人身关系密切相关的请求权。（2）相邻权。（3）形成权。（4）人身权，即在人身关系范围内，对各种人身权的法律保护不受时效限制。例如，法院保护公民的姓名权、荣誉权、知识产权中的署名权等不受诉讼时效的限制。（5）财产所有权，如未授权给公民、法人经营、管理的国家财产受到侵害的，不受诉讼时效限制。（6）抗辩权。

诉讼时效的分类

根据时效期间的长短和适用范围的不同，可对诉讼时效做出相应的分类。我国《民法总则》将诉讼时效具体分为三类：普通诉讼时效、特殊诉讼时效和最长诉讼时效。

1. 普通诉讼时效，又称一般诉讼时效，是指一般情况下普遍适用的诉讼时效。普通诉讼时效的特点包括：

（1）适用范围广泛。它不是专对某一类民事法律关系的特殊情况规定的，而是根据整个民事活动领域中的一般民事法律关系的共同性加以规定和适用的。

（2）诉讼时效期间是统一的，并且相对于大多数特殊诉讼时效而言，时效期间是较长的。根据我国《民法总则》第 188 条的规定，普通诉讼时效的期间为 3 年。

2. 特殊诉讼时效。特殊诉讼时效是普通诉讼时效的对称。特殊诉讼时效的主要特点包括：

（1）适用范围特定化，不具有普遍适用的意义。即特殊诉讼时效只在法律直接规定的情况下，适用于相应的民事法律关系。

（2）特殊诉讼时效的适用效力优先于普通诉讼时效。凡是有特殊诉讼时效规定的民事法律关系，均要适用特殊诉讼时效。在没有特殊诉讼时效规定的情况下，才适用普通诉讼时效。

（3）特殊诉讼时效期间不同于普通诉讼时效，并非统一的，而是针对具体民事活动的调整需要，分别规定了不同的诉讼时效期间。大多数特殊诉讼时效的期间都短于普通诉讼时效，故称为短期诉讼时效，但也有少数特殊诉讼时效的期间长于普通诉讼时效，又称为长期诉讼时效。

诉讼时效期间在 3 年以上的即长期诉讼时效。例如，《合同法》规定，国际货物买卖合同和技术进出口合同争议提起诉讼或者申请仲裁的，诉讼时效为 4 年。

3. 最长诉讼时效。这是指对各类民事权利予以保护的最长时效期间。根据我国法律的规定，最长诉讼时效的期间是 20 年，自权利人知道或者应当知道权利受到损害以及义务人之日起计算并且不适用时效中止、中断的有关法律规定，但可以适用时效延长的有关法律规定。

诉讼时效期间的起算

诉讼时效期间的开始时间直接关系到权利人的切身利益。我国《民法总则》规定诉讼时效期间的起算时间是“自权利人知道或者应当知道权利受到损害以及义务人之日起计算”。诉讼时效的适用是以权利人在侵权行为发生之时便得知或应当知道其民事权利遭受侵害的事实，则自此即能够行使请求权。但是，在某些情况下，权利人在侵权行为实施之后的一段时间才知道其民事权利遭受侵害，那么，权利人只能从这时行使请求权，即诉讼时效期间应从权利人知道或应当知道权利被侵害时起算。权利人应当知道其民事权利被侵害，这是一种法律上的推定。根据客观情况，权利人有知道的条件和可能的，就是应当知道，而不管当事人是否实际知道。例如，甲公司与乙厂签订了购销合同，乙厂未交货，而甲公司工作人员因疏忽而忘记了合同的存在，故实际也就不知道债权被侵害。但因其应当知道权利被侵害，所以，诉讼时效期间从乙厂违约之时开始计算。但最长诉讼时效的起算时间是自权利被侵害之时起计算，也就是说，即使权利人不知道权利被侵害，也是在20年内可获得法律的保护。

具体的诉讼时效的起算时间应按以下方法计算：

1. 侵权行为所生之债的诉讼时效，自权利人知道或应当知道权利被侵害的事实和加害人之时开始计算。其中，人身损害赔偿的诉讼时效期间，伤势明显的，从受伤害之日起算；伤害当时未曾发现，后经检查确诊并能证明是由侵害引起的，从伤势确诊之日起算。

2. 约定履行期限的债，自履行期限届满之次日开始计算。因为债务人到履行期限届满而不履行债务时才发生侵权事实，而且债权人依据债的内容应当知道这一侵害事实，故自此时起就能够行使请求权。

3. 未约定履行期限的债，自权利人提出履行要求的次日或优惠期结束的次日开始计算。因为在此类债权债务关系中，债权人可随时要求履行。债务人不依债权人的要求予以履行的，即构成侵权事实，债权人得以行使请求权。如果法律或合同规定了优惠期，则债权人请求履行只引起优惠期的起算。当优惠期结束，债务人仍不履行的，才产生请求权。

4. 以不作为为义务内容的债，诉讼时效自债权人得知或应当知道债务人作为之时开始计算。因为不实施相应行为是债务人的义务，而侵权事实自债务人实施相应行为之时构成，债权人一旦知道或应当知道债务人违反不作为义务时即能行使请求权。

■ 诉讼时效的中止、中断和延长

诉讼时效开始以后，由于各种主、客观因素的影响，在诉讼时效进行的过程中会发生各种特殊的情况。其中，诉讼时效的中止和中断表现为阻碍诉讼时效在法定期间内完成，民法学上称为时效完成的阻碍。诉讼时效的延长则是基于某种情况，将已完成的时效期间依法加以适当延长。

（一）诉讼时效的中止

诉讼时效的中止，又称为诉讼时效的暂停，是指在诉讼时效进行期间，发生法定事由阻碍权利人行使请求权，诉讼时效依法暂时停止进行，并在法定事由消灭之日起继续进行的情况。我国《民法总则》第194条规定："在诉讼时效期间的最后六个月内，因下列障碍，不能行使请求权的，诉讼时效中止……自中止时效的原因消除之日起满六个月，诉讼时效期间届满。"

诉讼时效中止的适用条件主要包括：

1. 诉讼时效的中止必须有法定事由发生。这些法定事由主要包括五种：一是不可抗力，即当事人无法预见和克服的客观情况，如自然灾害、战争；二是无民事行为能力人或者限制民事行为能力人没有法定代理人，或者法定代理人死亡、丧失民事行为能力、丧失代理权；三是继承开始后未确定继承人或者遗产管理人；四是权利人被义务人或者其他人控制；五是其他导致权利人不能行使请求权的障碍。可见，上述中止诉讼时效的法定事由的共同属性是不可预见、不能避免并不能克服的客观情况。它们的发生都是不以当事人意志为转移的，并且因此使得权利人无法行使请求权，如果正常计算时效期间，则无异于缩短了时效期间，致使权利人处于不利的地位，因此应暂时停止时效的进行。

2. 法定事由发生在诉讼时效期间的最后 6 个月内，始产生中止诉讼时效的效力。可见，即使是上述法定事由也并不是发生在诉讼时效的任何阶段都能中止诉讼时效的。之所以如此规定，是因为法定事由发生在时效期间最后 6 个月内，待其消失后，诉讼时效期间或者临近届满，或者已经届满，因此中止诉讼时效成为保护权利人的请求权的必要手段。反之，这些事由发生在诉讼时效的其他阶段，在其消失后，权利人仍有充足的时间行使请求权，故无中止时效的必要。

3. 诉讼时效中止前已经经过的期间与中止时效的事由消灭之后继续进行的期间合并计算，而中止的时间过程则不计入时效期间。为此，民法把时效中止视为诉讼时效完成的暂时性障碍。

（二）诉讼时效的中断

诉讼时效的中断，是指已开始的诉讼时效因发生法定事由不再进行，并使已经经过的时效期间丧失效力。根据《民法总则》第 195 条的规定，中断诉讼时效的事由包括权利人向义务人提出履行请求、义务人同意履行义务、权利人提起诉讼或者申请仲裁、与提起诉讼或者申请仲裁具有同等效力的其他情形。这些事由区别于中止诉讼时效的事由，都是依当事人主观意志而实施的行为。诉讼时效的目的是促使权利人行使请求权，消除权利义务关系的不稳定状态，因此诉讼时效进行的条件是权利人不行使权利。如果当事人通过实施这些行为，使权利义务关系重新明确，则诉讼时效已无继续计算的意义，当然应予以中断。

诉讼时效中断的适用条件包括：

1. 必须有法定的中断事由。其特点在于均是当事人有意识的行为，根据我国《民法总则》的规定，诉讼时效中断的法定事由主要包括三类：一是起诉，即权利人依诉讼程序主张权利，请求人民法院强制义务人履行义务；二是请求，即权利人直接向义务人做出请求履行义务的意思表示；三是认诺，即义务人在诉讼时效进行中直接向权利人做出同意履行义务的意思表示。具体分析如下：

（1）起诉。即权利人依诉讼程序主张权利，请求人民法院强制义务人履行义务。起诉行为是权利人通过人民法院向义务人行使权利的方式，故诉讼时效因此而中断，并从人民法院裁判生效之时重新起算。但是，对权利人的起诉，人民法院不予以受理或予以驳回，以及权利人起诉后自动撤回的，均不中断诉讼时效。根据《最高人民法院民通意见》第 174 条的规定，人民调解也属于起诉的范畴，具有中断诉讼时效的作用。即权利人向人民调解委员会或者有关单位提出保护民事权利的请求，从提出请求时起，诉讼时效中断。经调解达不成协议的，诉讼时效期间即重新起算；如果调解达成协议，义务人未按协议所定期限履行义务的，诉讼时效期间应从期限届满时重新起算。此外，提请仲裁视同起诉，也引起诉讼时效中断。

（2）请求。这里指权利人直接向义务人做出请求履行义务的意思表示。这一行为是权利人在诉讼程序外向义务人行使请求权，改变了不行使请求权的状态，故应中断诉讼时效。不论权利人的请求采用何种方式，只要向对方义务人本人或向债务保证人、债务人的代理人或者财产代管人主张权利的，均可以认定诉讼时效中断。

（3）认诺。即义务人在诉讼时效进行中直接向权利人做出同意履行义务的意思表示。基于义务人认诺所承担的义务，使双方当事人之间的权利义务关系重新得以明确，诉讼时效自此中断，并即时重新起算。认诺的方式有多种，包括部分清偿、请求延期给付、支付利息、提供履行担保等。但是，在诉讼时效完成之后的认诺、义务人向第三人表示的认诺等则不能中断诉讼时效。

2. 中断诉讼时效的法定事由发生在诉讼时效期间的任何阶段均产生中断的法律效力，而且诉讼时效中断的次数不受法律限制。也就是说，诉讼时效因权利人主张权利或者义务人同意履行义务而中断后，权利人在新的诉讼时效期间内，再次主张权利或者义务人再次同意履行义务的，可以认定为诉讼时效再次中断。

3. 从诉讼时效中断时起，诉讼时效期间重新起算。诉讼时效因法定事由而中断的，在法定事由发生之前已经经过的时效期间归于无效，与重新计算的时效期间没有关系。在此种意义上，民法学称诉讼时效中断为诉讼时效完成的根本性障碍。

（三）诉讼时效的延长

诉讼时效延长是指人民法院查明权利人在诉讼时效期间确有法律规定之外的正当理由而未行使请求权的，适当延长已完成的诉讼时效期间。我国《民法总则》对于诉讼时效的延长也有明文规定，诉讼时效延长具有不同于诉讼时效中止和中断的特点，具体表现在：它是发生在诉讼时效届满之后，而不是在诉讼时效过程中；能够引起诉讼时效延长的事由是由人民法院认定的；延长的期间也是由人民法院依客观情况予以确定的。

诉讼时效延长的适用条件如下：

1. 延长诉讼时效所依据的正当理由（事由）是由人民法院依职权确认的。因为社会生活的复杂性决定了法律不可能将阻碍诉讼时效的情况全部加以规定。当出现中止和中断诉讼时效的法定事由之外的事实即特殊情况，造成权利人逾期行使请求权时，有必要授权人民法院审查是否作为延长时效的事由，以弥补法律规定的不足。所谓特殊情况，则是指权利人由于障碍在法定诉讼时效期间不能行使请求权的情况。

2. 诉讼时效的延长适用于已经届满的诉讼时效。已完成的诉讼时效期间仍然有效力，而由人民法院决定适当延长一定的期间。

第四节　除斥期间

■ 除斥期间的概念和法律特征

除斥期间，又称为预定期间或不变期间，是指法律规定某种民事实体权利存在的期间，权利人在此期间内不行使相应的民事权利，则在该法定期间届满时导致该民事权利的消灭。

除斥期间的法律特征主要包括：

1. 除斥期间可导致权利人所享有的民事实体权利丧失，除斥期间届满消灭的权利多为形成权，如追认权、撤销权等。

2. 除斥期间是不变期间，不因任何事由而中止、中断或者延长。

3. 除斥期间一般自权利成立之时起计算。

4. 除斥期间依权利人不行使实体民事权利为适用依据。

5. 无论当事人是否主张，人民法院可以主动依职权援用除斥期间。

除斥期间的适用

除斥期间的规范功能旨在维持原事实状态，期间的届满即可导致权利人所享有的民事实体权利丧失，而且除斥期间届满消灭的权利多为形成权，如追认权、撤销权等。具体包括如下内容：

1. 民法总则中对民事行为的撤销。

2. 债权关系中，如债权人撤销权在5年内行使，提存物的领取时间为5年。

3. 担保关系中，如保证期的规定。

4. 继承法中受遗赠权的行使。

5. 婚姻法中可撤销婚姻请求权的行使。

诉讼时效与除斥期间的区别

诉讼时效与除斥期间的区别表现在诸多方面。

1. 两者的法律后果不同。虽然诉讼时效和除斥期间的法律后果都表现为某种权利的消灭，但是，诉讼时效消灭的是权利人享有的胜诉权；而除斥期间消灭的则是权利人享有的实体民事权利本身，如追认权、撤销权、解除权等。

2. 两者的期间不同。虽然诉讼时效和除斥期间都以一定事实状态存续一定时间为内容，但是，诉讼时效是可变期间，适用中止、中断或延长的规定；而除斥期间则一般是不变期间，不因任何事由而中止、中断或者延长。

3. 两者的适用依据不同。诉讼时效规定的是权利受害人请求法律保护的期限，仅适用于权利受到侵害的权利人不行使请求权的情况；而除斥期间规定的是权利人行使某项权利的期限，以权利人不行使该实体民事权利作为适用依据。

4. 两者的适用条件不同。诉讼时效是在当事人主张时，人民法院予以援用；而除斥期间则是由人民法院依职权予以援用，不论当事人是否主张。

5. 两者的起算时间不同。诉讼时效的起算始自权利人能够行使请求权（请求权产生之时），我国《民法总则》规定自权利人知道或者应当知道其权利被侵害以及义务人时起算；而除斥期间则是自相应的实体权利成立之时起算。

第五节 期间和期日

期间

期间是指民事法律关系产生、变更和终止的时间。

期间属于法律事实中的事件，是民事法律关系产生、变更和终止的根据。

根据期间的性质、产生根据和用途的不同，可对期间做不同的分类。

第一，法定期间和意定期间。法定期间是指法律规定的期间，意定期间则指由当事人协商确定的期间。

第二，一般期间和特殊期间。一般期间是指适用于各种民事法律关系的期间，特殊期间则指有关特定民事法律关系的期间。

由于期间在民事活动中具有重要意义，所以，《民法总则》规定了期间的计算方法。

（一）计算单位

根据《民法总则》第200条的规定，民法所称的期间按照公历年、月、日、小时计算。按日历连续计算的，一个月以30天计算，不论月大月小；一年均以365天计算，不分平年和闰年。

（二）期间的起算

根据《民法总则》第201条的规定，按照年、月、日计算期间的，开始的当日不计入，自下一日开始计算。按照小时计算期间的，自法律规定或者当事人约定的时间开始计算。

（三）期间的终止

根据《民法总则》第203条第1款和第2款的规定，期间的最后一日是法定休假日的，以法定休假日结束的次日为期间的最后一日。

期间最后一日的截止时间为当天的24时。有业务时间的，停止业务活动的时间为截止时间。

（四）期间计算用语的含义

根据《民法总则》第205条的规定，民法所称的“以上”“以下”“以内”“届满”，包括本数；所称的“不满”“超过”“以外”，不包括本数。

期日

期日是指不可分或视为不可分的一定时间，如某年、某月、某日。期日的特征是表示时间长度中的某一点，而这一点是不可分的，其虽非瞬间，但无继续的概念。而期间则是指从某一时刻到另一时刻所经过的时间，即期日与期日之间的间隔时间。

本章小结

本章内容包括：时效的概念和法律特征；取得时效的概念和适用；诉讼时效的概念法律特征和效力，诉讼时效的适用、分类，诉讼时效期间的起算、中止、中断和延长；除斥期间的概念和法律特征，除斥期间的适用以及诉讼时效与除斥期间的区别；期间和期日的概念等。

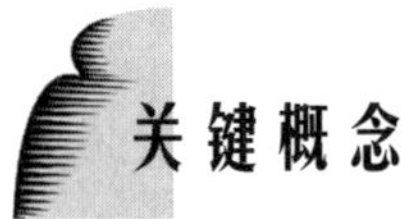

关键概念

时效　　取得时效　　普通诉讼时效

特殊诉讼时效 最长诉讼时效 诉讼时效的中止
诉讼时效的中断 诉讼时效的延长 除斥期间
期间

思考题

1. 简述时效的概念和法律特征。
2. 简述取得时效与诉讼时效的联系与区别。
3. 简述取得时效的构成要件和适用范围。
4. 简述诉讼时效与除斥期间的区别。
5. 简述诉讼时效的中止和中断的关系。

第二部分　分　论

第九章

物权总论

导　学

通过本章的学习，认识和理解物权的本质，了解物权的基本类型，掌握物权法的基本原则。明确物权关系发生、变更和消灭的原因，把握物权的民法保护方法。要求针对社会经济生活对物权方面的客观要求，加深对物权法基本理论的理解。

第一节　物权的本质

民法最基本的财产权制度包括物权制度与债权制度两大部分。物权是特定社会人与人之间对物的占有关系在法律上的表现，是法律确认的主体对物依法享有的支配权利，即权利人在法定范围内直接支配一定的物，并排斥他人干涉的权利。

“物权”一词最早起源于罗马法，1900 年《德国民法典》第一次在法律上正式使用此术语。现在，多数国家的民法典都规定了物权制度，物权法已成为各国民法理论的重要组成部分。

物权的概念

物权，是民事主体依法直接支配特定的物，享受其权益并排除他人干涉的民事权利。

物权作为一个法律范畴，是由法律确认的民事主体对物依法所享有的支配性权利。例如，所有人对其财产享有支配权利。物权这一概念包括了以下几方面的含义：

第一，物权是法定的，民事主体应当依法行使。

物权法定主义是物权法的基本原则之一，物权的种类、内容、效力、行使方式等均是由法律明确规定的，不允许当事人任意创设或以协商的方式随意加以改变。物权制度确立了一国民事法律制度的基础，人们必须在一定的物权制度上才可进行进一步的经济交往，从而形成各种财产流转关系，一国的民事法律关系也就是在这样的经济交往中发展繁荣起来，从而促进整个民事法律制度的发展。民事主体依法行使物权，也是保证一国财产制度体系稳定存在的前提与基础。

第二，物权是以物为权利客体的民事权利。作为物权客体的“物”，是指有体物，包括动产和不动产。关于“物”的有关内容，本书已在总论中提到，此不赘述。需要注意的是，物权虽是以物为权利的客体，但不能把物权仅仅视为人对物的权利，与其他人无关。实际上，在社会生活中，人对物的关系，实质上就是人与人之间的关系的反映。人不是孤立的个人，而是社会的人，单个的主体对物享有的权利，只有在人与人之间的社会关系中才得以体现和形成。因此，物权同样存在权利主体和义务主体之分，只是物权作为一种绝对权，其义务主体通常是权利主体之外的所有不特定的人。

第三，物权是直接支配标的物并享受其利益的权利。所谓直接支配，是指权利主体得依自己的意思径行对标的物加以使用、收益、处分。这就是说，权利人无须借助于他人的行为，就能够行使自己的物权。权利人既可以依据自己的意志直接依法占有、使用其物，也可以采取其他的支配方式。同时，物权人对物独立进行支配完全依自己的意志，无须得到他人的同意。所有人使用其财产，并在其财产之上获取收益，不需要借助于任何人的行为便可以实现。

第四，物权人有权排除他人对其享有物权和行使物权的干涉。任何人非经权利人的同意，不得侵害其权利或加以干涉。物权具有不容他人侵犯的性质。但是有一种特殊情况，即当某物被他人因占有时效或善意取得制度而取得所有权时，即使在此物之上已存在着法律上的所有权，先前的所有权也将因此而消灭，而且不得对抗后一个所有权。物权的支配性和排他性源自物的权利归属，即法律确认某物归某人所有，使其对物的利益享有独占的支配并排他的权利。

■ 物权的法律特征

物权和债权构成了市场经济社会的最基本的财产权利。物权是和债权相对应的一种民事权利，民法关于物权和债权的规定构成了商品经济运行的基本规则。在商品经济条件下，人和财产的结合表现为物权，当财产进入流通领域之后，在不同主体之间的交换则体现为债权。主体享有物权是交换的前提，交换过程则表现为债权，交换的结果往往导致物权的让渡和移转。但是，虽然物权与债权的联系十分密切，但物权作为一项独立的民事权利，和债权相比有其自身的法律特征，具体表现在：

第一，物权是绝对权。

物权的义务主体是权利人之外的不特定的一切人。绝对权是与相对权相对的概念，它是指权利的主体特定，而义务主体为权利人以外的不特定的一切人的权利。作为绝对权和“对世权”，物权的权利主体是特定的，其他任何人都负有不得非法干涉和侵害权利人所享有的物权的义务。而债权就不同，它只是发生在债权人和债务人之间的关系，债权的权利主体和义务主体都是特定的。债权人的请求权只对特定的债务人发生效力，因此债权是相对权，也是“对人权”。例如甲对其房屋享有所有权，则除甲之外的所有人都必须尊重甲的所有权，不得非法侵害甲对其房屋的占有、使用、收益和处分的权利。

第二，物权属于支配权。

物权的权利人不必依赖他人的帮助就能行使其权利，从而实现自己的利益。物权的权利人可以自由地根据自己的意志行使自己的权利，无须他人给予协助，更无须征得他人的同意。而债权则与物权相反，债权人一般不直接支配一定的物，而是请求债务人依照债的规定为一定行为或不为一定行为。所以，债权必须有相对的义务人给予协助方可顺利实现。

第三，物权是法定的，物权的设定采用法定主义。

物权的种类和基本内容由法律规定，不允许当事人自由创设物权种类，而且物权设定时必须公示。动产所有权以动产的占有为权利象征，动产质权、留置权亦以占有为权利象征，不动产则以登记为权利象征。而债权只是在特定的当事人之间存在的，它并不具有公示性，设立债权亦不需要公示。另外，债权特别是合同债权，主要由当事人自由确定。当事人只要不违反法律的禁止性规定和公共道德，就可以根据其意思设定债权，还可依法自己决定债的内容和具体形式。

第四，物权的客体一般为物。

行为、智力成果和人身利益均不能成为物权的客体。物权关系是民事主体之间对物质资料的占有关系，所以，物权的标的是物而不是行为。物权的标的在范围上是十分广泛的，但都必须是特定物。因为如果物没有特定化，权利就无法确定，权利人也无从行使其权利。此外，作为物权客体的物必须是独立物和有体物，而不可能是行为。而债权的标的可因债权的种类不同而各不相同。债权一般直接指向的是行为，而间接涉及物。在债权关系存续期间，债权人一般不直接占有债务人的财产，只有在债务人交付财产以后，债权人才能直接支配物。

第五，物权具有优先权和追及力。

物权的优先权即指在存在于同一物上的物权和债权之间，物权具有优先于债权的效力。在同一物上，数个物权并存时，先设立的物权优先于后设立的物权。物权的优先效力包括两方面：其一，当物权与债权并存时，物权优先于债权。如享有担保物权的人比普通的债权人具有优先受偿的权利。例如，甲、乙两人分别借款 10 万元给丙做生意，其中甲要求丙以其房屋作担保，乙则未要求丙提供担保，借款到期时丙无力还款，则甲可基于其担保优先于乙受偿。其二，在某些情况下，当事人可以在同一物之上设立多个物权，例如为担保同一债权而设立两个或两个以上的担保物权。同一物之上有数个物权并存时，先设立的物权优先于后设立的物权，这就是物权相互间的优先效力。而债权不具有对内优先的效力。在同一物上可以设立多个债权，各个债权都具有平等的效力，债权人在依法受偿时都是平等的。

物权的追及力是指物权的标的物无论辗转流向何处，权利人均得追及于物之所在行使其权利，依法请求不法占有人返还原物。而债权原则上不具有追及的效力。债权的标的物在没有移转所有权之前，被债务人非法转让并由第三人占有时，债权人不得请求物的占有人返还财产，只能请求债务人履行债务和承担违约责任。

第六，物权的保护方法大多偏重于“物上请求权”，如返还原物、排除妨碍等。

由于物权的特殊之处，法律为保障物权人对其物的支配权，也赋予权利人不同于一般债权的保护方法，物权主体具有请求他人返还原物、排除妨碍、恢复原状的权利。这些权利在民法上通称为物上请求权。债权是债权人请求债务人为一定行为或不为一定行为的权利，而并非对物的支配权，因此，在债权受到侵害时，要使债权人的损失得到补救和恢复，一般只宜采取损害赔偿的方式。

第二节 物权的类型

各国物权的种类均是由各国法律具体加以确定的，根据不同的分类标准可以将物权分为不同的类型。

■ 自物权和他物权

这是根据物权的权利人行使权利的范围不同而对物权所做的分类。

自物权，即指权利人对自己所有的标的物依法进行全面支配的物权。“全面支配”意味着支配范围的全面性和支配时间的无限性。只有所有权符合这一特征，故自物权即所有权，它是物权中最完整、最充分的权利。

他物权，是指权利人在他人所有的标的物上享有的被限定于某一特定方面或某一特定期间的物权。它是在所有权权能与所有人发生分离的基础上产生的、由非所有人对物享有的一定程度的支配权。他物权被称为“与所有权有关的财产权”。他物权与自物权一样，都具有直接支配物并排斥他人干涉的性质，同样能够产生物权的各种效力。

自物权与他物权的区别表现在：

第一，权利主体不同。自物权的权利主体是所有人，而他物权的权利主体一般是非所有人，即除所有人以外的其他民事主体。所有人没有必要在自己的财产上享有他物权，他物权只能由非所有人享有。尽管非所有人享有所有人的部分权能，但非所有人并不能取代所有人的地位而成为所有人。对于所有人来说，尽管在财产之上设定他物权而使其在一定程度上脱离了所有权的权能，但他仍然对其财产享有最终的处分权。

第二，权利的内容不同。他物权不过是从自物权权能中分离出来的部分权能。自物权是“完全物权”，而他物权只在一定程度上具有所有权的权能，没有法律的依据和所有人的授权，他物权人不能行使处分权。所以，他物权权利的内容是受限制的、不完全的，表现在非所有人享有他物权以后，一般只能对标的物享有占有、使用和收益的权利，没有法律的依据和所有人的授权，不能行使处分权。非所有人行使财产的处分权，既受到法律的限制，也受到所有人意志的限制。非所有人必须依据法律的规定正当行使其权利，如果其他物权是通过合同的方式确立的，并且合同对权利的行使规定了明确的限制，则非所有人还必须依据合同的规定行使权利。由于他物权在内容上受到法律和所有人意志的限制，因此它又被称为“限制物权”。

第三，权利存在的期限不同。自物权的存在通常不受时间限制。也就是说，不因为法律事实的产生或终止而使自物权绝对地消灭。他物权则不同。如果他物权是通过合同的方式取得的，只能在合同的有效期内存在。

■ 用益物权和担保物权

这是从设立目的的角度对他物权的进一步分类。

用益物权，是指以标的物的使用和收益为目的而设立的他物权。如地役权。

担保物权是指为担保债权的实现而设立的他物权。如抵押权、质权等。

用益物权和担保物权虽然都属于他物权，但存在区别：

第一，设立的目的不同。用益物权的目的在于实现物的使用价值，担保物权的目的则是以物的交换价值担保债权的实现。用益物权以追求物的实际使用为内容，标的物必须具有特定的使用功能。而担保物权以标的物的价值和优先受偿为内容，故标的物只要具有交换价值即可，无须具备特定的使用功能。

第二，权利的性质不同。用益物权多为独立性的主权利，它往往有明确的存续期间，通常是根据合同确定的。担保物权则是从权利，以所担保的债权作为其主权利。它以此债权的存在为前提，其所担保的债权实现时，该权利即归于消灭。

第三，标的物不同。用益物权的主要标的物为不动产，担保物权则不限于此。

第四，用益物权的标的物价值形态如发生变化，会对权利人的使用收益权产生影响，甚至导致权利消灭；而担保物权的标的物价值形态发生变化并不影响担保物权以变化后的物为标的而继续存在。这一特点决定了担保物权具有物上代位性，即当担保物权的标的物转化为价值形态时，担保物权就以变形物为客体。

第三节　物权法的基本原则

物权制度体系是民法理论的基础体系，由于物权所具有的特殊特点，在物权法领域有着与其他基础民法领域不同的基本原则。具体而言，物权法的基本原则主要包括物权法定原则、一物一权原则、物权公示原则和物权优先原则。

■　物权法定原则

物权法定原则，是指物权的种类、内容、效力、得丧变更及其保护的方法均源自法律的直接规定，当事人不得自由地创设。

《中华人民共和国物权法》第 5 条规定：“物权的种类和内容，由法律规定。”这是物权法关于物权法定原则的法律规定。

物权法定原则的具体内容包括：

第一，物权种类法定化。非经法律准许，当事人不得创设新类型的物权。意即当事人在其协议中不得明确规定其通过合同设定的权利为物权，也不得设定与法定的物权不相符合的物权。例如，法律规定动产质权必须移转占有，则当事人不得设立不移转占有的动产质权。

第二，物权内容法定化。物权制度的所有内容均是由法律直接加以规定的。例如，国有土地使用权即是我国法律规定的一种用益物权，其具体的内容直接由国家的法律加以规定，而不能由双方当事人通过协商随意改变法律规定的内容。

第三，物权效力法定化。即物权的法律后果源自法律的直接规定。例如，设立抵押权时，该权利须依照法律的规定办理相应的手续以后才能生效，不能由当事人通过协议加以设定。

第四，物权的变更规则法定化。非经法定程序，不得取得、变更和消灭物权。由于物权具有的特殊性质，决定了物权的取得、变更和消灭都必须依照法律规定的条件和程序方可实现。例如，房屋的所有权变更必须依照法律的规定进行过户变更登记方可实现，否则即使交易双方已经通过协商达成了一致意见，也不能导致所有权的移转。

第五，物权保护方法法定化。物权保护方法和债权保护方法均为法定的物权保护方法。当物权主体的权利受到侵害时，可依法采取相应的法律措施保护自己的权利，法律未加以规定的救济措施，即使双方当事人同意，也不得采用。

一物一权原则

一物一权原则，即指一物之上只能存在一个所有权，不得有互不相容的两个以上的物权同时存在于同一标的物上。

一物一权原则的具体内容包括以下几项：

第一，一个特定的标的物上只有一个所有权。

根据一物一权原则，一个所有权的客体仅为一个独立物，集合物原则上不能成为一个所有权的客体，而只能成为多个所有权的客体。物权的客体仅为独立的特定的物。只有在作为物权的客体的物具有独立性和特定性的情况下，才能明确物权的支配范围，使物权人能够在其客体之上形成物权并排斥他人的干涉。但是一个所有权的客体仅为一个特定物，并不是说一个特定物之上的所有人不能为多人，事实上数人对一物享有所有权，并不指所有权也成为多重所有权，所有权仍然是一个，只不过主体存在着多人而已。共有，就是指数个人对一个物享有一个独立所有权，而不是每一个共有人各自都有一个独立的所有权。

第二，同一物上不得设有两个以上相互冲突和矛盾的物权。

根据一物一权原则，同一物之上可以并存数个物权，但各个物权之间不得相互矛盾。可以同时并存的物权主要有以下几种情况：一是所有权与他物权同时并存。所有人虽享有占有、使用、收益和处分的权能，但这些权能可以根据法律的规定和所有人的意志移转给非所有人享有，从而在权能分离的基础上使非所有人享有他物权。如在土地所有权之上设定土地使用权、地役权等。二是在同一物之上设定数个担保物权。我国担保法并不禁止在同一物之上设定数个担保物权，但这数个担保物权不得相互矛盾。例如根据我国法律的规定，动产质权必须移转质物的占有，这样在一项动产之上就不能设定两个质权人不同的质权。三是用益物权与担保物权同时并存。例如所有人可将其房屋租赁给他人使用，从而在此基础上产生租赁权，同时可在该物之上设置抵押权。同样，在此种情形下，也不得存在相互冲突的权利，例如质权要移转占有，因此它与移转占有的用益物权就不能并存。

物权公示原则

《中华人民共和国物权法》第 6 条规定：不动产物权的设立、变更、转让和消灭，应当依照法律规定登记。动产物权的设立和转让，应当依照法律规定交付。这是物权法关于物权公示原则的法律规定。

物权公示原则，是指民事主体对物权的享有与变动均应采取可取信于社会公众的外部表现方式的原则。物权的排他性决定了物权的变动会产生排他的效果，为了保护交易的安全，保护民事主体的合法权益，有必要对物权的变动规定公开的行为方式。

所谓公示，是指物权在变动时，必须将物权变动的事实通过一定的公示方法向社会公开，从而使第三人知道物权变动的情况，以避免第三人遭受损害并保护交易安全。物权的变动之所以要公示也是由物权的性质本身所决定的。物权公示制度的建立极大地减少了产权变动中的纠纷，从而维护了交易的安全和秩序。

物权公示原则的具体内容包括：

第一，物权的公示方法必须由法律规定。目前，各国的立法普遍采取不动产登记、动产交付的公示方法。为防止不同人对同一物的争夺，保护善意第三人的利益，法律必须明确规定物权公示的方法，只有合法所有人均以法定的公示方法对外进行物权公示，才能使所有的第三人明确物的所有权归属情况。

第二，物权公示的效力必须由法律规定。公示到底具有何种法律效力，各国法律规定有所不同。依照我国法律的规定，普通的动产一经交付，便发生所有权转移的后果；不动产的转让一经办理登记手续，便发生该不动产的所有权转移的法律后果。

■ 物权优先原则

物权优先原则，是指同一物上有两个或两个以上不同内容或性质的物权存在，或者该物权的标的物也为债权给付的标的物时，成立在先的物权有优先于成立在后的物权的效力，物权则有优先于债权的效力。

物权的优先原则是由物权的优先性特征决定的，其具体内容包括：

第一，同一物上有两个或两个以上不同内容或性质的物权存在时，成立在先的物权有优先于成立在后的物权的效力。例如，张某先后向李某和王某借款，张某均以自家一台手扶拖拉机作为抵押，并先后与李某和王某订立了抵押合同，后张某无力还款，则李某可以优先于王某以拖拉机的价款受偿。

第二，同一标的物上既有物权也有债权时，无论物权成立于债权之前或之后，它均有优先于债权的效力。例如，甲先向乙借款 2 万元，后又以家中祖传的玉镯作为抵押向丙借款 2 万元，后甲无力还款，则丙可以该玉镯的价值优先于乙受偿。

第四节　物权关系的发生、变更和消灭

物权关系，是指由物权法律制度调整而形成的社会关系。由于物权法定原则的影响，物权关系的产生、变更和消灭均应依照法律的规定方可实现。

■ 物权关系的发生

物权关系的发生，即物权的设立，是指民事主体依法设立新的物权从而产生新的物权法律关系。由于物权发生原因的法定性，物权的发生必须以法律规定作为前提，当事人依据法律的规定设立一定的物权，如以法定的方法取得标的物的所有权，或依法定的程序要求取得一定的他物权。

在权利人获得所有权或他物权时，一定的物权关系即已产生，其具体的内容应由法律加以规定，当事人不得自由地创设法律不认可的物权关系，也不得通过约定改变物权关系的具体内容。

具体而言，物权关系的发生原因包括：

第一，生产和制造。生产和制造是在物第一次产生时确立新的物权关系，一般而言，物的生产者和制造者即是该物的所有权人。

第二，买卖。这是物权关系产生的最频繁、最常见的途径，通过买卖行为使物的所有权从一个民事主体转到另一个民事主体手中，前者因买卖行为而消灭了他对物的所有权，后者则因买卖行为获得了对此物的所有权。

第三，赠与。赠与行为会使物的原所有权人丧失所有权，而使受赠人获得所有权，从而产生新的物权关系。

第四，互易。互易行为是一种特殊形式的买卖行为，交易双方均以物而不是以货币作为履行义务的方式，一个互易行为可以同时使两项新的物权关系发生。

第五，继承。继承是在自然人死亡时，将其生前所有的财产转移给其继承人继承的制度。物的权利主体在继承过程中发生了改变，新的物权关系也因此产生。

第六，孳息。孳息主要指物所生的利益。天然孳息是指因物的自然属性而生之物，如母牛所生的牛仔；法定孳息是指依一定的法律关系而生之利益，如股票的股息。孳息本身是一项新的财产的诞生，因此会产生新的物权关系。一般而言，物的孳息的所有权由物的原所有人享有。

第七，添附。添附是指不同所有人的物因一定的行为而结合在一起形成不可分割的物或具有新质的物。经过添附行为以后，物的性质已发生了变化，实质是一项新的财产产生，相应的新的物权关系亦产生了。

第八，没收。没收是指国家根据法律、法规的强行性规定，采取强制措施将一定的财产收归国有的法律事实。这是国家借助于国家强制力强行将物的所有权无偿地收归国有的行为，被没收的物也因其权利主体的改变而处于新的物权关系中。

第九，征收。征收是指国家因国家建设的需要依法将一定的财产收归国有，并给财产的原所有人一定的补偿的制度。征收亦具有强制性，但必须依法律规定的条件和程序进行，而且应当给予物的原所有人一定的经济补偿。

第十，出让。建设用地使用权的出让是指土地使用人依法向国家支付一定的出让金，国家将一定期限的建设用地使用权出让给建设用地使用权人使用的行为。

第十一，承包。承包是指由公民或集体组织依照承包合同的规定对国家所有或集体所有的土地从事生产活动，从而享有的占有、使用和收益的权利。土地承包经营权是一种用益物权，这种物权关系即是基于承包行为而产生的。

物权关系的变更

物权关系的变更有广义、狭义之分。狭义的变更，是指物权的标的、内容等部分的改变。广义的变更，是指物权的主体、标的或内容发生改变。主体的变更或标的、内容的彻底改变，结果是发生物权的取得或消灭，故一般从物权的取得或终止的角度来理解。因此，物权关系的变更主要指狭义的变更。

物权关系的变更必须严格依照法定的程序和要求进行，如采取法定的方式、法定的公示方法等。例如，依照我国法律的规定，不动产物权的变更就必须办理登记手续方可实现。再如，在我国设定权利质押的合同，应当依法办理登记，质押合同自登记之日起生效。

物权关系的消灭

物权关系的消灭，即物权关系的终止，是指某一物权归于消灭。

物权关系的消灭，主要有两种情况：

第一，因物权主体的原因而消灭，如权利人转让或抛弃物权或作为权利人的公民死亡等。这种消灭又可称为物权的相对消灭，因为在这种情形下，物权的客体并未消失，只是其权利主体发生了变更，物由一个新的所有人对其行使权利，原所有人的权利消灭。

第二，因物权客体的原因而消灭，如标的物毁损或灭失导致原物权的终止。这种消灭又称为绝对消灭，由于物本身的灭失，原来建立在这一权利客体上的物权失去了存在的基础而彻底消灭。

第五节　物权的民法保护

物权由法律规定，并受法律保护。在我国，保护各种类型的物权，是各个法律部门共同的任务。不同法律部门对物权进行保护的方法不同，民法主要是通过民事诉讼和民法方法对物权进行保护的。根据权利人保护物权请求的不同性质，通常可将各种保护物权的方法分为物权的保护方法和债权的保护方法。

物权的保护方法，除各种物上请求权外，还包括要求确认所有权或其他物权的诉讼。债权的保护方法是指通过行使债权请求权对权利人的自身利益加以保护的方法。这两种方法的主要区别在于：

第一，根据不同。物权保护方法以物权的存在为前提，适用民法关于物权的规定；债权保护方法则以债权的存在为前提，它适用民法关于债的规定。

第二，适用范围不同。物权保护方法只适用于对物权的侵害，不管侵害是否造成实际损失，权利人均可采取这种方法。而损害赔偿的保护方法既适用于对物权的侵害，又适用于对债权的侵害。在保护物权时，采用损害赔偿方法仅适用于对物权的侵害已造成实际损失的情况。

第三，目的不同。物权的保护方法，旨在恢复物权人对物权的客体享有的完整的、排他的支配权利，从而使物权的内容得到实现。而损害赔偿的保护方法旨在补偿受害人因遭受不法侵害而遭受的财产损失。一般来说，物权保护方法更能充分地保护物权人所享有的所有权和其他物权，因此在具体运用以上方法时，应当首先考虑适用物权的保护方法。只有当物权的保护方法不能适用时，才适用债权的保护方法。当然，这两种方法是彼此联系、互为补充的，在物权受到侵害时，权利人可以采取一种方法，也可以采取多种方法。

物权的请求权

物权的保护方法主要是通过行使物上请求权对物权加以保护的方法。物上请求权，即物权的请求权，是指物权受到妨害或有被妨害的危险时，物权人为恢复其对权利的控制状态，请求妨害人为一定行为或不为一定行为的权利。

物权方法依物上请求权的内容不同可分为：

第一，请求返还原物。这是指物之所有人或他物权人于其物被他人非法占有时，有权请求不法占有人返还原物，以恢复其对物的占有。

第二，请求排除妨害。这是指他人以非法占有以外的方式妨害物权人行使其权利时，物权人有权请求其排除妨害，以恢复物权人的物权控制状态。

第三，消除危险。这是指物权人对于尚未发生但有可能发生的妨害，也有权请求有关当事人采取措施加以阻却。

物权的债权保护方法

物权的债权保护方法是指通过行使债权请求权对权利人的自身利益加以保护的方法。债权保护方法旨在填补受害人所遭受的损失。相比较而言，物权保护方法更能充分地保护物权人的利益，因此在适用次序上，债权方法是次于物权保护方法的，即只有当物权保护方法不能使物权得到完整的保护时，才适用债权保护方法。

债权保护方法的内容主要以赔偿财产损失为主，但也不排除其他方法，如恢复原状、返还不当得利等。

在赔偿损失时，应确定损失的范围，即现有财产的减少和可得财产的失去，但不包括精神损失。

物权分为所有权和其他物权。民法对这两类物权的保护，在方法上是一致的。但是，由于这两类物权具有不同特点，因此在所有权和其他物权受到侵害以后，权利人提出请求和提起诉讼的前提是不同的。

在所有权受到侵害时，权利人必须根据其所有权受到侵害的事实而提起确认所有权、返还所有物、停止对所有物的侵害等请求和诉讼。这种因所有权受到侵害而提起的诉讼，称为“所有之诉”。而在其他物权受到侵害时，由于他物权人并不享有所有权，不能根据所有权提出请求和提起诉讼，而只能根据其对标的物的合法占有权而提出请求和提起诉讼。这就是说，他物权人只能根据其合法占有权受到侵害的事实而提起确认占有、返还占有物、停止对占有物的侵害等请求和诉讼。在民法上，他物权人因合法占有权而提起的排斥所有人和第三人对占有物的侵害的诉讼，称为“占有之诉”。占有之诉和所有之诉虽然是两种诉讼，但二者有着密切的联系。所有人直接占有所有物，当所有物受到侵害时，他既可以提起所有之诉，也可以提起占有之诉。所有物由他人占有，并在他人合法占有期间受到侵害时，所有人可以基于其所有权提起所有之诉，占有人也可以基于占有权提起占有之诉。某个权利人在某项财产受到侵害时提起所有之诉，但不能证明自己对该项财产享有所有权的，则可再提起占有之诉。和所有权一样，他物权受到侵害以后，他物权人也可以采用债权的保护方法，请求不法侵害人赔偿其所造成的损失。

本章小结

本章的内容包括：物权的概念和法律特征；物权的类型（自物权和他物权，用益物权和担保物权）；物权法的基本原则；物权关系的发生、变更和消灭；物权的保护方法。

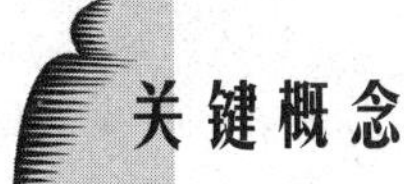

关键概念

物权	物权的优先权	物权的追及力
物权法定原则	物上请求权	物权的债权保护方法

思考题

1. 物权的基本法律特征有哪些?
2. 试述物权的基本类型。
3. 试论物权法的基本原则。
4. 物权关系的发生原因包括哪些?
5. 对物权有哪些保护方法?

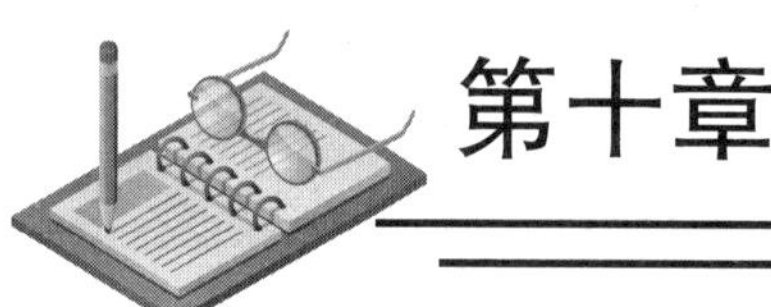

第十章

所有权

导　学

通过本章的学习，认识和理解所有权的概念和法律特征，明确所有权的内容，掌握所有权的取得方法，了解所有权的变更和消灭，了解建筑物区分所有权的基本法律特征和内容。要求结合社会经济生活的实际，加深对所有权制度的理解。

第一节　所有权的概念和法律特征

所有权是最完整的物权形态，也是一国物权制度的根本基础。所有权制度构成了民事法律制度的基石。要研究物权制度，首先必须对所有权制度有充分的了解。

一、所有权的概念

所有权，是指所有人对自己的不动产或者动产，依法享有的占有、使用、收益和处分的权利。

所有权包括占有权、使用权、收益权和处分权四项权能。占有权是指权利人对财产实际控制的权利；使用权是指权利主体对物进行利用，以满足某种生活或生产需要的权利；收益权是指权利人获取基于财产而生的物质利益的权利；处分权是指权利人依法对财产进行处置的权利。

所有权意味着人对物最充分、最完全的支配，是最完整的物权形式。所有权在本质上是一定社会的所有制在形式上、法律上的表现。所有权与所有制的相互关系可以概括为如下两个方面：一方面，所有权作为一种法权关系，是由所有制决定的。所有制作为一定社会的基本经济制度，是该社会生产关系的核心和基础；而该社会的所有权法律制度正是出于反映和维护其赖以存在的所有制的目的而建立起来的。从一定意义上可以说，有何种性质的所有制，便要求有何种与之相适应的所有权制度，这是阶级社会中各种类型的国家在法律调整方面所遵循的共同规律。古今中外，概莫能外。另一方面，所有权法律制度作为一定社会的上层建筑，并不是被动地反映该社会的所有制，更重要的是它要为巩固和维护特定社会的所有制服务。以私有制为基础的奴隶社会、封建社会和资本主义社会，其所有权立法无一例外地把维护私有制作为其根本任务；社会主义国家的所有权制度，其首要目的是维护生产资料的社会主义公有制，并保护多种经济形式的发展，促进市场经济的繁荣。我国实行以社会主义公有制为主体的所有制形式，因此决定了我国所有权的种类划分，我国对所有权的类型做出了明确的规定，主要包括国家所有权、劳动群众集体组织所有权、社会团体所有权和公民个人所有权。

所有权的法律特征

所有权的法律特征主要表现在以下几个方面：

第一，所有权的独占性。所有权是一种独占的支配权，所有人的所有权不允许任何人妨碍或侵害，非所有人不得对所有人的财产享有所有权。财产所有人对其财产享有的所有权，可以依法排斥他人的非法干涉，不允许其他任何人加以妨碍或者侵害。对所有权而言，必须严格实行一物一权主义，即在一物之上只能有一个所有权，不能形成双重所有权。当所有权受到不法占有或者侵害时，财产所有人有权请求返还原物、停止侵害、排除妨碍或者赔偿损失。

第二，所有权的全面性。所有权是所有人在法律规定的范围内对所有物加以全面支配的权利。所有人对所有物享有的占有、使用、收益和处分的完整权利，是最完整、全面的一种物权形式。所有权与其他物权的区别主要表现在，所有人对财产享有完整的权利，而其他物权只是具有所有权的部分权能。但所有权人享有上述四个方面的权利，并不意味着所有人必须要实际地行使各项权能，他可以将四项权能中的一项或数项权能分离出去由他人享有并行使，从而更好地实现其意志和利益。这种权能分离的方式，不仅反映着社会经济活动的客观要求，而且最大限度地保障了民事主体在物权法律关系中的利益。

第三，所有权的单一性。所有权并非占有、使用、收益和处分四项权利的简单相加，而是一个整体的权利。所有权人既可以自己统一行使所有权，也可将其部分权能转移给他人行使，这并不影响所有权的单一性，所有权人依然能够决定自己财产的最终命运。

第四，所有权的存续性。法律不限制各项所有权的存续期限。一般而言，所有权一经合法获得，就可以永久存续，除非是所有权人自己处分其权利或因其他法定原因而导致所有权变更，任何人都不得非法干涉或剥夺他人的所有权，或者非法对他人的所有权加以权利期限的限制。

第五，所有权的弹力性。所有权的各项权能可以通过法定的方式或合同约定的方式同作为整体的所有权相分离。所有人可在其物之上设定他物权，这虽是对所有权的限制，但他物权人亦只是对物享有部分的利益，当他物权消灭以后，所有权的限制也予以解除，这样所有权就恢复其圆满状态，这就是所有权的弹力性规则。所有权的弹力性规则既是由所有权的支配权表现出来的，也是一物一权制度的具体引申。也就是说，按照一物一权规则，所有权人对其财产保留最终支配权，而与所有权发生分离的权能在分离期限届满后，最终仍属于所有权人。这一规则在实践中也是可以广泛应用的。例如，联营法人在解散并清偿完债务后，剩余的资产应当根据股东的股权进行分配，也就是说，剩余资产应返还给股东，从而使这些财产的所有权权能完全复归于股东，这就是所有权弹力性的具体表现。

第二节 所有权的内容

《物权法》第 39 条规定：所有权人对自己的不动产或者动产，依法享有占有、使用、收益和处分的权利。这一法律规定，明确了所有权的基本内容，即其包含的四项权能：占有权、使用权、收益权、处分权。

■ 占有权

占有是指所有人对物的实际控制的事实状态。占有是对物的一种事实上的控制。对物的控制也称为对物的管领，它需要借助身体与物发生一种外部的接触。但是，占有人必须具有占有的意图，并且占有人事实上控制或管领了某物。占有尽管是主体对物事实上的控制状态，但并非在法律上没有意义；相反，占有常常形成一种法律关系。占有人因占有可能取得占有权甚至所有权，即使是不能形成权利的占有，在法律上也可获得保护，故占有具有重要的法律意义。

占有权即对所有物加以实际管领或控制的权利。

所有权的占有权能既可以由所有人自己行使，也可以由他人行使。在民法理论和司法实践中通常把占有分成不同的种类，以区分不同的占有状态。

第一，所有人占有和非所有人占有。所有人占有即所有人在行使所有权过程中亲自控制自己的财产。非所有人占有是指所有人以外的其他人实际控制和管领所有物。

第二，合法占有和非法占有。这是对非所有人占有的进一步分类。合法占有是指基于法律的规定或所有人的意志而享有的占有权利。非法占有是指无合法依据亦未取得所有人同意的占有。如窃贼对赃物的占有，承租人在租赁期届满以后对租赁物的占有。

第三，善意占有和恶意占有。这是对非法占有的再分类。善意占有是指非法占有人在占有时不知道或不应当知道其占有为非法。恶意占有是指非法占有人在占有时已经知道或应当知道其占有为非法。

■ 使用权

使用权是指依照物的属性及用途对物进行利用从而实现权利人利益的权利。

所有人对物的使用是所有权存在的基本目的，人们通过对物的使用来满足生产和生活的基本需要。在任何社会经济形态中，人们占有生产资料和劳动产品都不是目的，而是为了获取物的使用价值或增值价值。所以，不论是所有人还是非所有人，他们占有财产，最终是为了有效地利用财产或从中获得经济上的利益。这种利用财产的权利，就是使用权。所有人在法律上享有当然的使用权，另外，使用权也可依法律的规定或当事人的意思移转给非所有人享有。

■ 收益权

收益是指民事主体通过合法途径收取物所生的物质利益。收益权即民事主体收取物所生利益的权利。

在民法上，物所生利益主要指物的孳息。孳息包括天然孳息和法定孳息两类。天然孳息是指因物的自然属性而生之物，即原物因自然规律而产生的，或者按物的用法而收获的物，如母牛所生牛仔、母鸡所生的蛋、果树所结的果等。天然孳息可以是自然的，也可以是人工的（例如从羊身上剪下的羊毛等），但是人工产生的孳息必须不是对产出物进行改造加工所得之物，例如将牛乳制成乳酪，就不是天然孳息。法定孳息是指依一定的法律关系而生之利益，如出租房屋的租金、股票的股息等。法定孳息是由他人使用原物而产生的。自己利用财产得到的收益以及劳务报酬等，不是法定孳息。

天然孳息在没有与原物分离之前，只能由原物所有人所有；法定孳息的取得则需依据一定的法律规定进行。在孳息产生以后，如果法律或合同没有特别规定，则由原物所有人所有。如果原物已移转占有，依照法律或合同的规定也可以由产生孳息时的合法占有人所有。但是，占有人必须依据法律和合同的规定收取孳息。原物所有权移转以后，对孳息的取得权也随之移转，物的原所有人无权请求新所有人返还物的孳息。

处分权

处分权是指所有人依法处置物的权利，也就是所有人对财产（生产资料和劳动产品）进行消费和转让的权利。处分权决定了财产的归属，它是所有权区别于他物权的一个重要特征。

处分包括事实上的处分和法律上的处分。事实上的处分是指通过一定的事实行为对物进行处置，如消费、加工、改造、毁损等。法律上的处分是指依照法律的规定改变物的权利状态，如转让、租借等。事实上的处分和法律上的处分都可能导致所有权的绝对或相对消灭。

处分权是所有权内容的核心，是拥有所有权的根本标志，是决定物之命运的一项权能。因此，在通常情况下，处分权均由所有人来行使，但在特殊情况下，处分权可以基于法律的规定和所有人的意志而与所有权分离，但处分权的分离并不一定导致所有权的丧失，如国有企业依法处分国有财产。

占有权、使用权、收益权和处分权，构成了完整的所有权的四项权能。财产所有人可以将这四项权能集于一身统一行使，也有权将这四项权能中的若干权能交由他人行使，即所有权的四项权能与财产所有人相分离。在社会生活中，财产所有人正是通过这四项权能与自己的不断分离和恢复的方式，来实现其生活和生产的特定目的。因此，财产所有人将其所有权中的四项权能暂时与己相分离，并不产生丧失其所有权的后果，而是财产所有人行使其权利的有效形式。例如，国家将国有土地使用权出让给公民或者企业，并不丧失国有土地所有权，而是借助于出让关系，最大限度地发挥国有土地的价值，并获得良好的效益。

第三节 所有权的取得

所有权的取得，是指民事主体获得所有权的合法方式和根据。根据物权法定的基本原则，所有权的取得必须依法进行。显然，所有权必须是合法取得，否则，不受法律的承认与保护。所有权的合法取得方式可分为原始取得与继受取得两种。

原始取得

原始取得是指所有权首次产生或不依赖于原所有人的意志而取得物的所有权。

根据法律的规定，原始取得的方式主要有：

第一，生产。这是指民事主体通过自己的劳动创造出新的财产进而取得该财产的所有权的方式。民事主体通过自己的劳动生产活动获取劳动产品，以及通过扩大再生产取得其所创造的劳动产品，均可因此获得该产品的所有权。

第二，先占。这是指民事主体以所有的意思占有无主动产而取得其所有权的法律事实。先占应具备以下构成要件：标的须为无主物；标的须为动产；行为人须以所有的意思占有无主物。

第三，添附。这是指不同所有人的物因一定的行为而结合在一起形成不可分割的物或具有新质的物。民事主体把不同所有人的财产或劳动成果合并在一起，从而形成另一种新形态的财产，如果要恢复原状在事实上不可能或者在经济上不合理，在此情况下，则要确认该新财产的归属问题。添附包括三种情形：

其一，混合。即指不同所有人的动产因相互掺杂或融合而难以分开从而形成新的财产。

其二，附合。即指不同所有人的财产密切结合在一起而形成新的财产。

其三，加工。即指一方将他人的财产加工改造为具有更高价值的财产。

在这些情况下，关于新的所有权的归属，应由当事人协商处理，或归一方所有，或归当事人共有。如果不能达成协议，应归给新财产添附价值量的一方所有，但他要向原所有人给付适当的经济补偿。如果取得新所有权的一方的添附行为出于恶意，即明知是他人的财产而进行加工，或有其他故意或过失行为，则原所有人除有权向他请求经济补偿外，还有权要求他赔偿因添附所造成的损失。

第四，善意取得。这是指受让人以所有权转移为目的，善意、对价受让且占有该财产，即使出让人无转移所有权的权利，受让人仍可取得该财产的所有权。继受取得所有权以原所有人行使处分权为前提，如果对某项财产的处分属于由占有人进行的无权处分，受让人通常不能取得所有权，但是若受让人在取得财产时出于善意，则受让人依法取得该项财产的所有权，原所有人只能请求占有人赔偿损失，而不得要求受让人返还该项财产。

根据《物权法》第 106 条的规定，善意取得的构成要件包括：

其一，受让人须是善意的，即受让人不知道也不应当知道出让人是无权处分人。如果明知出让人是无权处分人而仍与之交易的，不构成善意取得。

其二，受让人必须支付了合理的价款。受让人须通过有偿交换取得该财产。受让人必须付出一定的对价而获得该物，如果受让人是无偿取得该项财产，则不能构成善意取得。例如，无权处分人将自己占有的财产赠与第三人，则该第三人即使是善意的，也不能依善意取得制度而获得该物的所有权。

其三，受让人已经占有了该财产。即转让的财产应当登记的已经登记，不需要登记的已经交付给了受让人。善意取得既可适用于动产，也可适用于不动产。不动产的转让以办理登记为物权变动的标志，如果没有完成登记，则受让人不能主张善意取得。例如，受让人出于善意，从无权处分人手中购买了房屋并进行了过户登记，受让人可以根据善意取得制度取得房屋的所有权，但是如果未完成登记，则受让人不得主张善意取得。动产的转让以交付作为基本标志，动产的交付已经完成意味着受让人获得了该动产的所有权。善意取得制度下，转让的动产必须是国家法律允许自由流通的财产。禁止或限制流通物不适用善意取得制度，例如，枪支弹药、黄金、麻醉品等。货币和不记名证券是一种特殊的动产，谁持有谁就成为其权利主体，因此适用善意取得制度。

以上三项条件，必须同时具备，否则不构成善意取得。

第五，发现埋藏物和隐藏物。埋藏物和隐藏物是指埋藏或隐藏于他物之中，其所有权归属不明的动产。根据我国《民法总则》的规定，所有权人不明的埋藏物和隐藏物归国家所有。在该物上缴国家以后，接收单位应当对上缴的单位或者个人给予奖励。

第六，拾得遗失物。这是指发现他人不慎丧失占有的动产而予以占有的法律事实。遗失物是指他人不慎丢失的动产。遗失物并不是无主物，也不是所有人抛弃的或因为他人的侵害而丢失的物。根据我国《民法总则》的规定，拾得遗失物应当归还失主，拾得人不能取得遗失物的所有权。同样，拾得漂流物或失散的饲养动物，也应归还失主。

第七，国有化和没收。这是指国家根据法律、法规的强行性规定，采取强制措施将一定的财产收归国有的法律事实。例如，国家根据法律、法规采取革命措施或强制手段，剥夺官僚资本、反革命分子或违法犯罪分子的财产归国家所有。

继受取得

继受取得，又称传来取得，是指通过一定的法律行为或基于法定的事实从原所有人处取得所有权。这种取得方式须以原所有人对该项财产的所有权作为前提条件。

根据法律的规定，所有权继受取得的原因主要包括：

第一，因一定的法律行为而取得所有权。

法律行为具体包括两种：一是买卖合同，民事主体双方达成协议，出卖人一方将出卖财产交给买受人一方所有，买受人接受此项财产并支付价款。通过买卖，由买受人取得了原属于出卖人的所有权。二是赠与和互易，赠与人自愿将其财产无偿转移给受赠人，一方以金钱之外的某种财产与他方的财产相互交换，也可导致所有权的移转。

第二，因法律行为以外的事实而取得所有权。

例如继承遗产，继承人按照法律的直接规定或者合法有效遗嘱的指定，取得被继承人死亡时遗留的个人合法财产。再如接受遗赠，自然人、集体组织或者国家作为受遗赠人，按照被继承人生前所立的合法有效遗赠的指定，取得遗赠的财产。

第三，因其他合法原因取得所有权。如合作经济组织的成员通过合股集资的方式形成新的所有权形式。

第四节 所有权的变更与消灭

根据物权法定的基本原则，所有权的变动有着严格的法定原则、条件和程序。只有依法进行的所有权变动行为方可产生所有权变动的法律后果。社会财富在资源有效配置中增加，这就离不开所有权的变动。由于所有权的变动在微观上引起当事人财产利益的变更，在宏观上引起社会经济秩序的变化，因此权利变动的情况一般都必须予以公示。所有权的变动主要包括两个方面：一是所有权的变更；二是所有权的消灭。

■ 所有权的变更

所有权的变更，是指所有权的权利主体、内容和客体发生改变的情形。

所有权何时从原所有人手中转移到新的所有人手中，直接关系到新旧权利主体的合法权益和所有权关系的稳定，因此法律对所有权的移转做了相应的规定。根据公示方法的不同，所有权的变更主要包括以下两种情况：

第一，动产所有权依交付而移转。即按照合同或者其他合法方式取得动产的，该动产所有权从交付时起移转。例如，A 公司向 B 公司购买 1 000 吨水泥，水泥的所有权应在 B 公司将这 1 000 吨水泥交付给 A 公司时起转移。

第二，不动产所有权的移转则必须经过登记或办理一定的法律手续。即不动产所有权的移转非经登记，不能发生法律效力。例如，甲向乙购买一栋房屋，双方均已按合同的约定相互履行付款、交房的义务，但此房屋的所有权只能自双方办理完房屋产权变更登记之日起方才移转给甲。

当然，在通过合同变更所有权时，所有权的移转可以由双方当事人约定，但是这种约定不得违反法律的强行性规定。

■ 所有权的消灭

所有权的消灭，是指因一定的法律行为或法律事实而使所有权人丧失物的所有权。

所有权的消灭分为以下两种情形：

第一，所有权的绝对消灭。这是指所有权的标的因一定的法律事实或自然原因而不复存在。如生活消费、生产消耗或自然灾害等原因导致财产的毁灭。在所有权绝对消灭的情况下，由于财产已不存在，任何民事主体便都不能拥有对该财产的所有权。

第二，所有权的相对消灭。这是指因一定的法律行为或法律事实的发生而导致原所有权人丧失所有权。在此种情况下，所有权只是发生相对消灭的后果，一方丧失了所有权，但同时另一方则取得了对该项财产的所有权。引起所有权相对消灭的原因主要有：

(1) 所有权被抛弃。这是指所有权人在法律规定的范围内自愿放弃自己对某项财产的所有权。例如，公民丢弃某项财物，放弃继承的财产等，从而导致其不再享有对被弃财产的所有权。

(2) 所有权被依法转让。这是指所有权人通过法律行为处分其财产，自愿将其享有的所有权转让给他人。

(3) 所有权的主体资格丧失。这是指因所有权人民事主体资格的丧失，导致其享有的所有权的消灭。如作为所有人的公民死亡，法人或其他经济组织被解散或撤销。

(4) 所有权因国家采取强制性措施而消灭。这是指国家依照法律规定，为了社会公共利益的需要，采用依法征收或国有化等措施，有偿或无偿地迫使所有权人转移其享有的所有权。如财产被依法没收或征收。

第五节　建筑物区分所有权

随着我国市场经济的不断发展，城市中各种公寓商品房建设掀起一股热潮，随之而来的高层公寓商品房产权纠纷也日益增多。随着住房制度的改革和高层建筑的大量出现，住宅小区越来越多。业主的建筑物区分所有权已经成为私人不动产物权中的重要权利。在物权制度上，建构一套合理的建筑物区分所有权体系，明确同一建筑物的专有部分和共有部分的法律关系，对保障和促进共同居住群体的正常生活具有重大的意义。因此，我国《物权法》对业主的建筑物区分所有权设专章做了详细的规定。

一、建筑物区分所有权的概念和特征

建筑物区分所有权制度在法国的法上称为“住宅分层所有权”，在德国的法上称为“住宅所有权”，在英美的法上称为“公寓所有权”，在日本则称为“区分所有权”。我国《物权法》采纳了“建筑物区分所有权”的概念。

建筑物区分所有权，是指根据使用功能，将一栋建筑物在结构上区分为由各个所有人独自使用的专有部分和由多个所有人共同使用的共有部分，每一所有人享有对其专有部分的专有权与对共有部分的共有权的结合。

《物权法》第70条规定：业主对建筑物内的住宅、经营性用房等专有部分享有所有权，对专有部分以外的共有部分享有共有和共同管理的权利。根据这一规定，业主的建筑物区分所有权包括对专有部分的所有权、对建筑区划内的共有部分享有的共有权和共同管理的权利。

建筑物区分所有权的客体也就是指建筑物区分所有权的标的。建筑物区分所有权是由专有权和共有权两方面构成的，因此权利的客体也包括两个方面，即专有部分和共有部分。专有部分主要是指根据建筑物的结构和功能而分割出来的具有独立建筑构造和独立使用功能的部分。专有部分是通过一定方式对建筑物加以区分而分割出来的可以由特定主体独立使用的部分房屋。共有部分是指建筑物的共用部分和附属设施等不具有独立使用功能的建筑部分。共有部分包括共用部分及附属物、共用设施等，它们都是区分所有权的客体。根据《物权法》的规定，建筑区划内的道路，属于业主共有，但属于城镇公共道路的除外。建筑区划内的绿地，属于业主共有，但属于城镇公共绿地或者明示属于个人的除外。建筑区划内的其他公共场所、公用设施和物业服务用房，属于业主共有。占用业主共有的道路或者其他场地用于停放汽车的车位，属于业主共有。

在区分所有情况下，专有部分经分割后方可成为建筑物区分所有权的客体，它必须具备以下条件：

第一，具有独立的建筑结构。这是指专有部分必须具有建筑构造上的独立性。构造上的独立性又称为“物理上的独立性”，各个部分在建筑物的构造上可以被区分开，可与建筑物其他部分完全隔离，也只有这样才能客观地划分不同部分并为各个所有人独立支配。如一排房屋以墙壁间隔成户。在法律上要求构成上的独立性的原因在于，一方面，由于区分所有是要将建筑物分割为不同部分而为不同所有者单独所有，因此单独所有权的支配权效力所及的客体范围必须明确，要明确划分范围就必须以墙壁、楼地板、大门等作间隔和区分标志。另一方面，只有在客体范围十分明确的情况下，才能确定权利范围，同时准确地判断他人的行为是否构成对某一专有权的损害，如果各个权利的客体都不能区分开，也就很难判定某人的权利是否受到侵害。

第二，具有独立的使用功能。这是指专有部分必须具有使用上的独立性。建筑物被区分为各个部分以后，每一部分都可以被独立地使用或具有独立的经济效用，无须借助其他部分辅助即可利用，区分的部分的使用人可以独立地进出和使用该部分。假如区分为各个房间以后，该房间并无独立的出入门户，必须利用相邻的出入单位门户才能出入，则该房间并不具有使用上的独立性，从而不能成为区分所有的客体。

第三，通过登记后，具有法律上的独立性。这是指通过登记予以公示并表现出来的法律上的独立性。构造上和使用上的独立性，是经济上的独立性，只有通过登记才能使被分割的各个部分在法律上独立，才能使其成为各个所有权的客体。如果被分割的各个部分登记为各个主体所有，则建筑物作为整体不能再作为一个独立物存在。通过登记表现出来的法律上的独立性，是以构造上和使用上的独立性为基础的，如果构造上或使用上的独立性不复存在，则法律上的独立性也难以存在。例如原被区分所有的两部分同属于一人，间隔除去后，两部分合二为一，则各部分失去其构造上的独立性或使用上的独立性，应解释为一个所有权。

■ 建筑物区分所有权的内容

建筑物区分所有权的内容包括两个方面：

第一，建筑物各区分所有人的专有权。

《物权法》第 71 条规定：业主对其建筑物专有部分享有占有、使用、收益和处分的权利。业主行使权利不得危及建筑物的安全，不得损害其他业主的合法权益。根据这一规定，业主对建筑物内属于自己所有的住宅、经营性用房等专有部分可以直接占有、使用，实现居住或者营业的目的，也可以依法出租，获取收益，还可以出借或者在自己的专有部分上依法设定负担，例如在自己的房屋上设定抵押等。

专有部分是在将建筑物分割为各个不同部分的基础上形成的，是各个区分所有人所单独享有的所有权的客体，这种单独所有权在进行登记以后，与普通的单独所有权并无本质区分，具有与普通的单独所有权相同的法律效力，权利人可以行使完全的占有、使用、收益和处分的权利。

业主的专有部分是建筑物的重要组成部分，但与共有部分不可分离。由于这种专有部分和共有部分的一体性，业主对专有部分行使所有权应受到一定限制。因此《物权法》规定，业主行使权利不得危及建筑物的安全，不得损害其他业主的合法权益。例如，业主对其专有部分进行装修时，不得拆除建筑物的承重墙，危及建筑物的安全。另外，《物权法》第 77 条规定：业主不得违反法律、法规以及管理规约，将住宅改变为经营性用房。业主将住宅改变为经营性用房的，除遵守法律、法规以及管理规约外，应当经有利害关系的业主同意。

第二，建筑物区分所有人的共有权。

这是指全体共有人对建筑物的专有部分之外的其他部分享有的权利。共有部分是区分所有人所拥有的单独所有部分以外的建筑物其他部分，其范围主要包括建筑物的基本构造部分（如支柱、屋顶、外墙或地下室等），建筑物的共用部分及附属物（如楼梯、消防设备、走廊、水塔、自来水管等），共有人对共有部分享有的权利即共有权。这种共有权具有以下法律特征：

（1）这种共有权与专有权密不可分。

共有部分的存在是专有部分得以存在的基础，也是各专有人满足其生活需要所必不可少的。

从权利角度看，共有权与专有权密切联系并且是依附于专有权的。因为在区分所有权情况下，区分所有人取得专有部分所有权，自然就应取得共有部分所有权，而转让专有权自然导致共有权的转让。专有权的大小也常常决定专有权人承担修缮共有财产的义务范围，任何买受人购买房产，一旦取得专有部分的所有权，则自然取得共有部分所有权。

（2）这种共有权是法定的权利，无须当事人的约定。

共有人对共有部分的权利是依据法律规定产生的，无论当事人之间是否有约定，共有权都存在。共有部分的范围以及权利和义务的内容，在当事人之间不存在特别约定的情况下，应当依据法律和法规的规定。此外，为维护共有部分的安全与完整以及全体住户对共有物的利用，法律一般禁止区分所有人请求实际分割共有部分。但是区分所有人对共有部分所享有的权利是法定权利，并不排斥共有人基于约定产生约定共有，例如某些区分所有人将不设定专有权的部分设定共有权；同时也不排除各区分所有人通过约定而规定共有物的使用方法（如规定是否允许他人在建筑物之上设置广告牌等），一旦区分所有人做出了合法的特别约定，则此种约定应优先于法律规定而适用。

（3）这种共有权是为了共有人的共同利益而设定的，由共有人共同行使。

《物权法》第72条第1款规定：业主对建筑物专有部分以外的共有部分，享有权利，承担义务；不得以放弃权利为由不履行义务。各区分所有人对共有部分享有的共有权既可以是按份共有，也可以是共同共有。对区分所有共有部分的性质不应一概而论，而应根据具体的使用情况来确定。如果共有财产是各区分所有人共同使用的财产，不能具体将哪一部分的财产确定为某人使用，也不能按照一定的份额确定使用范围，则只能认为该财产为共同共有的财产。例如共有楼梯、共用的设备和附属建筑均应共同使用，这些财产显然应为共同共有的财产。但是如果能够将某些共有财产确定为某人使用，或按照一定的份额确定使用范围（如隔墙、为某些层专用的楼梯、房屋共有部位必要的装饰等），可认为是按份共有的财产。此外，如果当事人就共有财产特别约定应按照一定的份额使用、收益并承担修缮等义务，应认为该财产为按份共有的财产。对共同共有的财产，各区分所有人应不分份额地共同合理地使用，而对按份共有的财产，则各区分所有人应按照确定的份额使用、收益。任何区分所有人超越权利范围而使用，侵害他方权益，应停止侵害并赔偿损失。

在共用部分中，某些为全体区分所有人在生活中必须使用的共有财产，如公共楼梯、公共走廊、大门等，由全体区分所有人共同享有占有、使用、收益和处分的权利，但是，如何行使这些权利还需要依据《物权法》及相关法律法规和建筑区划管理规约的规定。业主不仅对这些共有部分享有共有的权利，还享有共同管理的权利，有权对共有部分与共用设备设施的使用、收益、维护等事项行使管理的权利，同时对共有部分负有相应的义务。业主不得以放弃权利为由不履行义务。例如，业主不得以不使用电梯为由，不交纳电梯维修费用。

业主对共有部分享有的共有和共同管理的权利随着业主对专有部分所有权的转让而一并转让。

本章小结

本章的内容包括：所有权的概念和法律特征；所有权的内容；所有权的取得、变更和消灭；建筑物区分所有权的概念、特征和内容。

关键概念

所有权　　孳息　　原始取得　　添附　　善意取得　　继受取得
建筑物区分所有权

思考题

1. 简述所有权的法律特征和具体权能。
2. 所有权有哪些取得方式?
3. 简述所有权变更和消灭的情形。
4. 试述建筑物区分所有权的基本内容。

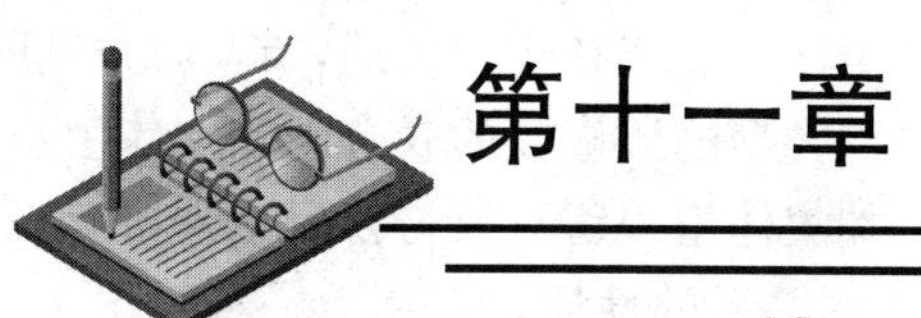

第十一章 共 有

导 学

通过本章的学习，理解共有的概念和法律特征，把握共同共有的本质和共同共有人的权利与义务，掌握按份共有的概念和按份共有人的权利与义务。要求掌握共有的基本原理，区分共同共有与按份共有两种制度的不同法律规则。

第一节 共有的概念和法律特征

以所有权主体的单数或者复数为标准，财产的所有形式可以分为单独所有和共有。单独所有，是指财产所有权的主体是单一的，即一个人单独享有对某项财产的所有权。共有，是指当所有权主体为两个或者两个以上的人时的财产所有形式。财产共有是社会经济生活中大量存在的财产形式。近年来，我国在广泛发展市场经济的过程中，公民之间、公民与法人之间的财产共有关系得到了发展，各种共同经营体大量产生。在全民所有制企业实行股份制的过程中，共有财产发展也很快，并显示出重要作用。为此，需要从法律上确认和保护财产共有权，正确解决共有人之间的权利义务关系，从而促进经济体制改革的深入进行。还要看到，在我国，家庭既是消费单位，往往还是生产经营单位，家庭共有财产关系和夫妻共有财产关系涉及千家万户的生活和生产经营活动。以法律形式确认这些财产关系，对于建立社会主义的新型家庭关系，促进家庭的和睦团结，发展个体、私人经营和农村家庭承包经营，是十分必要的。

一 共有的概念

共有是指多个权利主体对一物共同享有所有权。例如，两人共有一间房屋，三人共有一台机器。两个或两个以上的所有权主体称为共有人，共同拥有的标的即共有的客体，称为共有财产或共有物。各共有人之间因财产共有形成的权利义务关系，称为共有关系，这种特殊的所有权称为共有权。

根据“一物一权”的基本物权原则，共有权是单独的物权，并非在一项财产上的两个或两个以上所有权。共有是多个权利主体基于共同的生活、生产和经营目的，将其财产联合在一起而产生的财产所有形式。共有既可以是同一种类型的所有权的联合，如集体组织所有权的联合；也可以是不同类型的所有权的联合，如集体组织所有权与公民个人所有权之间的联合。在前一种情况下，共有反映特定的所有制关系的性质，而在后一种情况下，共有则具有所谓“混合所有制”关系的性质。

共有与公有是两个不同的概念。“公有”一词具有双重含义：一是指社会经济制度，即公有制；二是指一种财产形式。共有可以是公有制在法律上的表现形式，也可以是个人或私人所有制在法律上的反映。就公有财产权来说，它和共有在法律性质上也是不同的，表现在：

第一，共有财产的主体是多个共有人，公有财产的主体是单一的。在我国，公有财产的主体为国家或集体组织。全民公有的财产属于国家所有，集体公有的财产则属于某一个集体组织所有。

第二，公有财产已脱离各个公有组织的成员而存在，共有财产则未脱离各共有人。公有财产已经脱离个人而存在，它既不能实际分割为个人所有，也不能由个人按照一定的份额享有财产权利。在法律上，任何个人都不能成为公有财产的权利主体。而在共有的情况下，特别是在公民个人的共有关系中，财产往往并没有脱离共有人而存在。共有财产在归属上为共有人所有，是共有人的财产。

第三，单个公民退出或加入公有组织不会对公有财产产生影响，但共有人的退出或加入则会对共有财产产生影响。

共有的法律特征

共有的法律特征包括：

第一，主体的多数性。即共有的主体不是一个而是两个或两个以上的公民或法人。但是，多数人共同所有一物，并不是说共有财产有多个所有权，在法律上，共有财产只有一个所有权，而由多人享有。

第二，客体的统一性。即共有物是特定的财产，它可以是独立物，也可以是集合物（如共同继承的遗产）。共有物在共有关系存续期间不能分割，不能由各个共有人分别对某一部分共有物享有所有权。每个共有人的权利及于整个共有财产，因此共有不是分别所有。共有人的所有权及于整个共有物。

第三，内容的共通性。即全体共有人的共同利益制约和影响着各共有人对共有物享有的权利和承担的义务。共有人对共有物按照各自的份额享有权利并承担义务，或者平等地享有权利、承担义务。每个共有人对共有物享有的占有、使用、收益和处分的权利，不受其他共有人的侵犯。在行使共有财产的权利，特别是处分共有财产时，必须由全体共有人协商，按全体共有人的意志行事。

对于共有的形式，各国民法的规定是不一样的。我国《物权法》确认了两种共有形式，即按份共有和共同共有，这是两种基本的共有形式。

第二节 共同共有

一、共同共有的概念

共同共有是指两个或两个以上的民事主体基于某种共同关系而对某项财产不分份额地共同享有权利和承担义务。《物权法》第 95 条规定：共同共有人对共有的不动产或者动产共同享有所有权。

共同共有的法律特征主要有：

第一，共同共有以一定的共同关系的存在为前提。在我国，共同共有的基本形式有三种，即夫妻共有财产、家庭共有财产和遗产分割前共有财产。

其一，夫妻共有财产。

夫妻共同财产是最常见的共同共有财产形式，我国《婚姻法》对夫妻共同财产的范围做出了明确规定。

根据我国《婚姻法》第 17 条的规定，夫妻在婚姻关系存续期间所得的下列财产，归夫妻共同所有：(1) 工资、奖金；(2) 生产、经营的收益；(3) 知识产权的收益；(4) 继承或赠与所得的财产，但遗嘱或者赠与合同中确定只归夫或妻一方的财产除外；(5) 其他应当归共同所有的财产。夫妻对共同所有的财产，有平等的处理权。所谓婚姻关系存续期间，是指从男女双方登记结婚之日起，至双方离婚或一方死亡之日止的期间。夫妻在婚姻关系存续期间，对于共有财产享有平等的占有、使用、收益和处分的权利。夫妻双方出卖、赠与属于夫妻共有的财产，应取得一致的意见。夫妻一方明知另一方处分财产而未做否定表示的，视为同意。夫妻共同财产只有在夫妻离婚，或夫妻一方死亡、遗产继承开始时，才能进行分割。

夫妻的婚前财产和依法规定属于夫或妻个人所有的财产，不是夫妻共同财产。根据我国《婚姻法》第 18 条的规定，有下列情形之一的，为夫妻一方的财产：(1) 一方的婚前财产；(2) 一方因身体受到伤害获得的医疗费、残疾人生活补助费等费用；(3) 遗嘱或赠与合同中确定只归夫或妻一方的财产；(4) 一方专用的生活用品；(5) 其他应当归一方的财产。

另外，根据我国《婚姻法》第 19 条的规定，夫妻可以约定婚姻关系存续期间所得的财产以及婚前财产归各自所有、共同所有或部分各自所有、部分共同所有。约定应当采用书面形式。没有约定或约定不明确的，适用共同共有的规定。夫妻对婚姻关系存续期间所得的财产以及婚前财产的约定，对双方具有约束力。夫妻对婚姻关系存续期间所得的财产约定归各自所有的，夫或妻一方对外所负的债务，第三人知道该约定的，以夫或妻一方所有的财产清偿。

其二，家庭共有财产。

家庭共有财产是指家庭成员在家庭共同生活关系存续期间，共同创造、共同所得的财产。例如，家庭成员交给家庭的财产，家庭成员共同受赠的财产，以及在此基础上购置和积累起来的财产等。概言之，家庭共有财产是家庭成员的共同劳动收入和所得。

家庭共有财产以维持家庭成员共同的生活或生产为目的，每个家庭成员都对其享有平等的权利。除法律另有规定或家庭成员间另有约定外，对于家庭共有财产的使用、处分或分割，应取得全体家庭成员的同意。家庭共有财产只有在家庭共同生活关系终止以后，才能进行分割。

家庭共有财产和家庭财产的概念是不同的。家庭财产是指家庭成员共同所有和各自所有的财产的总和，包括家庭成员共同所有的财产、夫妻共有财产和夫妻个人财产、成年子女个人所有的财产、其他家庭成员各自所有的财产等。家庭共有财产则不包括家庭成员各自所有的财产。

其三，遗产分割前共有财产。

公民死亡之后，其财产转为遗产，由其继承人继承。各个继承人依照《继承法》的有关规定对死者的遗产进行分割，分别继承。继承完成之后，继承人各自获得分配到自己名下的遗产的所有权。但是在遗产分割以前，还有确认各个继承人资格，遗产的清点、管理等很多复杂的工作，在此期间，所有继承人对被继承人的全部遗产享有共有的权利。我国《继承法》第 24 条规定：存有遗产的人，应当妥善保管遗产，任何人不得侵吞或者争抢。

第二，共同共有的财产不分份额。只要共同共有存在，共有人对共有的财产就不划分各人的份额。只有在共同共有关系终止以后，才能确定各共有人的份额，以分割共有财产。这是共同共有与按份共有的主要区别。

第三，各共同共有人对整个共有财产平等地享有权利和承担义务。意即各共有人对整个共有财产享有平等地占有、使用、收益和处分的权利，同时对整个共有财产平等地承担义务。由于共同共有人的权利和义务都是平等的，因此较之于按份共有，共同共有人之间具有更密切的利害关系。

共同共有人的权利和义务

共同共有人对共有财产享有平等地占有、使用、收益和处分的权利。

关于共同共有人的权利和义务，应当把握以下几点：

第一，共同共有人对共有财产平等地享有权利，平等地承担义务。

共同共有人对共有财产的收益，不是按比例分配，而是共同享用。共同共有人对共有财产共同承担义务。因对共有财产进行维护、保管、改良等所支付的费用由各共有人平均分担。各共有人因经营共同事业对外发生债务或对第三人造成损害的，由全体共有人承担连带责任。

第二，共有人对共有的不动产或者动产没有约定为按份共有或者共同共有，或者约定不明确的，除共有人具有家庭关系等外，视为按份共有。

共同共有是共有人对全部财产不分份额地享受权利和承担义务，共有人只有在共有关系消灭时才能协商确定各自的份额。当共有人对共有的财产约定不明确时，如果推定为共同共有，共有人对共有财产的份额还是不明确的。因此《物权法》规定，在共有关系不明时，推定为按份共有。

第三，对共同共有财产的处分，一般须经全体共有人的同意。部分共同共有人擅自处分财产的行为无效。

对共有财产的处分，一般须征得全体共有人的同意，但共有人之间另有约定的除外。根据《最高人民法院民通意见》第 89 条的规定，在共同共有关系存续期间，部分共有人擅自处分共有财产的，一般认定无效。但第三人善意、有偿取得该财产的，应当维护第三人的合法权益，对其他共有人的损失，由擅自处分共有财产的人赔偿。根据法律规定或依据共有人之间的协议，可以由某个共有人代表或代理全体共有人处分共有财产。无权代表或代理的共有人擅自处分共有财产的，如果其他共有人明知而不提出异议，视为其同意。

第四，共有财产在共有关系存续期间，各共同共有人一般无权要求分割共有财产，只有在共有的基础丧失或者有重大理由需要分割时可以请求分割。

在共有关系存续期间，各共有人对共有财产没有明确的份额，无论是在权利的享有还是义务的承担上都无份额比例之分，通常只有在共有关系消灭时才能协商确定各自的财产份额，对共有财产予以分割。

根据《物权法》第99条的规定，共同共有人在共有的基础丧失或者有重大理由需要分割时可以请求分割共有财产。共同共有人共有的基础丧失，如夫妻财产的共同共有因为婚姻关系的解除，夫或者妻一方可以请求分割共有财产。有重大理由需要分割，如在婚姻关系存续期间，夫妻二人约定由原来的夫妻共同财产制，改变为夫妻分别财产制，在这种情况下，夫或者妻一方可以请求分割共有财产。

第五，共有关系终止时，可依协议分割共有财产；没有协议的，应按等分原则处理。

共同共有人在共有关系解体（如夫妻离婚、分家等）以后，要对共有财产进行分割。共有财产分割应遵循法律的规定，如分割夫妻共有财产，必须遵循《婚姻法》的规定。分割共有财产不得损害国家、集体和他人的利益，不能把属于国家、集体的财产，例如承包的土地、借用集体组织的工具、他人存放的财产等作为共有财产分割。如有隐匿的赃款、赃物等非法所得，必须依法追缴，也不能作为共有财产分割。此外，分割共有财产不得损害债权人和其他利害关系人的利益。分割房屋以后，要按法律规定的方式办理登记过户手续。

如果共有人之间事先订立合同，明确规定了共有财产的分割方式，则各共有人应依合同的规定分割共有财产。某个共有人将其份额转让给共有人之外的其他人，该受让人加入共有的，也应遵守合同的规定。共有人对共有财产的分割没有达成协议的，应当根据等分原则处理，并且考虑共有人对共有财产的贡献大小，适当照顾共有人生产、生活的实际需要等情况。比如，从事某种职业所必需的物品（专业书籍、生产工具等），应尽可能地分给需要的一方，差价可以作价折抵。共有人就共有财产的分割发生争议的，可以请求人民法院依法裁决。

根据《物权法》第100条的规定，对共有财产的分割可以采取三种方式：一是实物分割。对共有财产的分割，在不影响共有财产的使用价值和特定用途时，可以采取实物分割的方式。可以进行实物分割的共有物一般是可分物，如粮食、布匹等。二是变价分割。如果共有财产不能分割或者分割有损其价值，而且各共有人都不愿意接受共有物时，可以将共有物出卖，由各共有人分别取得价金。三是折价补偿。对于不可分割的共有物，共有人中的一人愿意取得共有物的，可以由该共有人取得该共有物。对于共有物的价值超出其应得份额的部分，取得共有物的共有人应对其他共有人折价补偿。

第六，共同共有财产分割后，当有人出卖其分得的财产时，如该财产与其他原共有人的财产属于一个整体或配套使用，则其他原共有人在同等条件下可以主张优先购买权。

共有财产分割以后，共有关系归于消灭。不管是就原物进行分割还是变价分割，各共有人就分得的份额取得单独的所有权。分割以后，某个共有人的财产由于分割以前的原因而为第三人追索或发现有瑕疵的，原共有人都要承担责任。因为原共有人有义务担保各人分得的共有财产不受第三人的追索，对原共有财产负有瑕疵担保责任。共有人分割所得的不动产或者动产有瑕疵的，其他共有人应当分担损失。

第三节　按份共有

一 按份共有的概念

按份共有，又称分别共有，是指两个或两个以上的共有人按照各自的份额分别对共有财产享有权利和承担义务的一种共有关系。例如，甲、乙合买一台干洗设备，甲出资 2 万元，乙出资 1 万元，甲、乙各按出资的份额对设备享有权利。

在按份共有中，各共有人对共有物享有不同的份额。各共有人的份额，又称应有份，其具体数额一般是由共有人的意志决定的。在按份共有中，每个共有人对共有财产享有的权利和承担的义务，是依据其不同的份额确定的。共有人的份额决定了其权利义务的范围。共有人对共有物持有多大的份额，就对共有物享有多大权利和承担多大义务，份额不同，对共有财产享有的权利和承担的义务也不同。

按份共有人虽然对共有物享有不同的份额，但各个共有人的权利不是局限在共有财产的某一部分上，或就某一具体部分单独享有所有权，而是各共有人的权利均及于共有财产的全部。所以按份共有与分别所有是不同的。分别所有是不同的所有人对财产的不同的具体部分单独享有所有权。当然，在许多情况下，按份共有人的份额可以产生和单个所有权一样的效力，如共有人有权要求转让其份额，但是各个份额并不是一个完整的所有权，如果各共有人分别单独享有所有权，则共有也就不复存在了。

二 按份共有人的权利和义务

按份共有人按照特定的份额分别对共有财产享有占有、使用、收益和处分的权利，同时也按各自的份额分担义务。

（一）按份共有人的权利

第一，按份共有人虽然按其份额行使权利，并享有利益，但共有财产归属于全体共有人。

按份共有人依据其份额享有并行使权利，份额越大，则使用共有财产并获取经济利益的权利就越大；反之，这种权利就越小。但是，为维护全部共有人的利益，对共有财产的使用方法应由全体共有人协商决定，不能由每个共有人随心所欲地行使对共有财产的权利。任何共有人未经其他共有人的同意，不得擅自占有和使用共有财产。每个共有人都必须在预先确定的范围内行使权利，否则，视为对其他共有人合法权益的侵犯。其他共有人可以要求侵害人赔偿损失、返还不当得利或承担其他民事责任。

第二，共有财产归属于全体共有人所有，处分共有财产或者对共有财产做重大修缮的，应当经占份额三分之二以上的按份共有人的同意，但是共有人之间另有约定的除外。

按份共有财产属于全体共有人所有，因此，对共有财产的处分，必须取得多数共有人的同意。《物权法》规定，对按份共有物的处分问题兼顾效益原则和公平原则，实行“多数决”原则。这样规定，既能体现物尽其用的原则，又能兼顾多数共有人的利益。这是现代物权法对传统民法规定的一个重要改进。过去采用全体同意的规则，已经不能适应新时代对物尽其用的要求。全体同意原则不仅容易使按份共有人之间滋生矛盾，丧失合作信心，也阻碍物之及时有效的利用。

一个或几个共有人未经三分之二以上按份共有人的同意，擅自对共有财产进行法律上的处分的，对其他共有人不产生法律效力。如果其他共有人事后追认该行为，则该处分行为有效。如果转让的受让人取得该财产时出于善意，可以按善意取得的原则处理。某个或某几个共有人未经三分之二以上按份共有人的同意，擅自对共有财产进行事实上的处分，如毁弃共有物等，应对其他共有人负侵权行为责任。

第三，按份共有人有权分出或转让其享有的共有的不动产或者动产份额。其他共有人在同等条件下享有优先购买权。

所谓分出，是指按份共有人退出共有，将自己在共有财产中的份额分割出去。在分出份额时，通常要对共有财产进行分割。所谓转让，是指共有人依法将自己在共有财产中的份额转让给他人。《物权法》第101条规定：按份共有人可以转让其享有的共有的不动产或者动产份额。其他共有人在同等条件下享有优先购买的权利。

按份共有人可以自由参加或退出共有。一般情况下，按份共有人转让其享有的共有份额，无须得到其他共有人的同意，但在转让份额时，各共有人不得侵害其他共有人的利益，并受法律的限制。如果共有是合伙形式的，则共有人退出共有和转让份额，都要受合伙合同的约束。各按份共有人转让或分出其份额，一般是不受时间限制的，只要共有关系存在，共有人就享有该项权利。但是，如果各共有人事先约定在共有关系存续期间，不得转让和分出份额，则视为各共有人自愿放弃转让或分出其份额的权利，无论哪一个共有人转让或分出其份额，都将构成对其他共有人的违约行为。按份共有人的份额具有所有权的某些效力，如按份共有人死亡以后，其份额可以作为遗产由继承人继承。

为防止某一按份共有人转让其份额造成对其他共有人的损害，《物权法》规定，其他共有人在同等条件下享有优先购买权。“同等条件下”是指其他共有人就购买该份额所给出的价格等条件与欲购买该份额的非共有人相同。例如，A、B、C、D四公司共同出资兴建一厂房，各投资25%，如果A公司欲出让其份额，B、C、D三公司均有权优先于他人购买该份额。

优先购买权是共有人相对于非共有人而言的，在共有人之间并无优先的问题，如果数个共有人均欲行使其优先购买权时，应由出卖人自行决定。

（二）按份共有人的义务

第一，按份共有人按其份额分担经营共有财产所产生的义务。

按份共有人按照各自的份额，对共有财产分享权利，同时也要按各自的份额分担义务。按份共有人享有的份额越大，其承担的因经营共有财产所产生的义务和责任也就越大；反之，则越少。

各共有人的义务，和各共有人的权利一样及于全部共有财产，每个共有人不能仅对共有财产的某一部分承担义务。例如，两人共同出资购买了两辆汽车经营运输业务，其中任何一辆被损坏或者肇事造成他人损失，各共有人都应承担损失或责任。

第二，全体按份共有人对外应当承担连带的赔偿责任。

虽然各共有人在承担义务时是以各自在共有财产中所占的份额为准，但在对外关系上，各共有人仍是一个整体，共有人之间对经营共有财产期间的债务负有连带责任。对外而言，任何一个共有人都有义务清偿全部的债务，在清偿完以后，可以向其他共有人追偿他们应当负担的部分。例如共有人应按其份额承担共有财产的管理费用、税款及保险费等。如果某个共有人支付上述费用，对超出其份额所应分担的部分，该共有人有权请求其他共有人偿还。

本章小结

本章的内容包括：共有的概念和法律特征；共同共有的概念，共同共有人的权利和义务；按份共有的概念，按份共有人的权利和义务。

关键概念

共有　　共同共有　　按份共有

思考题

1. 共有包括哪些法律特征？
2. 试分析按份共有和共同共有的区别。

第十二章 相邻关系

导 学

通过本章的学习，理解相邻关系的本质，把握相邻关系的法律特征，掌握相邻关系的调整原则，明确处理各类相邻关系的基本原则。要求针对社会生活中相邻关系的不同情形，理解相邻关系的基本原理。

第一节 相邻关系概述

■ 相邻关系的概念

相邻关系，是指两个或两个以上相互毗邻的不动产的所有人或使用人因对不动产行使所有权或使用权时应当给予便利或接受限制而发生的权利、义务关系。

不动产的所有人或使用人又称相邻人；相邻方享有的要求他人给予方便的权利又称相邻权。相邻权是为调节在行使不动产所有权中的权益冲突而产生的一种权利。根据法律的规定，不动产所有人或使用人行使权利，应给予相邻的不动产所有人或使用人以行使权利的必要便利。这样，一方因提供给对方必要的便利，而使自己的权利受到了限制；另一方则因为依法取得了必要的便利，而使自己的权利得到了延伸。例如，甲、乙的房屋毗邻，甲出入自己的房屋必须经过乙的房屋前的空地，而乙的房屋排水沟则必须从甲的檐下通过，这样甲、乙要行使自己的房屋使用权，都需要对方提供相应的便利，这样甲、乙之间就产生了相邻关系。

■ 相邻关系的法律特征

相邻关系具有以下法律特征：

第一，相邻关系的主体是相互毗邻的不动产的所有权人或使用权人。

相邻关系的主体必须是两个或两个以上的人。因为一人不可能构成相邻。相邻关系可以在公民之间，也可以在法人之间，或在公民与法人之间发生。相邻关系是因为主体所有或使用的不动产相邻而发生的，例如甲、乙的两块承包地相邻，甲要行使对自己土地的使用权，必须经过乙使用的土地，这样甲、乙之间就产生了相邻关系。在许多情况下，相邻关系的发生也与自然环境有关。例如，甲、乙两个村处于一条河流的上下两个相连的地段，就自然构成了甲、乙两村互相利用水流灌溉和水力资源的相邻关系问题。

第二，相邻关系的客体是行使不动产权利时所体现的利益。

相邻各方在行使权利时，既要实现自己的合法利益，又要为邻人提供方便，尊重他人的合法权益。所以，相邻关系的客体是行使不动产的所有权或使用权时所体现的财产利益和其他利益。

第三，相邻关系的内容主要是一方有权要求另一方给予必要的便利，而另一方的权利因此受到限制。

相邻关系因种类不同而具有不同的内容。但基本上是相邻一方有权要求他方提供必要的便利，他方应给予必要的方便。所谓必要的便利，是指非从相邻方得到，就不能正常行使其所有权或使用权的便利。当事人在行使相邻权时，应尽量避免和减少给对方造成损失，不得滥用其权利。

■ 相邻关系的调整原则

在生活中，公民和法人都不可避免地接触到各种相邻关系，相邻关系具有的普遍性和复杂多样性，使得生活中的相邻关系纠纷层出不穷，严重的甚至会造成人身伤亡或财产的重大损失，影响社会生产和生活秩序的稳定。所以，正确处理好相邻关系，有利于保护相邻人的合法权益，也有利于巩固国家、集体和个人之间的和谐关系，减少不必要的损失和浪费，稳定社会经济秩序。我国《物权法》第 84 条规定：不动产的相邻权利人应当按照有利生产、方便生活、团结互助、公平合理的原则，正确处理相邻关系。根据这一规定，调整相邻关系时应采取以下原则：

第一，有利生产、方便生活。

处理因相邻关系发生的纠纷时，应遵循有利生产、方便生活的原则，尽量有效合理地使用财产，方便相邻各方的生活。例如在处理用水、排水纠纷时，就应当根据方便相邻各方的经营和生产发展的原则，来确定用水和排水关系。

第二，团结互助、公平合理。

相邻各方在行使所有权或使用权时，要互相协作、团结和睦，兼顾相邻人的利益。不顾相邻人的利益，损人利己的行为，是与相邻关系所应遵循的原则相悖的。处理相邻关系纠纷时，要兼顾各方的利益，公平合理地妥善解决纠纷。相邻各方对土地、山林、草原等自然资源的使用权和所有权发生争议，或因环境污染发生争议以后，必须本着互谅互让、有利团结的精神协商解决；协商不成的，由有关国家机关和人民法院解决。相邻关系的种类很多，法律、法规对处理相邻关系有规定的，依照其规定；法律、法规没有规定的，则可以按照当地习惯处理。人民法院在处理相邻关系纠纷时，应该从实际出发，进行深入的调查研究，兼顾各方面的利益，公平合理地处理纠纷。在争议解决以前，争议各方不得荒废土地、山林等自然资源，不得破坏有关设施，更不得聚众闹事，强占或毁坏财产。对故意闹事造成财产损害和人身伤害的，除追究当事人的民事责任外，还应追究其行政责任，甚至刑事责任。

第二节　相邻关系制度的基本原则

相邻关系具有普遍性，产生相邻关系的原因有很多，随着社会经济生活的发展，其范围还在不断地扩大，这也决定了相邻关系种类的复杂和多样性。在我国，比较常见的相邻关系主要有相邻土地通行和利用关系、建筑物内通行关系、相邻用水与排水关系、开挖土地的相邻关系、种植林木的相邻关系、相邻房屋滴水关系和相邻采光与通风关系等。

一、相邻土地通行和利用关系

根据我国《物权法》的有关规定，调整土地通行和利用的相邻关系时应遵循以下基本法律要求：

第一，相邻一方因生产和生活的需要必须临时或长期通过另一方使用的土地的，另一方应当提供必要的便利。通行一方因此而给另一方造成损失的，通行一方应当给予另一方适当的补偿。

第二，相邻一方因修建施工、架设电线、埋设管道等需要临时占用他方使用的土地的，他方应当提供必要的便利。占用一方如果未按照双方约定的范围、用途和期限使用的，应当责令其及时清理现场，排除妨碍，恢复原状，赔偿损失。

二、建筑物内通行关系

根据我国有关司法解释的规定，调整建筑物内通行的相邻关系时应遵循以下基本法律要求：

第一，对于一方所有的或者使用的建筑物范围内历史形成的必要通道，所有权人或者使用权人不得堵塞。

第二，因堵塞而影响他人生产、生活，他人要求排除妨碍或者恢复原状的，应当予以支持。但如果有条件另开通道的，也可以另开通道。

三、相邻用水与排水关系

根据我国《物权法》和《民法总则》的规定及有关司法解释的规定，调整用水与排水的相邻关系时应遵循以下基本法律要求：

第一，相邻多方共临同一水源时，各方均可以自由使用水源，但不得影响相邻方的用水。根据《物权法》的规定，对自然流水的利用，应当在不动产的相邻权利人之间合理分配。对自然流水的排放，应当尊重自然流向。土地使用人不得滥钻井眼、挖掘地下水，使邻人的生活水源减少，甚至使近邻的井泉干涸。

对相邻各方都有权利用的自然流水，应当尊重自然形成的流向。任何土地使用人都不得为自身利益而改变水路、截阻水流。在水流有余时，低地段的相邻人不得擅自筑坝堵截，使水倒流，影响高地的排水；水源不足时，高地段的相邻人不得独自控制水源，断绝低地段相邻人的用水。放水一般应按照“由近到远、由高至低”的原则依次灌溉、使用。相邻一方擅自堵截、改变水路或者独占自然用水，影响他方正常生产、生活的，他方有权请求排除妨碍，因此造成他方损失的，截水一方应负赔偿责任。

第二，相邻一方必须使用另一方的土地排水的，另一方应当予以准许，但排水一方应当在必要限度内使用并采取适当的保护措施。如果因此而给另一方造成损失的，受益人应当给受害人适当的补偿。

第三，相邻一方可以采取其他的合理措施排水而未采取，向他方土地排水毁损或可能毁损他方财产，他方要求致害人停止侵害、消除危险、恢复原状、赔偿损失的，人民法院应当予以支持。对于共同使用和受益的渡口、桥梁、堤坝等，相邻各方应共同承担养护、维修的义务。

开挖土地的相邻关系

相邻一方在自己的土地上挖水沟、水池、地窖、水井和地基时，应注意他方房屋、地基以及其他建筑物的安全。如果因此而影响他方建筑物的安全和正常使用的，人民法院应当分别情况，责令其消除危险、恢复原状或者赔偿损失。

相邻一方因修建施工、架设电线、埋设管道等，需要临时占用他人土地的，他人应当允许。但是施工时应选择对他人损失最小的方案，并按照双方约定的范围、用途和期限使用，施工完毕后应及时清理现场、恢复原状。因此而给他人造成损失的，施工一方应当给予他人适当补偿。

种植林木的相邻关系

相邻一方在自己的土地上种植林木的，应当注意不影响他方土地或者建筑物的正常使用。

如果一方种植的林木根枝伸延，危及另一方土地或建筑物的安全和正常使用的，应当责令林木种植人消除危险、恢复原状或者赔偿损失。

相邻房屋滴水关系

相邻一方建造房屋应尽量避免房檐滴水对他方造成的损害。

因相邻房屋滴水而发生的纠纷，对有过错一方造成他人损害的，人民法院应当责令过错方排除妨碍或者赔偿损失。

相邻采光与通风关系

相邻各方建造房屋或其他建筑物，必须与邻居保持适当距离，不得妨碍邻居的通风和采光。

相邻一方违反有关规定修建建筑物，影响他方通风和采光的，受害人有权要求停止侵害、恢复原状或赔偿损失。

本章小结

本章内容包括：相邻关系的概念、法律特征和调整原则；相邻关系制度的基本原则。

关键概念

相邻关系

思考题

1. 相邻关系具有哪些法律特征？
2. 处理相邻关系应遵循什么原则？
3. 试述相邻关系的种类及内容。

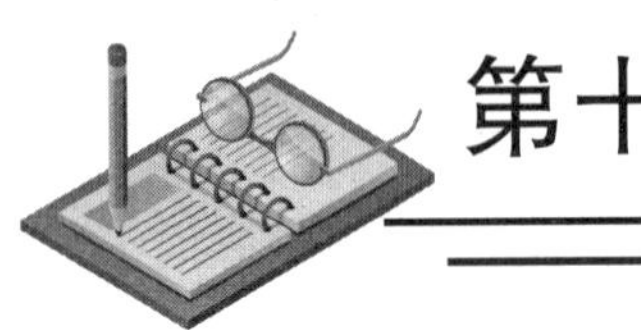

第十三章 用益物权

导　学

通过本章的学习，认识和理解用益物权的本质，掌握各类用益物权的内容和不同法律规则。要求结合不同用益物权的调整需要，深刻理解用益物权的基本原理。

第一节　用益物权概述

从设立目的的角度可将他物权进一步分为用益物权和担保物权。用益物权，即指以标的物的使用和收益为目的而设立的他物权。

与所有权和担保物权相比，用益物权具有以下法律特征：

第一，用益物权是具有独立性的他物权。所谓独立性，是指用益物权不以用益物权人对所有人享有其他财产权利为其存在的前提。用益物权的独立性表明用益物权不具有担保物权所具有的从属性和不可分性。用益物权是一种从所有权权能中分离出来的、单独存在于他人所有物之上的权利，它的存在不需具备前提条件。而担保物权虽然也源于所有权，但其存在须以担保权人对担保物所有人或其关系人享有债权为前提。也就是说，用益物权不以他权利的成立为前提，不随他权利的让与而让与，亦不随他权利的消灭而消灭；同时，用益物发生变化，如部分灭失或价值减少等，用益物权都将随之发生变化。

第二，用益物权是限制物权。所有权人对物具有完全的支配力，用益物权则是在一定范围内使用收益，它既要受法律的一般限制，还要受所有权人对其内容范围的限制，用益物权不具有所有权那样彻底支配的性质。但与此同时，用益物权的设定也从本质上约束了所有人行使所有权的权能，使所有人不能随时发挥自己对物的占有、使用、收益以至处分的作用，而担保物权则不能全部体现这一限制功能。

第三，用益物权具有使用的目的。设置用益物权的目的在于对他人之物的使用和收益，以取得物的使用价值。而担保物权则在乎物的交换价值，目的是通过物之价值担保债权得以清偿。由于用益物权的目的在于对物的使用和收益，因而，它不可能具有担保物权的变价受偿性和物上代位性等属性。就是说，用益物权不涉及以用益物的价值清偿债务问题，也不涉及用益物灭失后以其他物代替的问题。用益物权的用益性因用益物权的种类不同而存在着范围和程度上的差别。

第四，用益物权的标的物主要是不动产。有些国家法律甚至直接规定，在动产上不能设定用益物权，只能设定债权关系，如租赁权。而所有权和担保物权则是发生在动产与不动产两类标的物之上的权利。此外，用益物权行使的前提是已占有该不动产，而所有权与担保物权的行使无须直接占有其标的物。

在我国，用益物权的种类主要包括：土地承包经营权、建设用地使用权、宅基地使用权、海域使用权、地役权、国家集体自然资源使用权、典权、探矿权、采矿权、取水权、渔业养殖权等。

第二节　建设用地使用权

根据我国《土地管理法》的规定，土地分为农用地、建设用地和未利用地。“土地使用权”是一个广义的概念，包括了农用地使用权、建设用地使用权等。我国《物权法》未采纳“土地使用权”这一传统的民法理论概念，因为“土地使用权”的概念实际上包括了土地承包经营权、建设用地使用权和宅基地使用权，而这三种权利在设立、利用等多方面都具有很大的区别，因此《物权法》没有专门的“国有土地使用权”概念，而是根据土地的用途，将土地使用权分解为土地承包经营权、建设用地使用权和宅基地使用权，并分别做出了规定。本书采取《物权法》这一体例，对三种权利分别加以介绍，本节介绍建设用地使用权。

建设用地使用权的概念

建设用地使用权是我国一项重要的用益物权，是指建设用地使用权人对国家所有的土地享有的占有、使用和收益的权利。《物权法》第135条规定：建设用地使用权人依法对国家所有的土地享有占有、使用和收益的权利，有权利用该土地建造建筑物、构筑物及其附属设施。

建设用地使用权具有以下法律特征：

第一，建设用地使用权的主体是符合法定条件的公民和法人。根据我国的法律规定，公民或法人要获得国家所有土地的使用权，就必须符合法律规定的条件，并按法律规定的程序到有关机关办理相应的手续，在使用过程中，使用权人对国有土地负有管理、保护和合理利用的义务。

第二，建设用地使用权的客体为全民所有的土地，包括城市和农村的属于国有的土地、草原、滩涂、荒地、山岭和林地等，但不包括上述土地之上的市政公用设施以及地下的埋藏物或自然资源。国有土地的范围是根据我国宪法的规定确定的。建设用地具体包括住宅用地、公共设施用地、工矿用地、交通水利设施用地、旅游用地、军事设施用地等。

第三，建设用地使用权是从国家土地所有权中分离出来的用益物权。国家是国有土地的所有权人，其行使权利的代表即政府，政府作为行政机构，在利用和开发土地上存在诸多的弊端，因此国家可以将土地所有权的部分权能按照所有权与使用权分离的原则，移转给一定的公民或法人使用，这样才能使政府实现政企分开，同时也能使土地发挥出最大的经济效益。

第四，建设用地使用权具有排他性，是一项独立的物权。建设用地使用权是一项法定的独立物权，国家保证建设用地使用权人依法行使其权利，同时也保障其权利不受他人的非法侵害。依照法定程序取得的建设用地使用权是受法律保护的，任何人都不得非法干涉和侵害。

■ 建设用地使用权的取得

根据《物权法》的规定，设立建设用地使用权，可以采取出让或者划拨等方式。

第一，建设用地使用权的有偿出让。这种有偿出让的方式是建设用地使用权出让的主要方式，它是指国家作为出让人将一定期限的建设用地使用权出让给建设用地使用权人使用，建设用地使用权人向出让人支付一定的出让金的制度。具体的出让方式主要包括拍卖、招标和协议等，其中招标和拍卖都属于公开竞价的方式，协议的方式由于未引入竞争机制，相对缺乏公开性，因此《土地管理法》规定，采取协议方式出让土地使用权的出让金不得低于按照国家规定所确定的最低价，且应签订书面合同，并办理登记。建设用地使用权自登记时设立。

第二，建设用地使用权的划拨。这是指县级以上人民政府依法批准，在建设用地使用权人缴纳补偿、安置等费用后将该土地交付其使用，或者将建设用地使用权无偿交付给建设用地使用权人的行为。划拨土地没有期限的限制。

为了切实加强土地调控，制止违法违规用地行为，《物权法》明确规定：严格限制以划拨方式设立建设用地使用权。采取划拨方式的，应当遵守法律、行政法规关于土地用途的规定。

■ 建设用地使用权的内容

根据我国有关法律法规的规定，建设用地使用权的内容主要包括权利和义务两个方面。

建设用地使用权人的权利主要有：

第一，占有权。这是指建设用地使用权人享有对依法取得的土地的直接支配和控制权。

第二，使用权。这是指建设用地使用权人可以依照土地的用途和性质对国有土地进行开发、利用和经营，也可以在符合法定条件的前提下将建设用地使用权转让、互换、出资、赠与或抵押，法律另有规定的除外。

第三，收益权。这是指土地使用权人可以通过对土地的直接利用或将土地使用权转让、出租或抵押获得一定的利益。

建设用地使用权人的义务主要有：

第一，遵守国家法律、法规的规定从事土地的开发、利用和经营活动，并不得损害社会公共利益。

第二，依照法律规定的程序行使建设用地使用权，取得、变更、延长或终止建设用地使用权均应履行登记手续。

第三，合理有效地利用土地。

第四，按照法律的规定以及合同的约定支付出让金等费用。

第三节　土地承包经营权

土地承包经营权是一种新型的用益物权，它具有用益物权的一切法律特征，同时又具有其独特之处。在我国，土地承包经营权是一项十分重要的用益物权，它是我国农业生产的根本制度保障，是我国农村基本经济制度的法律基础。

一、土地承包经营权的概念和法律特征

土地承包经营权，是指由公民或集体组织，对国家所有或集体所有的土地从事生产活动，依照承包合同的规定而享有的占有、使用和收益的权利。土地承包经营权是公民依据承包合同所取得的对公有的土地、森林、山岭、草原、荒地、滩涂、水面等自然资源从事经营活动并从中获得收益的权利，它是我国广大农民基本生活收入的来源和保障。

土地承包经营权具有以下法律特征：

第一，承包经营合同是确认土地承包经营权的主要依据。承包经营合同规定了土地承包经营权的基本内容、存在期限、合同双方的权利义务等，是整个承包法律关系建立的基础。

第二，土地承包经营权的主体是公民或集体组织。在我国，既可以由集体组织作为整体承包经营国有的土地，也可以由家庭或公民个人承包经营国有或集体所有的土地，承包方和发包方应当订立书面的承包经营合同。

第三，土地承包经营权的客体为全民所有的土地和集体所有的土地。我国是社会主义国家，实行的是土地公有制度，不存在私有的土地，因此土地承包经营权的客体只能是全民所有的土地和集体所有的土地。

第四，土地承包经营权属于一种新型的用益物权。土地承包经营权具有一般物权所具有的优先权、追及权等效力，当土地承包经营权人的权利受到侵犯时，权利人有权要求侵害人停止侵害、排除妨碍、消除危险、返还财产、恢复原状和赔偿损失，也可以直接向人民法院提起诉讼以保护自己的权利。土地承包经营权人权利的保护方法既包括物权的方法，也包括债权的方法。

二、土地承包经营权的取得

《物权法》第 127 条第 1 款规定：土地承包经营权自土地承包经营权合同生效时设立。

所谓土地承包经营权合同，是指由土地的所有权人（发包方）与公民或集体组织（承包方）签订的规定发包方将土地交付承包方自主经营的书面合同。承包人在合同规定的期限内依照承包合同的内容而享有对土地的占有、使用和收益的权利。

根据《物权法》的规定，土地承包经营的期限根据土地性质的不同而有不同的规定。

耕地的承包期为30年；草地的承包期为30年至50年；林地的承包期为30年至70年；特殊林木的林地承包期，经国务院林业行政主管部门批准可以延长。承包期届满之后，由土地承包经营权人按照国家规定继续承包。

■ 土地承包经营权的内容

土地承包经营权的内容主要是由承包经营合同具体规定的，具体包括权利和义务两个方面。

土地承包经营权人的权利主要有：

第一，自主经营权。这是指土地承包人有权根据土地的性质和特点在合法的范围内自主地决定如何对土地进行开发、利用和经营。土地一旦发包给承包人经营，土地的所有权人就不得随意限制或干涉土地承包人的经营活动，承包人所享有的承包经营权不仅具有对抗第三人的效力，而且也可以对抗发包人。根据《物权法》的规定，承包期内发包人不得收回承包地，但是农村土地承包法等法律另有规定的除外。如果承包人的经营活动超出了合法的范围，有可能造成对土地资源的破坏，损害国家的利益，发包人有权收回土地，有关的国家机关还可对承包人依法进行处罚。

第二，收益权。这是指土地承包人通过承包活动所获得的收益，在依法上缴国家税款和集体提留之后有权自己享有。收益权使经营人可以通过自己的承包行为获得一定的经济利益，因此它是土地承包经营人承包土地的根本目的所在。但是承包经营人必须依法上缴国家税款和集体提留后，方可享有剩余的收益。

第三，转让或转包权。《物权法》第128条规定：土地承包经营权人依照农村土地承包法的规定，有权将土地承包经营权采取转包、互换、转让等方式流转。流转的期限不得超过承包期的剩余期限。未经依法批准，不得将承包地用于非农建设。承包经营权的转让是指承包人自找对象，由第三人代替自己向发包人履行承包合同的行为。承包经营权的转包则是指承包人将自己承包项目的部分或全部，以一定条件发包给第三人，第三人对承包人履行合同，承包人应就第三人的行为向发包人负责，即承包人应与第三人共同承担承包风险。

土地承包经营权人转让、互换承包经营权时，当事人要求登记的，应当向县级以上地方人民政府申请土地承包经营权的变更登记，未经登记，不得对抗善意第三人。

第四，获得补偿权。根据《物权法》的规定，承包地被征收的，土地承包经营权人有权依照相应法律规定获得相应的补偿。

土地承包经营权人的义务主要有：

第一，必须依照国家法律、法规的规定和合同的约定从事承包经营活动，不得损害国家和集体的利益。承包经营权人如果从事了非法的经营活动，损害国家和集体的利益，则不仅会丧失承包经营权，还要受到法律的制裁。

第二，必须按合同规定上缴国家税款和集体提留，履行承包义务。上缴国家税款和集体提留是土地承包经营权人的一项基本义务，国家税收和集体提留分别是国家和集体作为土地的所有权人而应当从土地上获得的利益。

第三，必须保证土地的保值和增值及可持续发展，不得进行掠夺式的开发和经营，也不得破坏自然资源和生态环境。承包人必须合理利用和开发土地，使土地保持良好的自然状态，保护国家的土地资源和生态环境。

第四，必须接受发包方的监督，并接受其必要的指导和管理。土地的发包方对承包经营人的监督必须依法进行，不得干涉土地承包经营权人的自主经营权，承包人亦应当自觉地接受发包方的合法监督，严格依照承包合同的规定履行承包义务。

第四节　宅基地使用权

宅基地使用权是直接关系到民众基本生活的一项用益物权，从民法理论角度来说，宅基地使用权属于地上权的一种，是一种不动产物权。

■ 宅基地使用权的概念和法律特征

宅基地使用权，是指公民在依法取得的宅基地上建造住宅及其附属设施，从而对此宅基地享有的占有和使用的权利。取得宅基地使用权应当符合法律规定的条件和程序，并办理相应的手续。

宅基地使用权具有以下法律特征：

第一，宅基地使用权属于一种用益物权，宅基地的所有权依然属于集体。宅基地使用权人不能因为对宅基地的占有和使用而取得该宅基地的所有权，国家和集体在必要的时候，可以依法收回宅基地的使用权。例如，因经济建设的需要，国家或集体有权依法征用或征收公民的宅基地。

第二，宅基地使用权的主体是公民，而且主要为农村集体经济组织的成员。宅基地的使用主体主要是农村集体经济组织的成员，是农民基于集体成员身份而享有的福利保障。因此，宅基地使用权问题主要发生在广大农村地区，宅基地是公民的自有住房所占用的土地，它与城市土地的商业性利用有着很大的不同，所以也有着不同的法律制度和管理方式。

第三，宅基地使用权的客体主要是集体所有的用于建造住宅及其附属设施的土地。宅基地使用权是一种带有社会福利性质的权利，是农民的安身之本，无偿取得，无偿使用。我国法律规定，不得随意改变生产用地和耕地的用途，任意扩大宅基地的面积。

第四，宅基地使用权必须遵循法定的申请程序，经过有关部门的批准后方可取得。为了防止占用耕地作为宅基地，同时保障广大农村居民的正常生活，防止出现宅基地使用权纠纷，我国规定了严格的宅基地使用权审批制度，公民必须满足法定的条件，经过有关部门的审批，并依法办理相关的手续后方可取得宅基地的使用权。

第五，宅基地使用权受国家法律的保护，非经法定程序，任何机关和个人都不得任意剥夺公民依法取得的宅基地使用权。公民依法取得宅基地使用权以后，任何单位和个人都不得非法侵害其使用权。

■ 宅基地使用权的取得

公民取得宅基地使用权，必须办理法定的手续。

《物权法》第 153 条规定：宅基地使用权的取得、行使和转让，适用土地管理法等法律和国家有关规定。

任何人不得未经准许擅自占地建造房屋，尤其不得随意占用耕地。耕地是重要的土地资源，由于我国人口众多，同时耕地有限，为保证人民的基本生存需要，国家对耕地的占用控制得非常严格。

■ 宅基地使用权的内容

宅基地使用权的内容包括权利和义务两个方面。

宅基地使用权人的权利主要有：

第一，公民有权在依法取得的宅基地上建造住宅及其附属设施或种植一定数量的林木，并可依法享有房屋和林木的所有权。

第二，公民享有对其合法取得的宅基地的长期使用权，但是国家在法定的情形下有权征用、征收公民的宅基地。

宅基地使用权人的义务主要有：

第一，公民应当按照国家规定的程序和标准使用宅基地。

第二，公民使用宅基地时应当服从国家的生产建设需要，服从国家合法的征收和征用行为。

第三，公民不得擅自转让、变相买卖宅基地或以其他的非法方式转让宅基地。

第四，公民将房屋出卖后，宅基地的使用权随房屋一起转让给新的房主，但是宅基地的所有权仍属于国家或集体所有。

第五节　地役权

地役权是一项古老的担保物权制度，自罗马法以来，大陆法系很多国家都把地役权作为一项重要的权利来加以规定，我国《物权法》对地役权设专章做出了规定。

■ 地役权的概念和法律特征

地役权是一种独立的物权，是指按照合同约定利用他人的不动产，以提高自己不动产效益的权利。需要利用他人土地才能发挥效用的土地，称为需役地；提供给他人使用的土地，称为供役地。

地役权的法律特征主要包括以下几个方面：

第一，地役权是利用他人的不动产的一种权利。相邻关系中也存在利用他人不动产的情况，但是相邻关系是对不动产的作用做最低程度的调节，而地役权则是扩大对他人不动产的利用来提高自己不动产的价值，较相邻关系而言，地役权才具有地尽其力、物尽其用、人得其需的功效。

第二，地役权是为了提高自己不动产的效益。地役权的设立，需以增加需役地的利用价值和提高其效益为前提。此种效益既包括生活上得到的便利，也包括经营上获得的效益。

第三，地役权是按照合同设立的。地役权合同是地役权人和供役地权利人之间达成的以设立地役权为目的和内容的合同。设立地役权，当事人应当采取书面形式。相邻关系是直接由法律规定的，而地役权则不能由法律强制，应采取协商的方式由当事人约定。

地役权的设立

《物权法》规定，设立地役权，当事人应当采取书面形式订立地役权合同。地役权自地役权合同生效时设立。当事人要求登记的，可以向登记机构申请地役权登记；未经登记，不得对抗善意第三人。地役权合同一般包括下列条款：（1）当事人的姓名或者名称和住所；（2）供役地和需役地的位置；（3）利用目的和方法；（4）利用期限；（5）费用及其支付方式；（6）解决争议的方法。

地役权的期限由当事人约定，但不得超过土地承包经营权、建设用地使用权等用益物权的剩余期限。地役权不得单独转让或者抵押，只能在土地承包经营权、建设用地使用权转让或者抵押时一并转让或者抵押，但合同另有约定的除外。

地役权的内容

地役权的内容包括供役地权利人的权利义务和需役地权利人的权利义务。

供役地权利人有权依照合同约定收取费用，但是同时也应当承担下列义务：

第一，允许地役权人利用其土地。供役地权利人必须按照合同的约定，向地役权人提供土地，并且容忍供役地上的负担，有时甚至还必须容忍对供役地造成的某种程度上的损害。

第二，不得妨害地役权人行使权利。地役权人为利用供役地，实现地役权的内容，在权利行使的必要范围内，有权在供役地上修建必要的附属设施或者从事某项必要的附属行为，此时供役地权利人不得妨害地役权人行使这些权利。

需役地权利人有权依照合同的约定利用他人的不动产，同时应当承担如下义务：

第一，按照合同约定的利用目的和方法利用供役地。例如，双方约定的是步行通过供役地，就不能随意使用机动车穿行。

第二，尽可能减少供役地权利人物权的限制。地役权人在利用供役地时，应当采取对供役地损害最小的方法，不要过分损害供役地权利人的利益。

第三，依照合同约定支付费用。

第六节　典　权

典权是中国特有的一项物权制度，它有着十分悠久的历史。虽然《物权法》未明文规定典权制度，但在民间典权制度依然以习惯法的形式流传，最高人民法院也有许多关于典权问题的批复、解答等司法解释，所以典权制度依然是我国一项十分重要的物权法制度。

典权的概念和法律特征

典权，是指出典人将自己所有的不动产交由典权人，典权人向其支付一定典价后对出典不动产享有的占有、使用和收益的权利。作为典权客体的不动产，称为典物。

与其他物权相比，典权具有以下法律特征：

第一，典权属于一种用益物权。典权人设立典权的目的，不在于变卖典物，而在于对典物的使用和收益，而用益物权即是以取得物的使用价值为目的的物权，因此典权应属于一种用益物权。

第二，典权人必须向出典人支付一定的典价。典价是典权人为对他人不动产的占有、使用、收益而付出的对价。典权人只有付出了对价才能占有和使用出典人的不动产。

第三，典权的客体是不动产，并且必须转移占有。在我国，典权的客体以不动产为限，不包括动产，所以典权是一种不动产物权。出典人应当将典物移转给典权人占有，这样典权人方可实现对典物的使用和收益。

第四，典权是有期限的他物权。典权人在典期内享有对出典物的占有、使用和收益的权利，典期届满以后出典人享有回赎出典财产的权利。典权虽有约定期限和未约定期限之分，但未约定期限不等于无期限。未定期限时，出典人可随时以原典价回赎典物。出典人回赎典物时，无须支付利息。但自出典后超过法定期限出典人仍未回赎的，视为绝卖，典物转为典权人所有。

典权的设立

典权制度是我国特有的法律制度，广义的典权标的既包括不动产又包括动产，狭义的典权标的仅限于不动产。我国法律只认可不动产典权，即房屋典权。

设定典权应当遵循相关的法律规定，具体来说设定典权的法律要求主要包括以下几个方面：

第一，典权的标的限于房屋而不包括土地。

我国是社会主义国家，实行的是土地公有制度，土地一律为国家或集体所有，所以土地不能成为典权的标的，公民只能将房屋作为典权的标的。

第二，典权的设定必须订立正式的书面合同。

由于典权是一种不动产物权，其设定应当以书面合同为准，不能以口头方式设定典权。

第三，典权的设立必须办理登记手续。未经登记的典权不得对抗善意的第三人。

依照物权的公示原则，不动产物权的公示应以登记为准，典权属于不动产物权的一种，必须办理登记手续方可对抗第三人。未经登记的典权在出典人和典权人之间仍具有法律约束力，但不能对抗善意的第三人。

典权的内容

典权的内容包括两个方面：典权人的权利义务和出典人的权利义务。

典权人的权利义务主要有：

第一，典权人的权利。

（1）对出典房屋的占有权、使用权和收益权。典权人在典期内有权占有和使用出典的房屋，并可享有因使用而获得的收益。

（2）对出典房屋的先买权。即在同等条件下，典权人享有优先于他人的购买典物的权利，但此种权利不能对抗其他的法定优先购买权。如共有人的优先购买权即优先于典权人的先买权。例如，甲、乙共有一栋房屋，因甲在外地工作，房屋主要由乙居住和使用。后乙经甲同意后将房屋出典给丙，典期为 2 年。1 年后乙调往外地，欲将自己在该房中所占的份额出卖，此时，共有人甲和典权人丙均有优先购买的权利，但是甲的优先权是基于共有而享有的，而丙则是基于典权享有先买权，这种先买权不能对抗甲的优先权，所以在同等条件下甲有权优先于丙购买乙的份额。

(3) 转典权。这是指在典期内，典权人有权将典物再转典给其他人，但转典价不应超过原典价，转典期也不得超过原典期。典权人转典典物也是其实现对典物的使用和收益权的一种具体方式，但是典权人的转典行为不得影响出典人回赎典物，因为典物的所有权在典期内仍属于出典人享有。

(4) 合理费用的求偿权。典权人在典权存续期间内就典物的修缮、管理、保养或为增加典物的使用价值而支付的合理费用，有权要求出典人在回赎典物时偿还，但以回赎时的现存价额为限。

第二，典权人的义务。

(1) 按合同的规定支付典价。

(2) 在典权存续期间妥善地保管典物。因典权人的过失而导致典物损毁的，典权人应当承担赔偿责任。

(3) 在典期届满，出典人要求回赎时负有返还典物的义务。出典人一旦回赎典物，典权关系即终止，典权人对典物的占有也失去了法律依据，应当将典物返还给物之所有权人即出典人。

出典人的权利义务主要包括：

第一，出典人的权利。

(1) 出卖典物的权利。在典期内，虽然典物暂时由典权人占有和使用，但典物的所有权仍属于出典人，出典人有权对典物进行处分。但出典人出卖典物时，典权人在同等条件下享有先买权。

(2) 在典物上设立其他担保物权的权利。但此种担保不得与典权相抵触。由于典物要移转占有，出典人在典物上设立担保物权时，不能设定需要移转占有的担保物权。

(3) 典权届满时的回赎权。回赎权是指出典人在典期届满时享有的要求偿付原典价并支付其他合理的费用和利息，赎回原典物的权利。出典人通过行使回赎权结束典权关系，使其对典物享有的所有权恢复完满的状态。

回赎权有一定的期限限制。根据我国有关法规和司法解释的规定，出典人在典期届满 10 年不回赎，或无典期经过 30 年不回赎的，视为绝卖，典物的所有权即归典权人所有。

第二，出典人的义务。

(1) 依合同转移典物的占有的义务。出典人应当依合同将典物移转给典权人占有，但是在特殊情况下，经过双方协商决定也可以不移转占有。

(2) 对典物的瑕疵担保责任。出典人应当保证典物可以正常使用，并且不存在权利的瑕疵，这样才不会影响典权人对典物的使用和收益。

(3) 回赎典物时向典权人支付必要费用的义务。出典人应当支付典权人在典期内就典物的修缮、管理、保养或为增加典物的使用价值而支付的合理费用，但该费用不能超过典物回赎时的现存价额。

第七节　探矿权和采矿权

我国是矿产资源丰富的国家，但由于人口众多，加上矿产资源的不可再生性，决定了国家必须对矿产资源的开采和利用采取严格的控制措施。探矿权和采矿权正是法律以此为基础而设定的特殊的用益物权。

一　探矿权和采矿权的概念与法律特征

探矿权，是指全民和集体所有制单位和公民个人依照法定程序所取得的勘探、测量国家所有的矿产的权利。

采矿权，是指全民和集体所有制单位和公民个人依照法定程序所取得的开采国家所有的矿产的权利。

探矿权和采矿权具有以下法律特征：

第一，探矿权和采矿权的主体是直接从事探矿、采矿活动的全民、集体所有制的矿山企业或单位和公民个人。

第二，探矿权和采矿权的客体为国家所有的矿产资源。

第三，探矿权和采矿权的取得必须经过法定的行政程序。

第四，探矿权和采矿权是一种法定的用益物权。

二　探矿权和采矿权的取得

探矿权和采矿权必须依照法定的行政程序取得国家的批准方可获得。

对探矿权和采矿权的取得，主要应把握以下几点：

第一，矿产资源属于国家所有的资源，由国务院代为行使矿产所有权。国家通过审批等行政程序将这些权利授予特定的主体，并且对探矿人和采矿人的资质、开采方法、选矿工艺、技术水平等做出强制性的规定，以保证国家矿产资源的合理开发利用及可持续发展。

第二，取得探矿权和采矿权的主体与国家之间形成一种特殊的合同关系，探矿权人和采矿权人通过缴纳资源税、资源补偿费和其他法定的费用而取得这种特殊的用益物权。

三　探矿权和采矿权的内容

探矿权和采矿权的内容主要是指探矿权人和采矿权人依法享有的权利和承担的义务。

探矿权人和采矿权人的主要权利有：

第一，勘探、测量、开采国有的矿产资源的权利。

第二，对矿产品享有的使用和收益的权利。

第三，依法独立地从事探矿、采矿活动不受他人非法干涉的权利。

探矿权人和采矿权人的义务主要有：

第一，按照国家的有关规定缴纳有关的税费。

第二，严格按照规定的矿区范围勘探和采矿，并按照国家的统一规划和布局进行合理的开采和利用，保护国有矿产资源不受损失和浪费。

第三，保护环境和生态平衡，实现可持续发展。因勘探、开采活动给他人的生产、生活造成损失的，应承担赔偿责任。

第四，遵守国家的劳动安全卫生法律规定，保证探矿、采矿活动的安全进行。

第八节　取水权

水是人类生存必不可少的自然资源，从总体上来说，我国属于水资源比较缺乏的国家，为使水资源的利用达到一个最佳的状态，我国建立了一套关于利用和保护水资源的法律制度，取水权即是这一整套法律制度的基础。

■ 取水权的概念和法律特征

取水权，是指民事主体为满足自己的生产、生活需要，依照法律的规定开采、利用国家所有的地下水和地上水资源的民事权利。

取水权是一项特殊的用益物权，它主要具有以下法律特征：

第一，取水权的主体是在我国境内居住、生活或从事生产活动的公民、法人或其他组织。在我国境外居住的居民，包括我国的公民都不是取水权的主体。因为取水权是相对于我国所有的水资源而言的，我国境内的一切水资源都属于国家所有，在我国境内居住、生活或从事生产活动的一切公民、法人和其他组织都会涉及水资源的利用问题，无论他们的国籍如何，都要受到我国法律的约束。

第二，取水权的客体是国家所有的地下水和地上水资源。水资源有多种表现形式，人们可以直观看到的主要是地上水，包括河流、湖泊、冰川、海洋等，除此之外，地下水也是重要的水资源。只要是在我国领域之内，无论是地上水还是地下水，也无论是咸水还是淡水，都一律属于我国国家所有，都是取水权的客体。

第三，取水权属于一种法定的特殊用益物权。取水权是一项法定的用益物权，取水权的取得、权利的具体内容、权利的行使要求等一律由国家法律加以规定，任何人不得通过约定的方式改变法律的强制性规定。

第四，取水权的享有须经过特定的法律特许手续。获得取水权必须满足国家法律规定的条件，并依法办理法定的手续。

第五，取水权的享有须向国家缴纳一定的取水费用。由于水资源是国有财产，享有取水权就必须向国家缴纳一定的费用，并接受国家有关机构的监督和管理。

■ 取水权的内容

取水权的内容主要是指取水权人的权利和义务。

取水权人的权利主要有：

第一，取水权人依法办理取水特许手续后，有权从指定的水域或地下取水。取水权人的取水范围在办理法定手续时即已确定，取水权人不得超越限定的取水领域取水，侵害国家或他人的利益。

第二，取水权人有权依法对所取得的水资源进行合法的利用，并享有从中收益的权利。

第三，取水权人有权要求有关政府机构对其取水权益进行保障。依法获得的取水权受法律保护。如果取水权人的权利被他人侵害，取水权人有权要求有关政府机构对其取水权益进行保障，必要时取水权人还可诉诸法律。

取水权人的义务主要有：

第一，取水权人应当依照国家的有关规定缴纳利用水资源的有关费用。

第二，取水权人应当遵循国家对取水范围、取水地点、取水量、取水方式的有关规定行使取水权。

第三，取水权人必须保护水资源不受污染，维护水源附近的生态平衡和自然环境，不得进行破坏性的开采。

第九节　渔业养殖权

■ 渔业养殖权的概念和法律特征

渔业养殖权是指公民、法人或其他经济组织在我国的内水、滩涂、领海及我国管辖的一切其他海域，从事养殖和捕捞水生动物、水生植物等渔业生产活动的权利。

渔业养殖权的法律特征包括：

第一，渔业养殖权是一种新型的他物权形式，属于用益物权。

第二，渔业养殖权的主体包括一切从事养殖和捕捞水生动物、水生植物等渔业生产活动的公民、法人和其他经济组织，包括中国人、外国人和无国籍人。

第三，渔业养殖权的客体是我国领域内一切水面的生产利用权。

第四，渔业养殖权的取得必须经过国家法定程序或者获得相应的许可证。

■ 渔业养殖权的内容

渔业养殖权的内容主要包括捕捞权和养殖权两个方面：

第一，捕捞权。这是指公民、法人或其他组织在我国的内水、滩涂、领海及我国管辖的一切其他海域从事捕捞水生动物、水生植物等活动的权利。

第二，养殖权。这是指公民、法人或其他组织依法在国有或集体所有的水面从事养殖、经营水生动物、水生植物并排斥他人干涉的权利。

本章小结

本章内容包括：建设用地使用权的取得、内容；土地承包经营权的概念和法律特征、取得、内容；宅基地使用权的概念和法律特征、取得、内容；地役权的概念和法律特征、设立、内容；典权的概念和法律特征、设立、内容；探矿权和采矿权的概念和法律特征、取得、内容；渔业养殖权的概念和法律特征、内容。

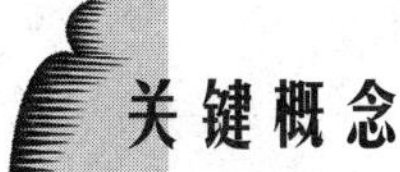

关键概念

建设用地使用权　　土地承包经营权　　宅基地使用权　　典权　　取水权　　地役权

思考题

1. 建设用地使用权有哪几种取得方式？
2. 土地承包经营权具有什么法律特征？
3. 试述宅基地使用权的概念和基本内容。
4. 试论典权。
5. 地役权的法律特征有哪些？
6. 探矿权和采矿权有哪些法律特征？
7. 简述法律对渔业养殖权的主要规定。

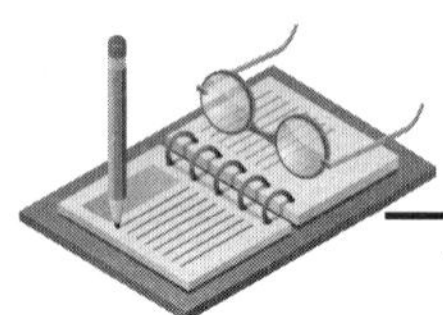

第十四章

担保物权

导　学

通过本章的学习，认识和理解担保物权的本质和特殊功能，掌握抵押权、质权、留置权和让与担保权各自的法律特征与基本内容。要求把握抵押权、质权、留置权、让与担保权的设定方式和实现方式。

第一节　担保物权概述

担保物权制度早在罗马法时代就已存在，是一项古老的民法基本制度，到现在它仍旧是各国民法体系的重要组成部分。

担保物权是指为担保债权的实现而设立的他物权。它的法律特征主要体现在以下几个方面：

第一，担保物权具有从属性。

担保物权的目的在于确保一定债权的实现，所以担保物权存在的前提是债权的存在，当债权实现或被撤销时，担保物权也随之消灭。当被担保的债权移转时，担保物权亦随之移转。

第二，担保物权具有不可分性。

担保物权是设立在债务人或第三人所有的物或权利上的物权，在被担保债权未受全部清偿之前，担保权人有权就担保标的物之全部行使其权利。即使被担保的债权被分割、部分清偿或部分消灭，担保物权仍为担保各部分的债权或剩余的债权而存在。

第三，担保物权具有物上代位性。

担保物权只是对标的物的交换价值或占有权能予以支配，因此当担保物权的标的物灭失、毁损时，担保权人有权就该标的物的代替物或赔偿金行使其权利，所以担保物权具有物上代位性。

第二节　抵押权

抵押权是最常见的一种担保物权，也是近现代各国民法最重要的担保物权制度。抵押权制度在罗马法时代就已经产生了，它具有十分悠久的历史，是一项发展得比较完备的民事法律制度。我国《担保法》颁布以后，抵押制度在法律上进一步完善，在实践中日益发挥重要的担保作用。

一 抵押权的概念和法律特征

抵押权，是指债权人对于债务人或者第三人不移转占有而提供担保的财产，在债务人不履行债务时，依法享有的就担保的财产变价并优先受偿的权利。前述的债务人或者第三人称为抵押人，债权人称为抵押权人，提供担保的财产称为抵押物。抵押权是以担保债权为目的，即以确保债务的履行为目的的物权。

作为一种典型的担保物权，抵押权的法律特征主要表现在以下几个方面：

第一，抵押权是从属于债权的担保物权，是就抵押物卖得的价金优先受偿的权利。

抵押权具有从属性，其产生必须以一定的债权关系发生为前提和基础，没有所担保的物权就不能成立抵押权。抵押权既不能与其所担保的债权相分离而单独转让，也不能与其所担保的债权相分离而作为另一债权的担保。

第二，抵押权不移转抵押物的占有。

抵押权成立之后，抵押物仍然由原权利人占有，并且不会影响其正常的使用。

第三，抵押权具有物上代位性。

抵押权人追求的是抵押物的交换价值，而非其使用价值，所以当抵押物灭失、毁损时，抵押权人有权就该抵押物的代替物或赔偿金行使其权利。

第四，抵押权人在全部债权受清偿前，可就抵押物的全部行使其权利。

抵押物的价值可能大于所担保的债权数额，抵押权人在其全部债权实现之前，可以就抵押物的全部行使权利。例如，甲与乙之间的债权数额为3万元，乙提供给甲的抵押物价值4万元，当乙不能偿还债务时，则甲有权将该抵押物全部变卖，所获价款中的3万元由甲享有，剩下的1万元甲返还给乙。不能因为甲的债权数额低于抵押物的价值就否定甲对整个抵押物的权利。

二 抵押权的设定

抵押权的设定方式主要有下述几种。

（一）通过抵押人和抵押权人之间签订的抵押合同而设定

抵押合同是指债权人和债务人或第三人之间设定抵押权的法律行为。基于抵押合同而成立的抵押权叫约定抵押权。这是抵押权设定的最主要的方式。根据我国《担保法》的规定，抵押合同应当采取书面的形式订立。

根据法律的规定，有些抵押合同必须办理抵押物登记方可生效；还有些抵押合同登记是抵押权对抗第三人的条件。

第一，必须办理抵押登记方可生效的抵押。

根据《物权法》第180条和187条的规定，以下列财产进行抵押的，应当办理抵押登记。抵押权自登记时设立。

（1）以建筑物和其他土地附着物抵押的。

（2）以建设用地使用权抵押的。

（3）以招标、拍卖、公开协商等方式取得的荒地等土地承包经营权抵押的。

（4）以正在建造的建筑物抵押的。

第二，抵押登记不影响抵押权的设定，但未经登记的抵押不得对抗善意第三人。

根据《物权法》第180条和187条的规定，以下列财产进行抵押的，抵押权自抵押合同生效时设立；未经登记，不得对抗善意第三人。

（1）以生产设备、原材料、半成品、产品抵押的。

（2）以交通运输工具抵押的。

（3）以正在建造的船舶、航空器抵押的。

另外，根据我国《物权法》的规定，在下列权利或财产上不得设立抵押权：

（1）土地所有权。

（2）耕地、宅基地、自留地、自留山等集体所有的土地使用权，但法律规定可以抵押的除外。

（3）学校、幼儿园、医院等以公益为目的的事业单位、社会团体的教育设施、医疗卫生设施和其他社会公益设施。

（4）所有权、使用权不明或者有争议的财产。

（5）依法被查封、扣押、监管的财产。

（6）法律、行政法规规定不得抵押的其他财产。

（二）根据法律的规定直接产生

这种抵押权又叫法定抵押权。法定抵押不需要当事人在合同中约定，只要发生法律规定的情形，抵押自然设立。例如，《物权法》第182条第1款规定：以建筑物抵押的，该建筑物占用范围内的建设用地使用权一并抵押。以建设用地使用权抵押的，该土地上的建筑物一并抵押。在实践中，法定抵押的情况较少。

■ 抵押权的实现

抵押权的实现，也称抵押权的实行，是指抵押权所担保的债务已届清偿期，而债务人未清偿债务时，抵押权人可以通过行使抵押权，以抵押物的价值优先受偿。我国《担保法》第53条规定：债务履行期届满抵押权人未受清偿的，可以与抵押人协议以抵押物折价或者以拍卖、变卖该抵押物所得的价款受偿；协议不成的，抵押权人可以向人民法院提起诉讼。抵押物折价或者拍卖、变卖后，其价款超过债权数额的部分归抵押人所有，不足部分由债务人清偿。

根据这一规定，抵押权的实现应具备以下条件：

第一，债务履行期限届满或者发生了当事人约定的实现抵押权的情形。债务履行的期限尚未届至时，不能判断债务人是否能够依约偿还债务，因此不能提前实现抵押权，否则会对抵押人的利益造成损害。

第二，债务人尚未履行债务。债务人如已履行合同，抵押权人对抵押物享有的权利即已消灭，则抵押权就无实现的必要了。

第三，须抵押权有效存在。即抵押权的设立必须符合法律的规定，抵押合同确实有效。如法律规定必须办理登记的抵押合同必须先办理有关的登记手续。

抵押权的实现方法主要有：

第一，变卖。即以适当的价格将抵押物出卖给第三人的行为。

第二，拍卖。即在特定场所公开地以竞争方式出卖抵押物的行为，这是实现抵押权最普遍的方法。

第三，以抵押物折抵债务，但必须有当事人的协议。这种方式在实践中运用较少，只有在双方当事人都同意并已达成一致意见时方能采用。

最高额抵押

在实践中经常出现这样的情况，在经常有生意来往的商户之间交易活动频繁，间隔时间很短而交易的货物往往是同种类，而且交易的方式也基本一致，如果每进行一笔交易都要单独设立担保，订立担保合同，不仅会影响交易的速度，也会使双方当事人浪费时间和精力重复做相同的工作。为了加快商品的流转速度、提高交易效率，最高额抵押制度应运而生。

最高额抵押，是指为担保债务的履行，债务人或者第三人对一定期间内将要连续发生的债权提供抵押担保，债务人到期不履行债务或者发生当事人约定的实现抵押权的情形的，抵押权人有权在最高债权限额内就该担保财产优先受偿。最高额抵押是我国《物权法》和《担保法》均做出了规定的一种担保方式，它主要是针对债权人与债务人就某项商品在一定期间内连续发生交易而签订的合同所设的一种担保。

根据法律的规定，最高额抵押的法律特征主要表现在以下几个方面：

第一，最高额抵押所担保的对象是将来发生的债权。

最高额抵押是为了省去重复订立担保合同的麻烦，而在被担保的债权发生之前即为其订立的一种担保制度。订立最高额抵押之前，抵押人和抵押权人之间的债权债务关系可能还没有发生，但是根据以往的交易习惯或双方的约定，这种债权的发生是必然的。

第二，最高额抵押担保的对象具有不特定性。

最高额抵押担保在设立时，只有一个大致的数额限制，并未对具体担保哪几笔债权债务关系做出规定，有的被担保债权在当时甚至尚未发生，所以最高额抵押担保的对象具有不特定性。

第三，最高额抵押所担保的债权依赖于确定的基础法律关系。

基于最高额抵押担保的特殊性质，必须有确定的法律关系作为其存在的基础方可订立这种特殊的担保合同。比如，双方当事人之间有长期的供销关系协议。

第四，最高额抵押必须在抵押合同中明确约定，法律要求办理登记的，还应当办理登记手续。

第五，最高额抵押具有担保的最高限额。

最高额抵押担保仅对其规定的最高限额内的债权债务关系做担保，超出此范围以外的债权债务关系当事人必须另行订立担保合同。

第六，最高额抵押是对一定期限内连续发生的债做担保。

由于最高额抵押所担保的债是在一定期限内连续发生的，这可使最高额担保制度具有一定的稳定性和可操作性，由于最高额抵押担保是针对未来不特定的债所做的担保，如果这些债没有连续性也没有期限限制，就会使最高额抵押成为一种极不稳定的担保物权，抵押人在抵押物上的物权长时间受到限制，这有悖于建立担保物权制度的基本出发点。

第三节　质　权

质权的概念和法律特征

质权，是指债务人或者第三人将其动产或财产权利证书转移给债权人占有，以其作为债务的担保，债务人不履行债务时，债权人享有的就该动产或财产权利的价值优先受偿的权利。在质权关系中，提供质押财产的人称为出质人，接受该财产作为其债权担保的人称为质权人，质押的财产称为质物。

质权和抵押权都属于担保物权的范畴，但二者是不同的担保物权，质权的法律特征主要包括：

第一，质权的设定必须移转占有，以某些特定财产作为质物时，还必须依法办理登记手续。

这是质权与抵押权的一个重要的区别，质权的设定必须以移转占有为前提，这是法律对质权做出的强制性规定，不允许当事人通过约定的方式加以改变，也就是说，当事人不得通过协商的方式设定不移转占有的质权。

第二，质权的标的主要为动产或权利，不包括不动产。

由于质权以质物的移转为前提，所以可以设定质权的标的主要为动产或权利，因为不动产的移转有着严格的法定程序，不能随意地流通或改变其权利主体，所以法律禁止在不动产上设定质权。

第三，质权具有物上代位性、从属性和不可分性。

这是担保物权具有的一般特征，质权作为一种担保物权，也应当具备这些特征。

根据我国《物权法》的规定，质权分为动产质权和权利质权两种。

动产质权

动产质权，是指债务人或者第三人将其动产移交债权人占有，当债务人不履行债务时，债权人享有的就该动产的价值优先受偿的权利。

根据我国《物权法》和《担保法》的有关规定，出质人和质权人应当以书面形式订立质押合同。质押合同自质物移交于质权人占有时生效。根据这些规定，动产质权的设立必须有质权人和出质人订立的书面质押合同，并且须有质物的交付。质物必须是可以转让的特定物，法律、行政法规禁止转让的动产不得出质。

根据我国《物权法》的规定，质押合同应当包括以下主要条款：

第一，被担保债权的种类、数额。

第二，债务人履行债务的期限。

第三，质押财产的名称、数量、质量、状况。

第四，担保的范围。

第五，质押财产交付的时间。

出质人和质权人在合同中不得约定在债务履行期届满质权人未受清偿时，质物的所有权转移为质权人所有。在出质期间，质权人有权收取质物所生的孳息，但若质押合同另有约定，按照约定。质权人负有妥善保管质物的义务。因保管不善致使质物灭失或者毁损的，质权人应当承担民事责任。质权人不能妥善保管质物可能致使其灭失或者毁损的，出质人可以要求质权人将质物提存，或者要求提前清偿债权而返还质物。质物有损坏或者价值明显减少的可能，足以危害质权人权利的，质权人可以要求出质人提供相应的担保。出质人不提供的，质权人可以拍卖或者变卖质物，并与出质人协议将拍卖或者变卖所得的价款用于提前清偿所担保的债权或者向与出质人约定的第三人提存。

债务履行期届满债务人履行债务的，或者出质人提前清偿所担保的债权的，质权人应当返还质物。债务履行期届满质权人未受清偿的，可以与出质人协议以质物折价，也可以依法拍卖、变卖质物。质物折价或者拍卖、变卖后，其价款超过债权数额的部分归出质人所有，不足部分由债务人清偿。

■ 权利质权

权利质权，是指以可让与的财产权利作为标的的质权。根据我国《物权法》第 223 条的规定，债务人或者第三人有权处分的下列权利可以出质：（1）汇票、支票、本票；（2）债券、存款单；（3）仓单、提单；（4）可以转让的基金份额、股权；（5）可以转让的注册商标专用权、专利权、著作权等知识产权中的财产权；（6）应收账款；（7）法律、行政法规规定可以出质的其他财产权利。

根据可转让财产权的不同性质，我国《物权法》将权利质权分为不同的类型，分别规定了不同的成立要件。

第一，以汇票、本票、支票、债券、存款单、仓单、提单出质的，双方当事人应当订立书面的质权合同。质权自权利凭证交付质权人时设立；没有权利凭证的，质权自有关部门办理出质登记时设立。

第二，以基金份额、股权出质的，当事人应当订立书面合同。以基金份额、证券登记结算机构登记的股权出质的，质权自证券登记结算机构办理出质登记时设立；以其他股权出质的，质权自工商行政管理部门办理出质登记时设立。

第三，以依法可转让的注册商标专用权、专利权、著作权等知识产权中的财产权出质的，除有书面质押合同外，质权自有关主管部门办理出质登记时设立。质权自登记之日起生效。

第四，以应收账款出质的，除有书面质押合同外，质权自信贷征信机构办理出质登记时设立。

权利出质后，出质人不得转让或者许可他人使用，但经出质人与质权人协商同意的，可以转让或者许可他人使用。应当以出质人所得的转让费、许可费向质权人提前清偿所担保的债权或者向与质权人约定的第三人提存。

第四节　留置权

一、留置权的概念和法律特征

留置权，是指债权人按照合同的约定占有债务人的动产，债务人不按照合同约定的期限履行债务的，债权人享有的留置该动产，并依照法律的规定将动产折价或者以拍卖、变卖后的价款优先受偿的权利。有权留置财产的债权人称为留置权人，被留置的财产称为留置物。法律规定或者当事人约定不得留置的动产，不得留置。

根据我国法律的规定，留置权属于担保物权的范畴，其法律特征主要表现在以下几个方面：

第一，留置权是具有从属性、不可分性的担保物权。

留置权既然是一种担保物权，就应当具有担保物权的一般特性，所以留置权亦具有从属性和不可分性。

第二，留置权是法定的担保物权。

这是留置权的突出法律特征。留置权的成立无须双方当事人的约定，也就是说，即使双方当事人在合同中没有任何关于留置权的规定，也不影响留置权的存在，当债务人不履行其债务时，债权人可直接基于法律的规定行使留置权。所以留置权是一种法定的担保物权。

第三，留置权只发生在特定的合同关系中。

根据留置权的特性，留置权只能在债权人能依照合同的规定占有债务人一定财产的情况下方能存在，亦即留置物必须与所担保的债权存在一定的牵连关系，若留置物与所担保债权的内容毫无关系，则不能产生留置权。所以留置权只能发生在特定的合同关系中。

二、留置权的设定

留置权是法定的担保物权，无须当事人的约定，但必须符合法定的构成要件方可成立。根据我国有关法律的规定，留置权应具备的成立要件主要有：

第一，债权人与债务人之间有法定的可以产生留置权的合同关系。如保管合同、加工承揽合同等。在这些合同中，债权人因为一定的债权债务关系占有了债务人一定的财产，当债务人不履行义务时，债权人就可对其所占有的债务人的财产行使留置权，以担保债权的实现。

第二，债权人基于合同规定而占有债务人的动产。债权人的占有属于合法的占有，如果在债务人履行债务之前，债权人已经丧失占有的，留置权即消灭。而且债权人占有的依据必须是所担保的那一项债权债务关系。例如甲将一架钢琴交给乙修理，乙修理完以后，甲拒不支付钢琴修理费，则乙可依法留置该架钢琴；但如果甲同时还交给乙一个大提琴修理，并已支付修理费，则乙不能留置该大提琴，只能留置钢琴。

第三，债务已届清偿期而债务人未履行义务。债务未届清偿期，还不能判断债务人是否履行义务，此时债权人滥用留置权必会造成对债务人利益的损害，此时留置权不能成立。

留置权的实现

根据我国《担保法》的规定，留置权的实现应依以下程序：

第一，留置权人与债务人应当约定留置财产后的债务履行期间；没有约定或者约定不明确的，留置权人应当给债务人2个月以上的债务履行期间，但鲜活易腐等不易保管的动产除外。此期限称为履行债务的宽限期。

第二，宽限期届满，债务人仍不履行债务的，债权人可以与债务人协议以留置物折价，也可以依法拍卖或变卖留置物，以所得的价款优先受偿。

留置权人对留置财产丧失占有或者留置权人接受债务人另行提供担保的，留置权消灭。

同一动产上已设立抵押权或者质权，该动产又被留置的，留置权人优先受偿。

第五节　让与担保权

让与担保是大陆法系国家的概念，英美法系国家没有让与担保的概念；即使在大陆法系国家，让与担保也不是一种被普遍承认的担保方式，而主要被德国、日本等国家所采用；即便在德、日等国，让与担保也不是由物权法所确立的担保物权，而是由判例所承认的一种非典型担保方式。我国台湾地区判例也认可让与担保制度。让与担保制度起源于古罗马法上的信托质制度，是物的担保制度的最古老的形态。古罗马法中的信托质是指一方将标的物所有权移转于债权人，在债务人清偿债务后，标的物的所有权重新移转于物主；而在债务人不清偿债务时，由债权人将该标的物出卖抵债，若有剩余款物则归还物主。近代，在特殊的法律背景下，让与担保制度于德、日等国社会生活中出现、发展。如今，让与担保权仍是各国物权法研究的一个重要内容。

让与担保权的概念和法律特征

让与担保是指债务人或第三人为担保债务人的债务，将一定担保物的权利先行移转给担保权人，当债务人不履行债务时，担保权人可就该担保物的价值直接受偿，如债务人按时清偿债务，则该担保物的权利应当返还给债务人或第三人的制度。这种特殊的担保权利即为让与担保权。将一定担保物的权利先行移转给他人的人称为让与担保人，接受他人事先移转的权利作为自己债权担保的人称为让与担保权人。

让与担保实际上是通过附加一定的限制移转某种财产权利本身来担保债务的履行。让与担保以向债权人移转担保物的所有权为内容，担保债权的受偿；在债务人不履行债务时，债权人在被担保债权的范围内，以其取得的担保物的所有权行使权利。让与担保的设定人和债权人之间一般约定有信托约款，以限制债权人行使担保物的所有权，债权人只能在担保债权清偿的范围之内行使所有权。

例如，我国实际生活中已出现的楼花按揭即是属于让与担保的一种担保制度。楼花按揭是指在房地产开发过程中，由房地产开发商与购房者先行签订商品房预售合同，并由购房者首付占购房款一定比例的价金，余款则由购房者向金融部门申请贷款，以其所购房屋设定担保，并由房地产开发商担当保证人的担保方式。在购房人偿清贷款之前，房屋的所有权由贷款银行享有，一旦购房人无法偿债，则贷款银行可直接处分该房产以实现其债权。

让与担保权的法律特征主要体现在以下几个方面：

第一，让与担保权从属于事先存在的主债权。

让与担保之所以会设立，一般是由于担保人和担保权人之间事先已经存在一个需要提供担保的主债权。如果没有主债权存在，让与担保权作为一种从属性权利就失去了其存在的根本基础和依托。

第二，让与担保权是以先行移转担保物权利的方式达到担保债权的目的。

让与担保人事先将担保物的权利移转给让与担保权人，使得让与担保权人在担保期间成为担保物事实上的权利主体，一旦让与担保人无法偿还债务，则让与担保权人可直接作为担保物的所有权人处分担保物以实现自己的债权。

第三，让与担保权不一定要移转占有担保物亦可成立。

让与担保物的权利虽然已事先移转给了让与担保权人，但是仍可由让与担保人占有和使用该担保物，这是让与担保的一个重要特征。因此，让与担保可避免权利质押的缺陷，由担保设定人继续控制、利用某项财产性权利而实现其担保化。它还可使集合财产、浮动财产、正在形成中的财产（如在建工程）等在传统担保制度中难以发挥作用的财产实现担保化。

第四，让与担保权的客体主要限于动产。

让与担保权的客体主要限于动产，但也可包括一定的不动产。必须是具有可让与性的财产权利，方可设定让与担保。因为让与担保人一旦偿还债务，让与担保权人就应当将担保物的权利返还给让与担保人，如果该担保物属于不能交易和让与的财产，自然就无法成立让与担保权。

第五，让与担保权是一种约定担保权，必须有当事人的合意方可成立。

法律未对让与担保做出直接的强制性规定，让与担保的设立必须由双方当事人通过自由协商达到意思表示一致后方可实现。

■ 让与担保权的内容

让与担保权的内容主要是指让与担保人和让与担保权人的权利与义务。

（一）让与担保人的权利和义务

1. 让与担保人的主要权利

（1）债务人依约履行债务后，让与担保人有权重新获得担保物的所有权，如果是第三人提供的担保物，则担保物的权利得返还给第三人。

（2）让与担保人可以继续占有和使用该担保财产。

2. 让与担保人的主要义务

（1）依让与担保合同的约定先行移转担保物所有权的义务。

（2）债务履行期届满债务人未履行债务的，让与担保人应将担保物交由让与担保权人支配和处理，包括转移占有、交其拍卖或变卖。

（二）让与担保权人的权利和义务

1. 让与担保权人的主要权利

（1）让与担保权人有权先行获得担保物的所有权。

（2）债务人逾期未履行债务的，让与担保权人可直接实现其担保权。

2. 让与担保权人的主要义务

（1）在获得担保物的所有权后，债务履行期届满之前，让与担保权人应保证让与担保人继续占有并使用该担保物。

（2）如果债务人依约履行债务，让与担保权人应当将担保物的权利返还给物的原所有权人。

本章小结

本章内容包括：担保物权的概念和法律特征；抵押权的概念和法律特征，抵押权的设立和实现，最高额抵押的概念和法律特征；质权的概念和法律特征，动产质权和权利质权的概念；留置权的概念和法律特征，留置权的设定和实现；让与担保权的概念、法律特征和内容。

关键概念

抵押权　　最高额抵押　　质权　　留置权　　让与担保权

思考题

1. 抵押权具有什么法律特征？
2. 简述最高额抵押制度的主要内容。
3. 试述质权的种类和特点。
4. 简述留置权的构成要件。
5. 试述让与担保权的内容和法律特征。

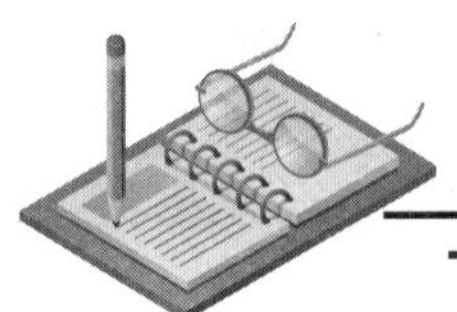

第十五章

占　有

导　学

通过本章的学习，认识和理解占有的本质和法律特征，掌握占有权的基本内容。要求把握占有人依法律规定行使占有权和按照合同约定行使占有权的基本法律规则。

第一节　占有的概念和法律特征

占有制度在各国民法理论中均占有十分重要的地位，占有是物权存在的重要根据，也是物权变动的要件，对占有的研究也是研究物权理论的基础。

占有的概念

“占有”这一概念最早起源于罗马法中的“possessio”，随着民法理论的发展，它吸收了日耳曼法中的“gewere”，从而逐渐发展演变为现代各国民法典中“占有”的概念。

占有，是指对物事实上的控制与支配。对物进行控制和支配的人，即占有法律关系的主体，称为占有人。

占有是一种事实状态，而且是占有人以所有的意思善意、公开、和平地控制或支配某物。被控制和支配的物，即占有法律关系的客体，称为占有物。

根据不同的分类标准，占有可分成不同的种类：

第一，所有人占有和非所有人占有。

所有人占有即所有人在行使所有权过程中亲自控制自己的财产。例如，房屋的所有权人自己居住自己的房屋。非所有人占有则指所有人以外的其他人实际控制和管领所有物。如承租人实际占有出租人所有的房屋。

第二，合法占有和非法占有。

这是对非所有人占有的进一步分类。合法占有是指基于法律的规定或所有人的意志而享有的占有权利。例如，受他人委托为他人保管物品，或基于合法的程序借用他人的物品。非法占有则指无合法依据亦未取得所有人同意的占有。如窃贼对赃物的占有，承租人在租赁期届满以后对租赁物的占有。

第三，善意占有和恶意占有。

这是对非法占有的再分类。善意占有是指非法占有人在占有时不知道或不应当知道其占有为非法。恶意占有则指非法占有人在占有时已经知道或应当知道其占有为非法。

区别善意占有与恶意占有的意义在于：

(1) 如果占有人在购买由他人无权处分的财产时主观上是善意的，其对该财产的占有也是善意的，便可以依善意取得制度取得对该财产的所有权。但恶意占有人则不能依善意取得制度取得对财产的所有权。

(2) 如果占有人基于将财产据为己有的意思，善意、和平、公然、持续不间断地占有某项财产，经过法定的占有时效期间，则可依占有时效制度而取得对其占有财产的所有权。

(3) 在不当得利的返还上，善意占有人一般只返还现在的利益，对于已经灭失的利益不负返还责任。而恶意占有人在此情况下应负赔偿的责任。

(4) 在返还原物时，善意占有人可请求所有人返还其为保管、保存占有物所支付的费用，并对已经在占有物上所获得的孳息不负返还义务。而恶意占有人在返还原物时，无权请求所有人返还其支付的费用，并有义务返还其所获得的孳息。

第四，直接占有和间接占有。

这是以占有人是否直接占有标的物为标准对占有所做的分类。直接占有是指直接对物进行事实上的控制和支配。间接占有是指虽未对物进行直接的控制和支配，但因对物的实际控制人有返还请求权而对该物享有事实上的控制支配权的占有方式。例如，保管人、承租人都是物的直接占有人，而委托保管人和出租人则是物的间接占有人。

占有的法律特征

占有的法律特征主要包括：

第一，占有是一种事实状态，而不是一种法律权利。

占有是事实还是权利，是民法学界一个长期以来争执不休的重大理论问题。对占有性质的不同认识会导致对占有制度中具体内容的看法不一致。例如，主张占有为事实的，认为占有取得完全是事实行为，故违法行为也可取得占有，法律行为的无效并不影响占有的转移。前者如盗窃，后者如买卖当事人之不合格。如果占有是权利，则盗窃者应无占有他人物件之权利，无效的法律行为也不能发生移转占有的效力。

法律事实是指符合法律的规定，能够引起民事法律关系发生、变更、消灭的客观情况。大陆法系各国民法理论认为，权利是民事法律关系的具体内容之一，民事法律关系是根据民事法规产生的社会关系。而法律事实则是将法律规范与法律关系产生、变更、消灭联系起来的具体生活现象，因此法律事实这一概念是用来反映现实生活情况的存在，它使法律规范发生作用，实际上是把法律规范和具体主体的权利义务联系起来的环节。依照上述理论，如果承认占有为权利，那么作为其基础的法律事实是什么呢？各国法律都不否认对物事实上的控制与支配是产生占有的前提。实际上，用“占有”来表达

"事实上的支配和控制"，用"占有权"来表达"基于事实上的支配和控制而产生的权利"，或许更符合人们的习惯观念。因此，通常认为占有是一种事实状态。

第二，占有具有公信力，并可能使占有人获得占有物的实体权利。

物权法的一条基本原则即公示原则，而动产的公示方式主要就是交付和占有。另外长期公开善意的占有还可使占有人获得占有物的实体权利，这种制度即善意取得制度。

第三，占有人必须以占有的意思占有某物。

一般而言，占有人须以占有的意思占有某物，持续一定时期的善意占有可以使占有人获得占有物的实体权利，但是在非法占有或依法律依据占有他人物品的时候，占有人的主观意志虽不影响占有状态的存在，但不能使占有人获得占有物的实体权利。

第四，占有人在事实上控制或管领了某物。

占有人在事实上控制和管领某物，既可以是直接的占有，也可以是间接的占有。只要占有人在事实上可以实现其控制和支配物的目的，即可构成占有状态。

第五，占有是现存的财产秩序的外在表现，体现了一定的社会安全利益。

占有是一国物权归属最直观的体现，是现存财产秩序的外在体现，其存在本身即反映了一种平和的社会秩序，所以它体现了一定的社会安全利益。

第二节　占有的内容

依照合同约定行使占有权

《物权法》第 241 条规定：基于合同关系等产生的占有，有关不动产或者动产的使用、收益、违约责任等，按照合同约定；合同没有约定或者约定不明确的，依照有关法律规定。

依照合同约定行使占有权，是指依据占有人与物的所有权人的合同约定而行使占有权。依照合同约定行使占有权的情形主要包括：

第一，依租赁或融资租赁合同行使占有权。

租赁和融资租赁合同关系均会导致物的实际所有人与直接占有人相分离。承租人是物的直接占有人，而物的真正所有人则是物的间接占有人。在依法履行一定行为以后，承租人还可以成为物的真正所有人。

第二，依仓储或保管合同行使占有权。

仓储人和保管人可以基于仓储和保管合同取得对物的合法的直接占有权，但是不能取得物的实体权利，物的所有权人虽然脱离了对物的实际控制，但不会影响其对物所享有的实体权利。

第三，依加工承揽合同行使占有权。

加工人和承揽人基于一定的合同实际占有和控制相关的物，并因自己的行为使该物的价值发生了增长，所以法律除赋予他们合法的占有权以外，还赋予了其他物权即留置权的保护，在发生法律规定的情形时，占有人可以对物行使实体权利。

第四，依借用合同行使占有权。

借用是最常见的直接占有他人所有的物的形式，借用人必须依照借用合同的规定正确地行使占有和使用权利，并负有到期偿还借用物的义务。

第五，依运输合同行使占有权。

运输人依照运输合同对运输过程中的物享有直接的占有权，但合同履行完毕后，这种占有权即消失了。在紧急情况下，运输人可以对其占有的被运输的财产进行处分，如在发生意外事件的情况下对易腐烂的鲜活产品先行处分的行为。

第六，依承包经营合同行使占有权。

承包经营权是用益物权的一种，这种权利本身就是一种实体权利，虽然不如所有权完整，但已有相当的独立性，承包经营人基于占有土地而获得的收益可以归承包经营人所有。

依照法律规定行使占有权

依照法律的规定行使占有权，是指占有人根据法律的强行性规定而行使占有权。依照法律规定行使占有权的情形主要包括：

第一，因继承开始而产生的占有权。

继承开始以后，遗产分割以前，全部遗产由全体继承人或遗嘱执行人暂时占有，等继承完毕后，财产才转由新的物权人占有。

第二，因无因管理而产生的占有权。

无因管理是一种法定的债权产生方式，无因管理人一旦占有他人财产，就应尽合理的注意义务保证该财产不受损害。无因管理一般不能使管理人获得物的实体权利，但是如果无因管理符合善意取得的各项条件，管理人则可以获得物的所有权。

第三，因拾得遗失物而产生的占有权。

拾得遗失物只能使拾得人暂时占有遗失物，但不能使其获得物的所有权。

第四，因征收或征用而产生的占有权。

征收和征用属于国家采取的强制性行为，它不仅可使国家享有对财产的合法占有权，还可使所有权发生转变。

第五，因行政划拨而产生的占有权。

行政划拨是一种无偿获得国有财产使用权的方式，但划拨不能导致所有权发生移转，接受划拨财产的主体应当严格依法行使对划拨物的占有和使用权。

本章小结

占有是一种事实状态，是占有人以所有的意思善意、公开、和平地控制或支配某物的权利。占有的法律特征包括：第一，占有是一种事实状态，而不是一种法律权利。第二，占有具有公信力，并可能使占有人获得占有物的实体权利。第三，占有人必须以占有的意思占有某物。第四，占有人在事实上控制或管领了某物。第五，占有是现存的财产秩序的外在表现，体现了一定的社会安全利益。

占有人依照合同约定行使占有权的法律规则。占有人依照法律规定行使占有权的基本法律要求。

关键概念

占有

思考题

1. 试述占有的法律特征。
2. 简述占有的内容。

第十六章

债权总论

导 学

通过本章的学习，认识和理解债的本质和法律特征，了解债的分类及法律意义，掌握债的发生、变更和终止的法定原因和法律规则。要求将债权与物权进行比较分析，加深理解债权的基本原理。

第一节 债的概念和法律特征

债权制度是民事法律制度体系中最基本的制度之一。在日常生活中，人们经常听到债的概念，如“债台高筑”“欠债还钱”“三角债”等。但是法律上的债到底是指什么呢？这正是本章要介绍的内容。

一、债的概念

民法上的债的概念源自罗马法上的“obligatio”。《法学总论》中的解释是：债是法律关系，基于这种关系，我们受到约束而必须依照我们国家的法律承担给付某物的义务。大陆法系国家沿用了罗马法上这种债的概念。现代各国法上，尽管对债的具体称谓有所不同，但其含义基本上都是一致的。

债是特定的民事主体之间请求为特定行为的民事法律关系。享有权利的人是债权人，负有义务的人是债务人。债权人有权请求债务人按照合同的约定或法律的规定履行其义务；债务人有义务按照合同的约定或者法律的规定为特定行为以满足债权人的请求。债是民事主体之间以权利义务为内容的法律关系，因而是受国家法律保护的。不具有法律属性，不是由法律保护的非以权利义务为内容的关系，不属于债。如“人情债”就不是法律上的债。

成立债的法律关系必须具备债的要素。债的要素，是指构成债的要件或成分。债作为一种法律关系，应当具备主体、内容与客体三个基本要素。

（一）债的主体

债的主体，即参与债的法律关系的当事人，包括债权人与债务人。债权人是指在债的关系中享有权利的一方当事人；债务人是指在债的关系中负担义务的一方当事人。

债权人与债务人为债的双方主体，每一方主体，都既可为一人，也可为多人。凡参与债的关系，在债的当事人一方中充任债权人或债务人的，即为债的当事人。在某些债中，债的一方当事人仅享受权利，即仅充任债权人；另一方当事人仅负有义务，即只充任债务人。而在另一些债中，当事人双方互相享有权利和负有义务，每一方当事人都既充任债权人，又充任债务人。例如，在买卖关系中，出卖人一方负有交付标的物并移转所有权的义务，买受人负有支付价款的义务。从标的物的交付与所有权移转上说，买受人是债权人，出卖人为债务人；而从价款支付上说，出卖人为债权人，买受人为债务人。此种双方互负有为特定行为的义务的债，学界称为对待债。但不论何种债，主体双方均须为特定的人，而不能是不特定的人。就一般而言，凡民事主体均可为债的主体。在我国，债的主体主要是公民、法人和其他组织，国家在特殊情况下也可成为债的主体。例如，公债的债务人只能是国家。

（二）债的内容

债的内容，即债权和债务，当事人之间互相承担一定的义务，同时享有请求他人为特定行为的权利。债是债权与债务的统一体，债权与债务是债的关系中相互依存的两个方面。

1. 债权。

债权是指债权人享有的请求债务人为特定行为的权利。债权具有以下几个方面的特征：

（1）债权是一种请求权。债是特定的当事人之间的法律关系，债权即是债权人得向债务人请求其为特定行为的权利。债务人为特定行为称为给付。债权人要实现其权益，只能通过请求债务人为一定行为方能完成。因而，债权为请求权，而不属于支配权。债权人既不能直接支配债务人应给付的特定物，也不能直接支配债务人的给付行为，更不能直接支配债务人的人身。

债权是请求权，但债权与请求权并不是一回事，二者是有区别的。请求权是与支配权相对应的，而债权是与物权、知识产权、继承权、人身权等权利相对应的。债权与请求权的区别主要有二：其一，请求权不仅包括债权请求权，也包括其他请求权，如物上请求权等；其二，就债权请求权而言，它只是债权权能之一，除请求权外，债权还包括受领权等权能。债权与债权请求权在一般情形下是不可分离的，例如，转让请求权亦即转让债权，抛弃请求权也就是免除债务，但在某些情况下，债权请求权虽消灭，但债权人的债权仍然存在。

（2）债权是一种相对权。债的特点之一是主体的特定性，债权债务仅存在于特定人之间。因而债权人只能向特定的债务人主张权利。就此意义来说，债权是一种相对权。对于债务人以外的第三人，因其与债权人间并不存在债权债务关系，债权人不能直接向其主张权利。

凡权利，都受法律保护，任何人都负有不得为侵害行为的消极义务，债权也不能例外。因此，在第三人不法侵害债权时，也应负侵权的民事责任。因为债权人只能向特定债务人主张权利，因而债权为对人权，而非对世权。

(3) 债权的设立具有任意性。债是一种典型的由债的当事人依意思自治原则设立的法律关系，债的标的、内容等均主要以双方主体的意志决定，当然，当事人的意思自治不能超越合法的范围。

(4) 债权具有平等性。债具有平等性和相容性的特点。数个债权人对于同一债务人先后发生数个债权时，各个债权具有同等的效力。也正因为债权具有平等性，在债务人破产时，债务人的各个债权人不论其债权发生先后，只能按其比例参加破产财产的分配。

(5) 债权无排他性。因债权为请求权，而非支配权，债权人只能请求债务人为特定行为，而不能直接支配债务人的行为与标的物，因此债权并无排他性。

2. 债务。

债务是指债务人所负担的依照双方的约定应当向债权人履行一定行为的义务。债务作为一种义务，具有义务的一般特性，同时债务又具有不同于其他义务的一些特性。这主要体现在以下几个方面：

(1) 债务具有强制性。债务虽然是基于债的双方主体的意志确定的，但其仍然具有强制性，当债务人拒不履行其义务时，债权人有权要求其履行义务，并可通过诉讼的方式寻求国家强制力的保护。

(2) 债务具有特定性。债务的特定性一方面表现为义务人是特定的，另一方面表现为义务的内容是特定的。在任何债中，债务人总是特定的，债务人应为的行为的内容也是特定的。例如，债务人应交付货物的，其所应交付的货物的数量、质量等都是明确的。

(三) 债的客体

债的客体，即债权债务共同指向的对象。债的客体是债的法律关系得以建立的基础，没有客体，债权债务就会落空，也就不能构成债。由于债权人设立债的目的是满足自己的某种利益需要，但对这种利益的载体（如货物、劳务等），债权人自己并不能直接支配，须通过债务人为特定行为才能达到满足自己利益需要的目的，因此，债权债务共同指向的是债务人应为的特定行为。也就是说，债的客体为债务人应为的特定行为即给付，而不是具体的物。

债的法律特征

债，作为一种法律关系，是民法调整财产关系的结果。但民法调整财产关系所形成的法律关系，并非都为债的关系。债的关系与其他财产法律关系相比较，具有以下法律特征：

第一，债是特定的民事主体之间的法律关系。

债发生在特定的民事主体之间，即指债的主体不论是权利主体还是义务主体都只能是特定的，也就是说，债权人只能向特定的债务人主张权利，债务人只需向特定的债权人履行义务。债权是一种相对权。而物权关系、知识产权关系以及继承权关系中只有权利主体是特定的，义务主体则为不特定的人，也就是说，权利主体得向一切人主张权利，这种权利是绝对权。

第二，债须通过债务人的特定行为方可实现。

债作为一种特定人之间的法律关系，以当事人间得请求为特定行为为内容，因而债是以请求权为特征的一种法律关系。当事人间得请求为的特定行为是一种会给当事人带来财产利益的行为，又称为给付。法律上的债不仅仅指给付金钱，其他诸如当事人间得请求提供劳务、交付货物、移转权利等的法律关系也为债。债是当事人实现其特定利益的法律手段，债的目的是一方从另一方取得某种财产利益，而这一目的的实现，只能通过债务人的给付才能达到，没有债务人为其应为的特定行为也就不能实现债权人的权利。而物权关系、知识产权关系的权利人可以通过自己的行为实现其权利，以达其目的，而无须借助于义务人的行为来实现法律关系的目的。

第三，债是财产流转关系的体现。

财产关系依其形态分为财产的归属利用关系和财产流转关系。前者为静态的财产关系，后者为动态的财产关系。物权关系、知识产权关系反映了财产的归属和利用关系，其目的是保护财产的静态安全；而债的关系反映的是财产利益从一个主体转移给另一主体的财产流转关系，其目的是保护财产的动态安全。

第四，债具有平等性和多样性。

债可因合法行为而发生，也可因不法行为而发生。对于合法行为设定的债权，法律并不特别规定其种类，也就是说，当事人可依法自行任意设定债。因此，债具有多样性。而物权关系、知识产权关系都只能依合法行为取得，并且其类型具有法定性，当事人不能任意自行设定法律上没有规定的物权、知识产权。物权具有优先性和不相容性，在同一物上不能成立内容不相容的数个物权关系，同一物上有数个物权关系时，其效力有先后之分。而债的关系具有平等性，在同一标的物上不仅可成立内容相同的数个债，并且债的关系相互间是平等的，不存在优先性和排他性。

第五，债基于合同约定或法律规定而产生。

法律上的债既可因合同发生，也可因法律规定而发生，因而其具有极广的适用范围。因合同而产生的债，称为约定之债；因法律规定而发生的债，称为法定之债。

第六，债是一种民事法律关系。

债作为一种法律关系，也有广义的债与狭义的债之分。狭义的债的关系，是指个别的给付关系。广义的债的关系，是指包括多数债权债务（狭义债的关系）的概括法律关系。以买卖合同为例，买卖双方当事人相互负有交付标的物并移转所有权以及支付价金的义务，此为狭义的债的关系，但除此以外，当事人间还有基于买卖合同所生的其他一些义务，买卖合同当事人间所发生的各种权利义务关系，则属于广义的债的关系。法律关系有发生在特定人与不特定人之间的，也有发生在特定人与特定人之间的。债是发生于特定当事人之间的法律关系，即债的主体各方均须为特定人。债区别于其他法律关系的根本特征在于债是特定当事人间的关系，因而债为相对的法律关系。

第二节 债的类型

由于债是具有多样性的法律关系，因此债的种类有很多，根据不同的分类标准，可将债分为不同的类型。

合同之债与非合同之债

根据债发生依据的不同，可将债分为合同之债与非合同之债。

合同之债，是指依据民事主体之间订立的合同而产生的债权债务关系。这是最普遍、最重要的一种债。合同之债又称为约定之债，其内容主要是依照合同双方当事人的意思协商确定的。

非合同之债，又称法定之债，是指根据法律的规定或一定的法律事实而产生的债权债务关系。它主要包括侵权行为之债、不当得利之债和无因管理之债。法定之债的具体内容是由法律直接规定的，它的产生不以双方当事人的意志为转移。

种类物之债与特定物之债

根据债的标的物性质的不同，可将债分为种类物之债与特定物之债。

种类物之债，是指以种类物为债之标的物的债权债务关系。

种类物之债的根本特征在于其标的物为种类物，于债成立之时当事人仅以一定的数量和质量确定标的物。种类物之债的法律意义在于：第一，债的标的物是不特定的，具有可替代性。因此，在债成立之时，当事人需要确定标的物的数量和质量。如标的物的数量和质量不确定或不能确定，则债不为成立。第二，在约定的标的物发生毁损灭失时，一般不发生债的履行不能。因为种类物之债的标的物具有可替代性，因而债务人在其标的物部分灭失时，仍可以余下的标的物履行债务，而不发生债的履行不能。一般说来，只有在债务人所有的该种类物全部灭失时，才发生债的履行不能。第三，转移所有权的种类物之债，标的物所有权的转移时间不能在标的物特定化之前，在法律没有另外规定或当事人无另外约定时，标的物的所有权自交付时起转移，标的物的毁损灭失的风险也自交付时转移给债权人负担。

特定物之债，是指以特定物为债之标的物的债权债务关系。

特定物之债的根本特征在于其标的物于债成立之时即已特定，具有不可替代性。特定的标的物既可以是独一无二的物，如某一幅字画，也可以是以当事人的主观意志选定的特定物，如某一台电视机。特定物之债的意义在于：第一，债务人只能以给付特定的标的物履行义务，债权人也只能要求债务人交付特定的标的物。原则上，当事人不能以其他标的物代替约定的标的物给付。第二，在特定的标的物灭失时，发生债的履行不能，债务人不负履行责任。但如标的物的灭失是因可归责于债务人的事由发生的，则债务人应负损害赔偿责任。第三，转移标的物所有权的特定物之债，当事人可以约定标的物所有权的转移时间和风险转移时间。

简单之债与选择之债

根据债的给付是否可由当事人选择，可将债分为简单之债和选择之债。

简单之债，也称为单纯之债，由于此种债的履行标的只有一种，当事人只能按照该种标的履行义务。当事人不仅不能选择其他的标的履行，而且在履行时间、方式、地点等方面都没有选择的余地。由于简单之债的当事人在债的履行上没有选择性，所以简单之债又称为不可选择之债。

选择之债，是指履行标的有数种，当事人可以从中选择一种的债。

因为选择之债的当事人须从数种标的中选择一种履行，因此选择之债须具备两个条件：一是在债的履行上有可选择性。债的履行上有可选择性，是指在债成立之始就有两种以上的履行可供选择。可供选择的数种履行，可以是标的种类上的不同，如债务人给付金钱或提供劳务；可以是标的物的不同，或劳务内容的不同；也可以是履行时间上的不同、履行方式的不同、履行地点的不同。凡在债的给付标的，履行时间、方式、地点等诸方面可供选择的债，都为选择之债。二是必须在债的履行标的特定后才能履行。选择之债的履行标的虽有数种，但当事人只能从中确定一种履行，也只有在履行标的确定后当事人才能履行债。如无须确定债的履行标的就可以履行，则该债就不是选择之债。

简单之债与选择之债的区别在于，选择之债的当事人须于数种给付中选定一种履行，而简单之债不发生选择。选择之债给付的选定亦即选择之债的特定。选择之债的特定方法主要有两种：一是选择；二是履行不能。给付的选择，是指当事人在选择之债的数种给付中选择一种履行的意思表示。选择是一种权利，其性质为形成权，因其行使，选择之债也就成为简单之债。选择权的归属依法律的规定或合同的约定而定，或归于债权人，或归于债务人，或归于第三人，均无不可。但在法律没有明确规定，当事人也无明确约定时，选择权应归债务人一方享有。债权人或债务人有选择权的，其选择权的行使应向他方以意思表示为之，自选择的意思表示到达对方时发生效力，而无须对方承诺。第三人有选择权的，其选择权的行使应向债权人及债务人双方为之，自选择的意思表示到达最后一方时生效。履行不能的特定方法，是指选择之债的数种给付中只有一种可以履行而其他均发生履行不能时，当事人并无选择的余地，只能按可以履行的标的履行。此时，选择之债也就成为简单之债。

单一之债与多数人之债

债的主体为债权人和债务人。任何债都须有债权主体和债务主体双方。但债的任何一方主体都既可以是一人，也可以是多人。因此，依据债的主体双方是一人还是多人，可将债分为单一之债和多数人之债。

单一之债，是指债权人、债务人各为一人的债权债务关系。在单一之债中，只有两个当事人，即债权人和债务人。

多数人之债，是指债权人和债务人至少有一方为二人以上的债权债务关系。在多数人之债中，至少有三个当事人。

单一之债与多数人之债的区别就在于这两类债的复杂程度不同。在单一之债中，因为债权主体和债务主体都仅为一人，当事人之间的关系简单明了。而在多数人之债中，因为至少有一方主体为二人以上，所以当事人之间不仅有债权主体与债务主体双方之间的债权债务关系，而且在多数一方当事人之间还有相互间的权利义务关系，当事人之间的关系比较复杂。对于多数人之债，只有正确地确定多数人一方当事人之间关系的性质，才能正确地确定当事人之间的权利义务和责任。

按份之债与连带之债

根据多数债权人或多数债务人之间对债权债务的承担情况的不同，可将多数人之债进一步分为按份之债和连带之债。

1. 按份之债。

按份之债，是多数一方的债权人或债务人各自按照确定的份额分享权利或分担义务的债权债务关系。按份之债是根据主体上的特征对多数人之债的区分，强调的是多数人一方主体当事人之间的权利义务关系。

按份之债包括按份债权和按份债务。二人以上的债权人按照确定份额分享权利的，即为按份债权；债务人为二人以上，各自按照确定份额分担义务的，则为按份债务。

按份之债的成立须具备三个条件：一是债权人或者债务人为二人以上。在单一之债中不可能发生一方当事人之间的权利或义务的份额问题，所以只有在债的当事人一方或双方为多数人时，才会成立按份之债。二是债的标的是可分的。所谓债的标的可分，是指该债的标的经分割后并不损害其性质或价值。因此，按份之债的标的物只能是可分物。如果债的标的是不可分的，则当事人之间不可能按一定份额分享权利或分担义务。三是债权或债务由多数债权人分享或由多数债务人分担。多数人主体一方的当事人分享权利或者分担义务，是按份之债的根本特征。债的标的虽为可分的，但法律另有规定或者当事人另有约定时，也不能成立按份之债。例如，多数继承人继承遗产时，对于被继承人生前的某项债权或债务，在遗产未分割前，各继承人则不能按照确定的份额分享权利或分担债务。又如，甲、乙、丙共同向丁借款万元，但约定甲、乙、丙共同不分份额地向丁负清偿责任时，则甲、乙、丙与丁之间的债就不为按份之债。

按份之债的多数债权人或者多数债务人分享权利或者分担债务的份额，是自当事人加入债的关系时就确定的，而不是事后确定的。一般说来，按份之债的多数人一方当事人的债权债务份额是基于同一原因成立的，但不能仅以此为限。在债成立后，其他人基于另外的原因加入债的关系的，也可发生按份之债。虽然按份之债多数人一方的各自份额不必基于同一原因成立，但按份之债的给付原因须为同一的。如果债的当事人之间的给付义务不是基于同一原因发生的，则不能成立按份之债。

因为按份之债的各个债权人或者债务人按照确定的份额分享权利或分担义务，各债权人或各债务人的权利义务是独立的，所以，按份之债实质上是几个独立的债的集合。同时，因按份之债的给付义务是基于同一原因发生的，按份之债实为基于同一原因的各个独立之债的集合，从而也就与单独的一个债具有不同的效力。

2. 连带之债。

连带之债，是指多数一方的债权人或债务人均有权请求对方履行全部债务或者都负有向对方履行全部债务的义务的债权债务关系。

连带之债的多数人一方相互间有连带关系。若债权人一方为多数且有连带关系，则为连带债权；若债务人一方为多数且有连带关系，则为连带债务。根据我国法律的规定，债权人或者债务人一方人数为二人以上的，依照法律的规定或者当事人的约定，享有连带权利的每个债权人，都有权要求债务人履行义务；负有连带义务的每个债务人，都负有清偿全部债务的义务，履行了义务的人，有权要求其他负有连带义务的人偿付他应当承担的份额。这即是关于连带之债的规定。

连带之债的成立须具备四个条件：一是须有多数债权人或多数债务人。这是多数人之债的根本特征，也是连带之债成立的先决条件。二是债的标的必须是同一的。如债的标的不同，则不能成立连带之债。只要多数人一方主体相互间的权利义务份额在债履行前是不确定的，并且也是不能确定的，就是连带之债。在连带之债中，债务人负有清偿全部债务的义务，并不以债务人能否清偿部分债务为连带之债成立的条件。当然，在债的标的不可分时，连带之债的债权人请求债务人履行时，债务人只能就全部债务履行，而不可能仅就部分给付履行。三是债的当事人之间的债权债务须有同一的目的。不仅连带之债的标的须是同一的，而且债的目的也须是同一的。所谓债的目的是同一的，是指各债权人享受的债权或者各债务人负担的债务的目的是一个。一旦各债权人中某人受偿全部债权或各债务人中某人清偿了全部债务，债即消灭。如债的标的同一，但债的目的不同一，也不能发生连带之债。四是债的多数当事人一方之间须有连带关系。这是连带之债的根本特征，也是由连带之债有同一的目的所决定的。所谓连带关系，是指就多数债权人或者多数债务人中一人发生效力的事项，对于其他债权人或者债务人也发生同样的效力。例如，某一债权人接受了债务人的全部债务的履行时，其他债权人的债权同样归于消灭；某一债务人履行了全部债务时，其他债务人对债权人所负的债务也归于消灭。某一债务人以抵销、提存等方法而清偿全部债务时，其他债务人的清偿义务也归于消灭。

依我国法律的规定，只要数个债权人的各个债权人都有权要求债务人履行全部义务，数个债务人的各个债务人都负有清偿全部债务的义务，就为连带之债。连带之债包括连带债权和连带债务两种情况。但在连带债权中，由于每个债权人都有权请求债务人履行义务，债务人得向任一个债权人清偿全部债务，债务人一旦向任一债权人清偿了全部债务，债务人的债务即归于消灭。这样一来，如果请求和接受债务人履行的债权人没有资力或者不讲诚实信用，则其他债权人就会难以受偿。所以，连带债权对债权人来说并不有利。在实践中连带债权也少见。连带之债的真正作用是体现在连带债务上。因为，连带债务人的每个债务人都负有清偿全部债务的义务，任一个债务人在全部债务清偿前都不能免除清偿的责任。也就是说，连带债务的各债务人的全部财产担保着债权人的债权，因此连带之债具有确保债权实现的目的和作用。

3. 按份之债与连带之债的区别。

按份之债与连带之债的区别主要在于二者的效力不同。

按份之债的效力表现在以下两个方面：第一，各债权人的债权或各债务人的债务各自独立，对某一债权人或某一债务人发生效力的事项，对于其他债权人或债务人原则上不产生影响。各债权人仅能就自己享有的份额请求和接受债务人的履行，无权请求债务人履行全部义务；各债务人只就自己分担的义务份额向债权人履行，对于其他债务人负担的义务份额不负履行责任。某一债权人接受债务人的履行超过自己分享的权利份额的，除可认定为第三人接受履行的以外，构成不当得利，其他债权人的权利并不消灭；某一债务人履行义务超过自己分担的份额的，除可认定为第三人履行以外，只能向接受其履行的债权人请求返还不当得利，其他债务人的债务并不消灭。因某一债权人或债务人所为而发生的事项，例如不履行债务、免除债务、抵销、提存等，对其他债权人或债务人不产生影响。第二，各债权人或债务人的债权债务是基于同一原因（例如同一合同）产生的，相互之间在一定情形下也有一定关联。如在诉讼中，各按份债权人或债务人可作为共同诉讼人起诉或应诉。在因合同产生的按份之债中，当事人解除合同的，须由一方当事人全体向另一方当事人全体为之。多数人一方的某一当事人不得单独向另一方主张解除合同。连带之债的效力分为外部效力与内部效力两个方面：外部效力是指有连带关系的一方与对方当事人之间的关系；内部效力是指有连带关系的一方当事人间的关系。

4. 连带之债的效力。

从连带之债的外部效力上说，在连带债权中，各债权人均有权请求和接受债务人的全部给付，债务人也得向任一债权人履行债务。任一债权人接受债务人的全部履行后，其他债权人的债权也就同时消灭。在连带之债中，各债务人均负有清偿全部债务的义务。债权人得同时或者先后请求债务人全体或部分或一人履行全部或部分债务。只要债务没有全部清偿完毕，每个债务人不论其是否应债权人的请求履行过债务，对没有清偿的部分，都有清偿的义务；债务只要全部清偿，不论为债务人中一人或数人清偿，还是因债务人全体清偿，各债务人的债务均消灭，均不再对债权人负清偿义务。连带之债中，就一个债权人或者一个债务人所生的事项，有的对其他债权人或债务人发生效力，有的则不发生效力。对其他债权人或债务人发生效力的，称为发生绝对效力的事项；对其他债权人或债务人不发生效力的，称为发生相对效力的事项。一般说来，在连带债务中，下列对一个债务人所生效力的事项，对于其他债务人也应发生效力：

(1) 能够引起债的消灭的事项。因一个债务人的清偿、提存、抵销、混同等原因而使债消灭的，其效力也及于其他债务人。但是，债权人对于一个债务人的债务予以免除，而对其他债务人的债务无免除的意思的，以及仅抵销一个债务人应分担的债务，而不使其他债务人的债务消灭时，该债务免除、抵销的事项，仅于该债务人应分担的债务部分，使其他债务人免负清偿责任，其他债务人不能就全部债务免除清偿责任。

(2) 时效的完成。对某个债务人诉讼时效完成的，就该债务人应分担的债务部分，其他债务人也应发生免除清偿责任的效力。

(3) 债权人受领迟延。一个债务人向债权人提出清偿，而债权人拒绝接受或者受领迟延时，对其他债务人也发生迟延受领的效力。

(4) 法院的有利判决。一旦债务人得到法院的有利判决，而该判决又非基于该债务人与债权人之间的个人关系的，其他债务人得援用该判决拒绝履行。

从连带之债的内部效力上说，连带债权的各个债权人都有权请求和接受债务人的债务履行，但在各个债权人之间，因各个债权人只能享受自己得享受的权利份额，所以，接受债务人的履行超过自己得享受的权利份额的债权人，应当按债权人之间的权利比例返还给其他债权人。连带债务的各债务人都有清偿全部债务的义务，但在各债务人之间，各债务人是按照一定份额分担债务的，所以，清偿债务超过自己应分担的份额的，债务人有权向其他债务人追偿。负有连带义务的每个债务人，都负有清偿全部债务的义务，履行了义务的人，有权要求其他负有连带义务的人偿付他应当承担的份额。履行了义务的债务人享有请求其他债务人偿还其应承担份额的权利，即为债务人的求偿权。

第三节　债的发生、变更和终止

债权债务关系可因一定的民事法律事实而发生、变更或终止。任何法律关系的发生、变更和终止都是以一定法律事实为根据的，债亦不例外。引起债权债务关系发生变化的原因是多种多样的，我国法律对各种引发债的法律关系发生变化的民事法律事实做出了详细的规定。

债的发生

债的发生根据，又称债的发生原因，是指引起债的法律关系产生的法律事实。

依照法律的规定，债是按照合同或者法律规定而发生的。债的发生原因依其是否是依当事人自己的意思，可分为法律行为和法律规定。基于法律行为发生的债通常称为意定之债，基于法律规定而发生的债通常称为法定之债。具体来说，根据我国法律的规定，债的发生根据主要包括下述几个。

（一）基于合同而发生

合同是平等主体的自然人、法人、其他组织之间设立、变更、终止民事权利义务关系的协议。合同依法成立后，即在当事人间产生债权债务关系，因此合同是债的发生根据。基于合同所产生的债即为合同之债。因合同是双方或多方的民事法律行为，只有各方的意思表示一致才能成立，所以合同之债又称为合意之债。合同之债是当事人根据其利益依其意思自行设定的，因此合同之债属于意定之债。合同之债是当事人在平等基础上自愿设定的，它是民事主体主动参与民事活动、积极开展各种经济交往的法律表现。同时，只有依法成立的合同才能产生合同之债，合同之债是正常的经济联系的媒介，维护着正常的经济秩序。所以，合同之债在社会经济生活中占有重要的地位，合同是债发生的最常见的、最主要的原因。

（二）基于侵权行为而发生

侵权行为是指不法侵害他人的合法权益应负民事责任的行为。在民事活动中，民事主体的合法权益受法律的保护，任何人都负有不得非法侵害的义务。行为人不法侵害他人的财产权利或人身权利的，应依法承担民事责任。受侵害的当事人一方有权请求侵害人赔偿损失，侵害人则负有赔偿损失的义务。因此，因侵权行为的实施在受害人与侵害人间形成债权债务关系，侵权行为也是债的发生原因。因侵权行为而发生的债称为侵权行为之债，也称为损害赔偿之债。但损害赔偿之债较侵权行为之债的范围更广，因违反合同等而发生的损害赔偿之债，即不属于侵权行为之债。

侵权行为虽也为行为，但其与合同、无因管理不同。合同是双方或多方的法律行为，无因管理是合法的事实行为，而侵权行为是单方实施的不法的事实行为。侵权行为之债当然也就不同于合同之债、无因管理之债。侵权行为因其为不法行为，所以也不同于不当得利，尽管侵权行为人有时会因侵权行为得到不当利益，但侵权行为的性质不在于发生不当得利。侵权行为是法律所禁止的不法行为，但基于侵权行为所产生的侵权行为之债却是合法的，是受法律保护的。侵权行为之债不是侵权行为人所愿意发生的法律后果，法律确认侵权行为之债的目的在于通过债的手段使侵权行为人承担其不法行为所造成的不利后果，给受害人以救济，从而保护民事主体的合法民事权益。

我国未将侵权行为规定于债权中，而是在《民法总则》的“民事责任”一章中规定了侵权的民事责任。而侵权行为人正是通过侵权行为之债来承担其侵权的民事责任的，所以，在民事责任中规定侵权行为，并不是否认侵权行为也为债的发生原因。

（三）基于不当得利而发生

不当得利是指没有合法根据而获得利益从而使他人利益受到损害的事实。因为不当得利是社会经济生活中出现的一种不正常现象，在社会生活中任何人不得无合法根据地取得利益而致他人受损害，因此，法律规定，取得不当利益的一方当事人应将其所取得的利益返还给受损失的一方，受损失一方当事人有权请求取得利益的一方返还其不当得到的利益。因此，不当得利为债的发生原因，基于不当得利而产生的债称为不当得利之债。

不当得利之债既不同于合同之债，也不同于无因管理之债。不当得利不是当事人双方间的合意，不当得利之债并非是当事人追求的法律目的，也不以当事人的意志为转移，而是法律为纠正不当得利的现象而直接赋予当事人的权利义务。不当得利从其性质上说属于事件，而非行为，当然不是一方当事人为维护他人利益而实施的合法事实行为。不当得利可因各种原因发生，但作为债的发生原因，则不论其是何种原因造成的，只要发生不当得利的后果，就在当事人间产生不当得利之债。

（四）基于无因管理而发生

无因管理，是指没有法定的或约定的义务，为避免他人利益受损失而对他人的事务进行管理或者服务的行为。因无因管理行为虽违反禁止干预他人事务的原则，但却是一种有利于本人，有利于社会的互助行为，所以法律为鼓励这一行为而赋予其阻却违法性。无因管理一经成立，管理人与本人间也就发生债权债务关系，管理人有权请求本人偿还管理所支出的必要费用，本人有义务偿还。无因管理为法律规定的债的发生原因。因无因管理所产生的债称为无因管理之债。

无因管理之债与合同之债的相同之处在于都是因合法行为发生的，二者的根本区别在于合同之债为意定之债，而无因管理之债为法定之债。无因管理之债并不是基于当事人的意愿而设定的，因为无因管理是合法的事实行为而非法律行为，管理人管理本人的事务是为避免本人的利益受损失，而不是与本人发生债权债务关系，但无因管理一经成立，则基于法律的规定在当事人之间产生债。无因管理之债的目的在于保护管理人的积极性，从而达到维护本人利益之目的，而不是以调动当事人进行民事活动、进行交易的主动性和积极性为目的。

合同、侵权行为、无因管理、不当得利是债发生的主要原因，除此以外，其他的法律事实也会引起债的发生。例如，拾得遗失物会在拾得人与遗失物的所有人之间产生债权债务关系；因防止、制止他人合法权益受侵害而实施救助行为，会在因实施行为受损害的受损人与受益人间产生债权债务关系；遗嘱也可引起债的发生，基于遗嘱而发生的债就不是按照法律规定发生的，如因遗赠会在受赠人与遗嘱执行人间产生债权债务关系；因缔约过失，会在缔约当事人间产生债权债务关系。

三、债的变更

债的变更分为广义的变更和狭义的变更。狭义的变更仅指债的内容的变更，广义的变更则包括债的内容变更和债的主体变更两种情形。

（一）债的内容变更

债的内容的变更，是指在债的主体不改变的情形下，当事人之间的权利义务变更。债的内容的变更，主要为合同之债的变更，因为债的客体的变更与债的内容的变更是联系在一起的，客体的变更必然发生内容的变更，而内容的变更也就引起客体的变更。例如，交付标的物的债，应交付的标的物的数量的增减，债的履行时间的变更等，都是债的内容变更。

能引起债的内容发生变更的具体原因有很多，依其性质来说，债的内容变更的方式主要包括：

1. 依法律的规定而变更。

因法律的直接规定而发生的债的内容变更，称为债的法定变更。在法律规定变更的情形下，债的双方当事人不能依其意思通过协商的方式改变法律的规定，也就是说，这种变更是具有强制性的，不以当事人的意志为转移。例如，一些国家定价的商品的交易，债的双方当事人不能通过协商确定超出国家定价范围的价格。

2. 依当事人的约定而变更。

债的内容可因双方当事人的约定或一定的法律行为而变更。在一般情形下，债的内容变更须有让与人与受让人间的合意才能发生，因此，依约定而发生的债的内容变更是最常见的变更方式。债的内容也可因单方法律行为发生变更。例如，遗赠行为可使债的内容发生变更。

3. 依有效的法律文书而变更。

如依法院的判决变更或依仲裁裁决变更。债的内容可因有效的法律文书而发生变更，因此种原因发生的债的内容变更称为裁判上的变更。有效的法律文书包括法院的裁决、仲裁机构的裁决、公证债权文书等。这些文书是由国家有权机构出具的，它们具有国家强制力的保障，如果一方当事人拒不履行文书规定的义务，则另一方当事人有权通过诉讼的方式强制对方履行。

（二）债的主体变更

债的主体变更是指债权人或债务人的变更，又称为债的移转。债的主体包括债权人与债务人双方，不论是债权人变更还是债务人变更都为债的移转。债的主体变更实际上就是债的内容转移给他人承受，即由债的原第三人成为债的新的债权人、债务人。

债的移转具有以下法律特征：一是债的移转不改变债的内容与客体。债的移转仅为广义的债的变更中的主体变更，因而债的移转并不改变当事人间的权利义务关系，即债权与债务并不改变。二是债的移转是以债权债务关系的存在为前提的。债的主体的变更，必须以债权债务的存在为前提，因而它与债的发生是不同的。债的发生是指原来不存在债权债务关系而新产生债的关系。债的移转就其受让人来说，虽然也是在自己原不享有债权或不负担债务的情况下而新取得债权或负担债务，因此也可以说是产生了债权或债务，但该债权债务并非新发生的，而是原来就已存在的。所以依债的移转而成为债权人或债务人的，可称为债的继受主体，而非债的原始主体。三是债的移转要保持债的同一性。债的移转并不引起新的债权债务关系的出现。债移转后的债权债务与移转前的债权债务应保持其同一性。因此，债的移转不同于债的更改。债的更改，又称为债的更替、债的更新，是指在原债的基础上成立一个新债以代替原债。例如，将租赁关系更改为买卖关系。

根据我国法律的规定，债的移转主要包括三种情形：债权人一方变更而债务人一方不变的，为债权移转，又称为债权让与；债务人一方变更而债权人一方不变的，为债务移转，又称为债务承担；若因债权人一方或债务人一方所参与的债都发生债权主体或债务主体变更而发生债的移转，则为债的概括移转。

1. 债权让与。

债权让与即在不改变债的内容的前提下，由第三人承受债权人的全部或部分债权。

基于法律行为而发生的债权让与多以合同的方式为之，一般是指在不改变债的内容的前提下，债权人通过与第三人的协议将其债权转让给第三人。债权人与第三人订立的关于转让债权的协议称为债权让与合同（或契约）。让与债权的一方当事人称为让与人，受让债权的一方当事人称为受让人。债权让与生效后，受让人即取代让与人的债权人的地位而成为债权人。

债权让与可分为全部让与和部分让与。债权的全部让与是指债权人将债权全部转让给第三人，转让行为生效后，原债权人退出债权的关系，受让人成为债权人。债权的部分让与是指债权人将债权的一部分转让给第三人，转让行为生效后，原债权人并不退出债的关系，而是与受让第三人共同成为债权人。如果转让协议中规定了转让的债权份额，则原债权人与受让第三人按照份额享有债权，成立按份债权；若没有规定让与的债权份额，则原债权人与第三人连带享有债权，成立连带债权。

债权让与通常是基于让与人与受让人之间的债权让与合同而发生的，它须具备以下条件方能生效：

（1）须当事人之间达成合意。债权让与时，让与人与受让人应订立债权让与合同。该债权让与合同应具备合同的有效要件。如有使合同无效的情形，则让与合同不能生效。在让与合同有可撤销或可变更的事由时，当事人得请求撤销或变更让与合同。让与合同一经撤销，溯及到成立时无效。

（2）须有有效债权的存在。债权让与合同的目的是转让债权，因而必须有有效债权存在。若转让人不享有有效债权，该让与合同当然无效。债权是否有效，应以何时为准，应具体分析。例如，以可撤销的债权为让与的，在所让与的债权未被撤销前，该债权为有效，因此，在其未被撤销前让与的，该让与合同为有效。以将来发生的债权为让与的，因让与合同成立时该债权尚不存在，但并非将来不能有效存在，若当事人约定于债权人取得债权时债权移转于受让人，则该让与合同也应为有效。

（3）须所让与的债权具有可让与性。债权为财产权，一般具有可让与性，债权人得将其债权让与他人。但是并非所有的债权都具有可让与性。对于不具有可让与性的债权，债权人不得转让。按照《合同法》的规定，下列情形下的债权不得让与：1）依债权性质不得让与的债权。这类债权主要有以下几种：其一，以特定身份为基础的债权。例如，亲属间的抚养请求权，抚恤金请求权，受遗赠人的给付遗赠请求权等。其二，以特定债权人为基础的债权。例如，离退休金债权。以特定人为对象提供劳务的债权，也不得转让。例如，对特定人进行家教的债权。其三，基于当事人间的特别信任关系的债权，原则上不得让与。例如，雇佣、委托、借用、租赁关系中的债权，原则上不得让与。其四，属于从权利的债权，不得单独让与。因为从权利随主权利的转移而转移，性质上不能与主权利分离而单独让与。2）债的当事人双方约定不得转让的债权。债权人与债务人双方可以约定不得转让债权，但其约定不得违反法律的强行性规定。当事人关于不得让与债权的意思表示，可以于债权成立时为之，也可以在债权成立后为之，但须在债权让与前做出。在债权让与后而为禁止让与债权约定的，其禁止让与的意思表示无效。当事人可以约定禁止向任何人转让债权也可以约定禁止向特定人或特定范围的人转让债权。3）依照法律规定不得转让的债权。例如，依我国《担保法》的规定，最高额抵押的主合同债权不得转让。对于依照法律规定应由国家批准的合同债权，其让与仍应经原批准机关批准，否则不能发生让与的效力。

（4）须通知债务人。债权让与合同为转让人与受让人间的意思表示一致的协议，因此，债务人不为债权让与合同的当事人。从法律行为的一般原理上说，债务人的意思不能影响债权让与合同的效力。但因债权转让合同所转让的债权与债务人有关，于转让生效后，债务人须向受让人履行债务，因此债权让与合同是涉及债务人的合同。《合同法》第80条第1款规定："债权人转让权利的，应当通知债务人。未经通知，该转让对债务人不发生效力。"依此规定，债权让与不以债务人的同意为生效要件，但应以通知债务人为对债务人发生效力的要件。即债务人未受债权让与通知的，则该让与对债务人不发生效力，债务人向原债权人为清偿的，其清偿为有效。

债权让与会产生一定的法律效果，即发生债权让与的效力。债权让与的效力可分为内部效力与对外效力两个方面。

（1）债权让与的内部效力是指债权让与在转让人与受让人间发生的法律效果。债权让与的内部效力主要包括以下几个方面：

1）债权及其从权利转让于受让人。债权让与的基本效力是受让人取得受让的债权，即债权从让与人转移于受让人所有。除法律另有规定或者当事人另有约定外，自债权让与合同成立之时债权转移于受让人，受让人即成为新的债权人。《合同法》第81条规定：债权人转让权利的，受让人取得与债权有关的从权利，但该从权利专属于债权人自身的除外。依此规定，从权利随主债权的转移而转移于受让人。例如，担保权、利息债权等随主债权的转移也转移于受让人。但专属于原债权人自身享有的从权利，例如撤销权、解除权等形成权，不因债权的转移而当然地转移于受让人。

2）让与人应使受让人能够完全行使债权。债权的让与人负有使受让人能够完全行使债权的义务，因此，让与人应将所有足以证明债权的文件，如债权证书、票据等交付受让人；让与人应向受让人告知有关主张债权的必要情形，如债务人的住所、债务的履行方式等；有担保权的，让与人应将担保文书一并交付给受让人；占有担保物的，应将其占有转移给受让人。

3）让与人对让与的债权负瑕疵担保责任。让与人对其所让与的债权应负瑕疵担保责任，不使受让人因债务人主张得对抗让与人的事由而使受让人的利益受损害。但是，除让与合同另有约定外，让与人不对债务人的履行能力负担保责任。受让人于让与合同成立时知道债权有瑕疵而受让的，让与人也不应负瑕疵担保责任。

（2）债权让与的对外效力是指债权让与对债务人及第三人发生的法律效果。债权让与自当事人双方的意思表示一致时成立，只有在向债务人为债权让与的通知时，才能对债务人发生效力。债权让与的通知可以是各种方式，口头和书面的方式均可。债务人一经接收债权让与的通知，有异议的，得向对方提出，并得向原债权人即让与人清偿债务；债务人未提出异议的，债权让与对其即发生效力。这一效力主要包括以下几个方面：

1）债务人应向受让人履行债务。债权让与对债务人生效后，债务人应向受让人清偿债务，而不得再向让与人清偿债务。债务人仍向让与人清偿的，除构成向第三人履行外，其清偿无效，不能对抗受让人，而只能依不当得利向接受清偿的让与人要求返还。

2）债务人对原债权人的抗辩权得向受让人为之。受让人受让债权，其地位不能优于让与人，其权利不能大于让与人原有的权利，因此，凡债务人得以对抗原债权人即让与人的抗辩权，同样得用以对抗受让人。《合同法》第 82 条明确规定：债务人接到债权转让通知后，债务人对让与人的抗辩，可以向受让人主张。例如，债权未发生的抗辩，债权已消灭的抗辩，债权无效的抗辩，同时履行的抗辩和不安抗辩，债权已过诉讼时效的抗辩等，债务人均可向受让人行使。

3）债务人得主张以其债权与让与的债权抵销。《合同法》第 83 条规定：债务人接到债权转让通知时，债务人对让与人享有债权，并且债务人的债权先于转让的债权到期或者同时到期的，债务人可以向受让人主张抵销。

2. 债务承担。

债务承担是指在不改变债的内容的前提下，由第三人承担债务人部分或全部的债务。

债务承担可因法律的直接规定而发生，也可因法律行为而发生。依当事人之间的合意而发生的债务承担最为常见。当事人间关于转移债务的合意即为债务承担合同。

债务承担包括免责的债务承担与并存的债务承担。免责的债务承担，是指由第三人即承担人代替债务人承担其全部债务，原债务人脱离债的关系，承担人成为新债务人。并存的债务承担，是指第三人加入债的关系与债务人共同承担债务，原债务人并不脱离债的关系，仍为债务人。狭义的债务承担仅指免责的债务承担。

债务承担须具备一定的要件。《合同法》第 84 条规定：债务人将合同的义务全部或者部分转移给第三人的，应当经债权人同意。依此规定，债务承担须具备以下要件：

（1）须有以债务承担为目的的有效合同。如当事人间订立的合同不是以转移债务为目的或者虽以由第三人承担债务为目的，但合同存有无效的事由的，均不能发生债务承担的后果。债务承担合同可由债权人与第三人订立，也可由债务人与第三人订立。由债务人与第三人订立债务承担合同的，须经债权人同意方能有效。

（2）须有有效债务的存在。债务承担合同所转移的是有效债务，若债务并不存在或无效或已消灭，则债务承担合同不能有效。所转移的债务为将来发生的债务的，债务承担合同应自债务有效成立时方能生效。

（3）须所移转的债务具有可移转性。性质上不能移转的债务，不得移转于他人承担；债权人与债务人约定不得移转的债务，也不得由第三人承担；法律直接规定不能移转的债务，也不具有可移转性。因此，凡以移转不具有可移转性的债务为目的的债务承担合同不能有效。例如，特定人的劳务提供，如歌星演唱、教授讲座等，此种债务从性质上不能移转。

债务承担生效后发生以下方面的法律效力：其一，债务全部移转的，承担人取代原债务人的地位而为新债务人。原债务人因脱离债的关系而不再负担债务。债务人的债务部分转移给第三人的，第三人加入债，与原债务人共同承担债务。其二，新债务人取得原债务人基于债权债务关系所享有的抗辩权。《合同法》第 85 条规定：债务人转移义务的，新债务人可以主张原债务人对债权人的抗辩。但原债务人对债权人享有同种类债权可主张抵销的，新债务人不得以此主张抵销。因债务承担为无因行为，新债务人基于债务承担合同得对原债务人所为的抗辩事由，不得以之对抗债权人。其三，从属于主债务的从债务一并移转于承担人承担。《合同法》第 86 条规定：债务人转移义务的，新债务人应当承担与主债务有关的从债务，但该从债务专属于原债务人自身的除外。例如，附随于主债务的利息债务等除当事人另有约定外，也一并由新债务人承担。但是担保债务并不能随主债务的移转而移转，第三人为原债务人提供担保的，在债务承担时除担保人同意继续担保者外，债务移转时，担保随之消灭。

3. 债权债务的概括移转。

债权债务的概括移转是指当事人将其债权债务一并移转给第三人享有和承担。

债的概括移转，也称债的概括承受，主要有两种情形：一是合同的承受；二是企业的合并。

（1）合同的承受。

合同的承受，是指合同当事人一方将其在合同中的权利义务全部转移于第三人，第三人承受其在合同中的地位，享受权利和负担义务。合同承受既可因当事人间的协议发生，也可因法律的直接规定发生。

《合同法》第 88 条规定：当事人一方经对方同意，可以将自己在合同中的权利和义务一并转让给第三人。因此，当事人一方将其合同上的权利义务一并转移于第三人的，须经对方同意，否则不能发生转移的效力。按照《合同法》第 89 条的规定，权利和义务一并转让的，其成立条件和效力，适用关于债权让与和债务承担的规定。

（2）企业的合并。

《民法总则》第 67 条规定：法人合并的，其权利和义务由合并后的法人享有和承担。法人分立的，其权利和义务由分立后的法人享有连带债权，承担连带债务，但是债权人和债务人另有约定的除外。《合同法》第 90 条规定：当事人订立合同后合并的，由合并后的法人或者其他组织行使合同权利，履行合同义务。当事人订立合同后分立的，除债权人和债务人另有约定的以外，由分立的法人或者其他组织对合同的权利和义务享有连带债权，承担连带债务。依此规定，债的当事人一方合并的，该当事人的债权债务也就一并由合并后的法人或者其他组织承受。

债的终止

债的终止，即债的消灭，是指民事主体之间债权债务关系因一定的法律事实而不再存在的情况。债是债权人与债务人间的权利义务关系，是有期限性的权利，性质上不能永久存在。因为债权人设定债的目的是取得某种利益，而其利益的取得须通过债权的实现而达到。债权实现，债也就消灭了。就此意义上说，债的设定本身就是为了债的消灭。债是一种动态的关系，正是通过债的发生、消灭的过程满足债权人的利益，实现债的功能。债终止后，债的当事人双方间的权利义务于客观上已不复存在。除此之外，该债权的担保及其他从属的权利也随之消灭。

债的消灭与债的效力的停止不同。债的效力的停止，是因债务人行使抗辩权而拒绝债权人的履行请求，从而使债权的效力受阻止或停止。债权的效力发生停止，债的关系仍存在；而债的终止，则是债的关系彻底消灭，再也谈不上债的效力。

债的消灭与债的变更也不同。债的变更包括主体变更与客体、内容的变更。债的主体的变更为债的移转，债的关系未消灭，仅是存在于新的主体之间而已。尽管从原主体的角度说，可为债的丧失，但从客观上说，债仍未失其同一性而存在于变更后的主体之间。债的内容或客体变更，仅是债的内容或客体变动，债权债务关系仍然存在，并未消灭。

债的终止原因是指能够引起债的消灭的法律事实。没有终止的原因，债就不能终止。债的终止原因主要包括下述几种。

（一）债的履行

债的履行是指债务人按照法律规定或合同约定清偿了债务，债权人接受其履行从而导致债的消灭。这是基于债的目的达到而终止债的情形。债务人向债权人为特定行为，债权人的权利实现，债的目的达到，债当然也就消灭。因此，债的履行是债的终止的最正常、最常见的原因。

（二）债的解除

债的解除是指合同有效成立后，因一方当事人的意思表示或双方的协议而导致债的消灭。这是基于当事人的意思而终止债的情形。解除合同是合同之债终止的原因，不论在何种情形下，合同一经解除，当事人间的债权债务即提前消灭。对于合同的解除，本书将在后面专门论述。

（三）抵销

抵销是指当事人双方互负同种类的债务，各自以其债权充当债务之履行，而使其债务与对方的债务在对等数额内消灭。虽然在立法上，各国对抵销的规定有所不同，但抵销是自罗马法后期以来，各国法上都承认的制度。我国《合同法》第99条第1款规定：当事人互负到期债务，该债务的标的物种类、品质相同的，任何一方可以将自己的债务与对方的债务抵销，但依照法律规定或者按照合同性质不得抵销的除外。抵销是债的终止的一项原因，并且用抵销方式消灭债，可便利当事人双方，节省交易成本。因为在当事人双方相互负有同种类给付的债务时，若各方均须履行自己的债务，双方就要相互交换给付，势必增加给付的费用。此外，抵销还有担保作用。例如，双方互负同类债务时，若其中一方的资力恶化，另一方向其履行，就有可能得不到相反的履行。但若实行抵销，则一方即使不能履行债务，他方的利益也可得到保障。

1. 抵销的种类。

抵销可分为法定抵销和约定抵销两种。

法定抵销，是指具备法律所规定的条件时，依当事人一方的意思表示所为的抵销。依当事人一方的意思表示，使双方的债权按同等数额消灭的权利，称为抵销权。通常所说的抵销即是指法定抵销。约定抵销，又称为合意抵销，是指依当事人双方的合意所为的抵销。它是由当事人自由约定的，其效力也决定于当事人的约定。《合同法》第100条规定：当事人互负债务，标的物种类、品质不相同的，经双方协商一致，也可以抵销。这里规定的就是约定抵销。

2. 抵销的要件。

抵销一般须具备以下要件：

（1）须双方互负有债务，互享有债权。抵销是通过冲抵债务，使双方的债权在同等数额内消灭，因此，抵销必以当事人双方相互享有对立的债权、负有对立的债务为前提。若当事人一方对另一方仅有债权而不负债务，或者仅负债务而不享有债权，当然也就不可能抵销。抵销人供抵销的债权应为自己享有的具有完全效力的债权。抵销人的债权为诉讼时效完成后的债权的，不得以之供抵销，但对方以其债权与之抵销的，可发生抵销的效力。抵销人只能以自己的债权供抵销。对于他人的债权，即使他债权人同意，也不得抵销。

（2）须双方债务的给付为同一种类。因为只有给付的种类相同时，当事人双方的经济目的才一致，通过抵销才可满足双方当事人的利益需要。两项债务为不同种类的给付，若当事人以抵销而不必为给付，则会难以满足当事人的经济需要。

（3）须双方的债务均届清偿期。因为抵销具有清偿的效力，因此只有债务已届清偿期时才可抵销。债务未到清偿期，债权人不能请求履行，若债权人得以其债权与对方的债权抵销，也就等于请求债务人提前清偿。两项债务，一项已届清偿期，而另一项未届清偿期时，若未到期的债务人主张抵销的，可以抵销；已届清偿期的一方主张抵销，未到期的一方同意抵销的，则也可以抵销。因为于此情形下，债务人自愿放弃自己的期限利益，法律自无限制的必要。如果两项债务都没有规定清偿期，因为债权人都可随时要求债务人履行，则可以抵销。

但是，在当事人一方受破产宣告时，破产债权人的债权不论是否已届履行期限，不论是否附有期限或解除条件，也不论给付种类是否相同，均得抵销。此为破产中的抵销与民事上的一般抵销的不同。

（4）须双方的债务均为可抵销的债务。抵销的债务须为可以抵销的债务。对于依法律规定或者债务的性质不得抵销的债务，不得抵销。双方约定不得抵销的债务也不得抵销。例如，相互提供劳务的债务，与人身不可分离的债务（如抚恤金、退休金等债务），依其性质不能抵销。法律规定不能抵销的债务主要有：禁止强制执行的债务；因故意侵权行为而产生的债务；约定应向第三人为给付的债务；违约金债务；赔偿金债务等。

3. 抵销的效力。

抵销可使双方的债务消灭，因而抵销权为形成权。抵销权的行使由抵销权人将其抵销的意思表示通知对方即可发生效力。《合同法》第 99 条第 2 款规定：当事人主张抵销的，应当通知对方。通知自到达对方时生效。抵销不得附条件或者附期限。抵销的效力主要表现在以下方面：

（1）双方的债权债务于抵销数额内消灭。双方债务数额相等的，双方的债权债务全部消灭；双方的债务数额不等的，数额少的一方的债务全部消灭，另一方的债务于与对方债务相等的数额内消灭，其余额部分仍然存在，债务人就此部分债务余额负清偿责任。

（2）因抵销而致双方债务的消灭为绝对消灭。除法律另有规定外，任何人不得主张撤回抵销。已抵销的债务再为清偿时，发生不当得利。

（3）抵销的意思表示溯及于抵销权发生时消灭债的效力。双方的债务适于抵销时，就是抵销权发生之时。在双方的债务清偿期不一致时，以主张抵销的一方当事人发生抵销权的时间为适于抵销的时间。

（四）提存

提存是指债务人在债务履行期届满时，将无法给付的标的物交提存机关，以消灭债务的行为。提存制度源于罗马法。在罗马法上，最初允许债务人在债权人拒绝受领时，得抛弃给付物而免其责；其后因此办法不利于经济发展，于是设提存制度。现代各国法上一般都规定有提存制度，将提存作为债的一种终止原因。我国《最高人民法院民通意见》第 104 条规定：债权人无正当理由拒绝债务人履行义务，债务人将履行的标的物向有关部门提存的，应当认定债务已经履行。因提存所支出的费用，应当由债权人承担。提存期间，财产收益归债权人所有，风险责任由债权人承担。这一规定明确将提存规定为债的消灭原因。司法部于1995年6月发布了《提存公证规则》，对公证提存做了规定。《合同法》中对提存做了明确的规定。

债务人履行债务需要债权人协助，如债权人不协助债务人的履行，对债务人的履行拒不接受，或者债务人无法向债权人履行，债务人就不能清偿债务。于此情形下，债务人将因债权人不受领而继续承担着清偿责任，这对于债务人是不公平的。因此，法律设立了提存制度，目的是使债务人不因债权人的原因而受迟延履行之累。通过提存，债务人可以将其无法给付债权人的标的物交给提存机关保存，以代替向债权人的给付，从而免除自己的清偿责任。债务人提存后，债务人的债务即消灭，因而提存亦为债的终止原因。

1. 提存的要件。

提存须具备以下条件：

(1) 须有可以提存的合法原因。提存的前提是债务人无法向债权人清偿。债务人只有在无法向债权人给付时才可用提存的方法消灭债务。因此，凡因债权人一方的原因致使债务人无法清偿的事实，均为提存的合法原因。

根据我国《合同法》第101条的规定，有下列情形之一，难以履行债务的，债务人可以将标的物提存：1) 债权人无正当理由拒绝受领；2) 债权人下落不明；3) 债权人死亡未确定继承人或者债权人丧失民事行为能力未确定监护人；4) 法律规定的其他情形。

(2) 须经法定程序。提存应经以下程序：首先，由提存人提出申请，申请书中应载明提存的原因、提存的标的物、标的物的受领人（不知受领人的，应说明不知受领人的理由）。其次，经提存机关同意。提存机关受理提存申请后应予以审查，以决定是否同意提存。提存机关同意提存的，指定提存人将提存物交有关的保管人保管。最后，由提存机关出具提存证书并交给提存人。提存证书具有与受领证书同等的法律效力。

(3) 提存的主体与客体适当。提存的主体为提存人与提存机关。一般情形下，提存人即为债务人，但提存人不以债务人为限。凡债务的清偿人均可为提存人。提存机关是法律规定的有权接受提存物并为保管的机关。有的国家设有专门的提存所，也有的并不专设提存所，而由法院或其他机关办理提存。依我国现行法律的规定，拾得遗失物的，可向公安机关提存；定做人变卖留置物受偿后，可将余款向债权人所在地的银行办理提存；公证提存的，公证处为提存机关。法院也可为提存机关。提存的客体也就是提存人交付提存机关保管的物。提存标的物原则上是债务人应给付的标的物。提存物应为适于提存的物。标的物不适于提存或者提存费用过高的，债务人依法可以拍卖或者变卖标的物，提存所得的价款。

2. 提存的效力。

由于提存涉及三方当事人，所以提存一经成立，即会产生三方面的效力。

(1) 在债务人与债权人间的效力。提存后，债因提存当然消灭，债务人不再负清偿责任。提存物的所有权如同债务人给付后一样移转于债权人，标的物毁损、灭失的风险也一并移转于债权人，标的物的孳息归债权人所有，提存费用由债权人负担。但是，为使债权人及时得知提存的事实，除债权人下落不明的以外，提存人应当通知债权人或者债权人的继承人、监护人。

（2）在提存人与提存机关间的效力。提存人与提存机关是提存行为的双方当事人。于提存成立后，提存机关有保管提存物的义务。提存人在发现提存错误或提存原因消灭时，得撤销提存行为，并取回提存物。但是在提存有效成立期间，提存人不得取回提存物。即使债权人放弃或丧失请求权，提存人也不能取回提存物。提存人也不负担提存物的保管费用。当然若提存人取回提存物，提存人自应负担提存物的保管费用。

（3）在提存机关与债权人间的效力。提存成立后，债权人与提存机关形成一种权利义务关系。《合同法》第 104 条第 1 款规定：债权人可以随时领取提存物，但债权人对债务人负有到期债务的，在债权人未履行债务或者提供担保之前，提存部门根据债务人的要求应当拒绝其领取提存物。依此规定，不能认为债权人无请求提存机关交付提存物的权利。所以，在一般情况下，债权人不仅有受领提存物的权利，也有请求交付提存物的权利。债权人领取提存物的权利应于法律规定的期限内行使。债权人超过法律规定或者提存机关公告的领取时间而不领取提存物的，其权利即行丧失。依我国《合同法》第 104 条第 2 款的规定，债权人领取提存物的权利，自提存之日起 5 年内不行使而消灭，提存物扣除提存费用后归国家所有。

（五）债务免除

债务免除是指债权人抛弃债权，而使债务人的债务消灭的单方民事法律行为。免除成立后，债务人不再负担被免除的债务，债权人的债权也就不再存在，债即消灭，因此债务免除也是债的终止原因之一。

债务免除的效力是使债的法律关系终止。债务全部免除的，债即全部消灭；债务部分免除的，债即于免除的范围内消灭。主债务因免除而消灭的，从债务也随之消灭。因债务免除实质上是对债权的抛弃，所以就法律禁止抛弃的债权而免除债务的，其免除行为无效，不发生债的终止的法律效果。

（六）混同

混同是指债权与债务同归于一人，而使债的关系消灭的法律事实。

混同以债权与债务归于一人而成立，与人的意志无关，因而属于事件。发生混同的原因可分为两种：一是概括承受，即债的关系的一方当事人概括承受他人权利与义务。例如，因债务人继承被继承人对其享有的债权或者债权人继承被继承人对其负担的债务，债权人与债务人合为一人。概括承受是发生混同的最主要原因。二是特定承受，指因债权让与或债务承担而承受权利义务。例如，债务人自债权人受让债权，债权人承担债务人的债务，此时也发生混同。

《合同法》第 106 条规定：债权和债务同归于一人的，合同的权利义务终止，但涉及第三人利益的除外。因此，混同的效力是导致债的关系绝对消灭，并且主债消灭，从债也随之消灭。但在涉及第三人利益的情形下，虽发生混同，债也不消灭。例如，在债权出质时，债权不因混同而消灭；票据的债权人与债务人混同时，债也不当然消灭。

本章小结

债是特定的民事主体之间请求为特定行为的民事法律关系。债的法律特征，即债是特定的民事主体之间的法律关系，债须通过债务人的特定行为方可实现，债是财产流转关系的体现，债具有平等性和多样性，债基于合同约定或法律规定而产生，债是一种民事法律关系。

债的类型包括：合同之债与非合同之债，种类物之债与特定物之债，简单之债与选择之债，单一之债与多数人之债，按份之债与连带之债。

债的发生原因包括合同、侵权行为、不当得利、无因管理。债的变更包括债的内容、主体变更。债的终止原因包括债的履行、债的解除、抵销、提存、债务免除和债的混同。

关键概念

债　种类物之债　连带之债　债的解除　债权债务的概括移转
抵销　提存　债务免除　混同

思考题

1. 试论债的法律特征。
2. 简述债的分类及其法律意义。
3. 债的发生原因主要有哪些？
4. 债的终止原因包括哪些？
5. 简述抵销、提存的构成要件。

第十七章

合同法基本原理

导　学

通过本章的学习，认识和理解合同的本质和法律特征，了解合同的主要类型，明确合同的订立形式和订立程序，掌握合同的效力，把握合同的履行、合同的变更和转让、合同的终止、合同的担保与合同的解释。要求深刻理解合同法的基本原理，全面掌握合同制度的法律规则。

第一节　合同的概念和法律特征

合同法是债权领域中最主要的法律制度，约定之债主要是由合同法加以规范的。合同的本质是商品交换的法律形式。在市场经济条件下，合同联系着生产、交换、分配与消费，是最基本的社会纽带之一，合同法也是市场经济社会最基本的法律部门。随着经济的发展进步，合同的形式日趋多元化，传统的合同法制度也发生了巨大的变化，其内容日趋丰富，其制度也日趋完善。

■ 合同的概念

合同，又称契约，是指平等主体的公民、法人和其他组织之间设立、变更和终止民事权利义务关系的协议。合同依法成立后，即在当事人之间产生债权债务关系，因此合同是债的发生根据。基于合同所产生的债即为合同之债。广义的合同包括所有当事人之间达成的有关民事权利义务关系的协议，既包括财产方面的协议，也包括身份关系方面的协议。根据我国《合同法》的规定，民事主体之间关于婚姻、收养、监护等身份关系方面的协议，不适用《合同法》的规定。因此，我国《合同法》中所说的合同，仅指狭义的合同，即有关财产关系的协议。

二、合同的法律特征

合同的法律特征主要包括下述几个方面。

（一）合同是平等的民事主体之间的协议

合同是一种合意，它是合同当事人双方通过协议的方式达成意思表示的一致，从而在双方当事人之间产生法律约束力的行为。合同的当事人包括自然人、法人及其他组织，这些主体在合同法律关系中是完全平等的。我国《合同法》第 3 条规定：合同当事人的法律地位平等，一方不得将自己的意志强加给另一方。

（二）合同是一种民事法律行为

合同属于民事法律行为，必须具备民事法律行为的有效要件方可成立。民事法律行为的有效要件包括：

1. 行为人要有相应的民事行为能力。合同的任何一方主体都必须满足我国法律关于民事主体行为能力的规定，不得从事与其民事行为能力不相符合的合同交易活动。例如，法人从事合同交易活动必须受到法人登记的经营范围的限制，从事服装交易的法人不得随意从事餐饮合同交易活动。

2. 双方的意思表示真实。民事法律行为的一个重要特征就是其合法性，而合法性的根本基础就是从事合同行为的双方当事人的意思表示必须是真实的，违背当事人真实意志的行为不能产生《合同法》上的法律效力。

3. 合同的内容不得违背法律或社会公共利益。合同的内容虽然主要还是由当事人双方自主约定，但这种自主权不得超越合法的范围，不得损害社会公共利益，否则当事人应当受到法律的制裁。例如贩卖毒品的合同即是一种违反法律规定、损害社会公共利益的合同，它为我国《合同法》所禁止。

（三）合同以设立、变更或终止民事权利义务关系为目的

当事人签订合同的目的在于在当事人之间建立一定的债权债务关系，并通过该债权债务关系的实现来改变原有的法律关系状态。社会亦是通过各种民事主体的各种各样的合同行为来实现商品的流转，产生新的社会价值，维系人类的正常生活。

（四）合同是双方或多方的民事法律行为

由于合同是一种合意，这就决定了合同的主体是双方或多方，如果合同主体只有一方，就谈不上什么合意。合同不仅需要双方或多方主体的意思表示，还要求各方主体的意思表示必须达成一致，合同方可成立，因此合同是双方或多方的民事法律行为。

第二节　合同的类型

由于社会经济生活具有多样性，相应地，合同的种类也是多种多样的，根据不同的分类标准，可以将合同分为不同的种类。

一、单务合同与双务合同

根据承担合同义务的是单方主体还是双方主体，可将合同分为单务合同和双务合同。

单务合同，是指合同当事人仅有一方承担义务，另一方只享有权利的合同关系。单务合同的当事人并不互相享有权利和承担义务。例如，在借用合同中，只有借用人一方当事人负有到期归还借用物的义务，另一方除享有到期收回借用物的权利外无义务。再如赠与合同中，赠与人负有将赠与物交给被赠与人的义务，受赠人则无须负担任何义务。

双务合同，是指合同的双方当事人互负对待给付义务的合同关系。双务合同中双方当事人的权利和义务是相互对应、相互依赖的，双务合同一方所享有的权利通常就是另一方所负担的义务。双务合同是财产交换在法律上最典型的体现，在整个合同领域中占有主体的地位，买卖、租赁、互易合同等均为双务合同。

单务合同和双务合同在法律上的区别，主要体现在以下几个方面：

第一，双务合同可以适用同时履行抗辩权和不安抗辩权，单务合同则不能。同时履行抗辩权是指双务合同的当事人在无先后履行顺序时，一方在对方未为对待履行之前，有拒绝履行自己的义务的权利。不安抗辩权是指双务合同中应当先履行义务的一方当事人有证据证明后履行一方具有财产状况恶化等丧失或者可能丧失履行债务能力的情况时，在后履行一方未履行其债务或者未提供担保前，有拒绝先履行自己债务的权利。由于双务合同的双方当事人都负有合同上的义务，只有债务双方均同时履行了自己的义务，才能达到双方当事人的订约目的，因此一方当事人有权在对方未为对待履行或未提出履行以前拒绝对方提出的履行请求。而单务合同中，因为只有一方负担义务，另一方只享受权利，所以双方之间不存在相互对应和牵连的问题，因此单务合同不能适用同时履行抗辩权和不安抗辩权。

第二，双务合同和单务合同的风险负担不同。在双务合同中，双方的权利和义务是互相对应的，如果因为不可抗力或其他非人为因素导致一方当事人不能履行义务，就会发生风险负担的问题，具体的负担方法根据不同的合同有着不同的处理方式。而在单务合同中，如果一方因不可抗力导致其不能履行义务，则不会发生双务合同中的风险负担问题。

第三，双务合同的一方不能履行合同时，另一方享有解除权，单务合同的另一方则无此权利。双务合同的一方当事人不能履行合同，即意味着这个合同的订立目的将得不到实现，此时另一方当事人有权解除合同，因为双务合同中对方不能履行义务即意味着自己不能实现权利。而单务合同由于一方未负义务就享有权利，即该方未对自己所获得的利益付出代价，所以当负有义务一方当事人不能履行其义务时，享有权利一方不得以此为由解除合同。

要式合同与不要式合同

根据合同是否应采取一定的形式，可将合同分为要式合同和不要式合同。

要式合同，是指法律规定或当事人约定必须采取特殊形式订立的合同。法律常常对一些比较重要的合同规定一些特定的形式要求，例如，买卖不动产的合同应当采取书面形式；中外合资经营企业合同应当经过国家批准以后方可成立，故经过国家的批准就是法律对这类合同规定的特殊形式。

不要式合同是指依法无须采取特定形式订立的合同。不要式合同的形式由当事人自主确定，既可以采用书面的形式，也可以采用口头的形式，法律不加干涉。

为自己利益订立的合同与为第三人利益订立的合同

根据合同订立的目的是为当事人自己还是为第三人的利益，可将合同分为为自己利益订立的合同和为第三人利益订立的合同。

为自己利益订立的合同，是指民事主体为自己享有合同权利和取得合同利益而与他人订立的合同。在大多数情况下，当事人订立一定的合同都是为自己追求一定的利益，即通过订立合同改变自己目前的权利享有状况，增加自己的财富，获得更大的经济利益。多数合同都属于此类。

为第三人利益订立的合同，是指民事主体为使第三人获得利益而与他人订立的合同。如指定第三人为受益人的保险合同。这种情况虽然较少，但依然存在。此种合同当事人双方约定，由债务人向第三人履行义务，第三人因此而获得利益，第三人可以直接请求该债务人对其履行义务。例如，张某从某制衣店定做了一件旗袍，由制衣店直接送给李某。在这个合同中，李某作为第三人并未参与合同的订立过程，但却可从此合同中获得利益。而且，如果制衣店未在期限内做好或所制的衣服尺寸不合适，李某可以直接向制衣店主张权利。

主合同与从合同

根据合同相互间的主从关系，可将合同分为主合同和从合同。

主合同，是指不依赖其他合同而能独立存在的合同。

从合同，是指以其他合同的存在为存在前提的合同，又称为附属合同。

主合同和从合同是相对应而存在的，例如附有保证的买卖合同，买卖合同本身是主合同，而保证合同就是从合同。从合同要依赖于主合同的存在而存在，主合同不成立，则从合同亦不能有效成立，主合同无效或被撤销，从合同也将失去效力。虽然主合同的存在和效力直接影响从合同的成立和效力，但主合同本身的效力本身并不依附于从合同，它可以独立存在，从合同不成立或无效不会影响主合同的效力。

任意合同与格式条款合同

任意合同即全部条款均由当事人协商订立而成，不含格式条款的合同。

格式条款，又称标准条款，是指合同的一方当事人为了重复使用而预先拟订，并在订立合同时未与对方协商的条款。采用格式条款订立的合同即格式条款合同，又称为标准合同、定式合同或附合合同。

格式条款合同广泛运用于航空、海运、铁路、公路、电信等行业。根据我国《合同法》的规定，订立格式条款合同必须遵循以下规定：

第一，提供格式条款的一方应当遵循公平原则确定双方的权利义务内容。由于一方当事人未事先就格式条款与合同的对方当事人协商，为保证合同相对方的利益免受侵害，法律规定提供格式条款的一方不得在格式条款之中规定违反公平原则的内容。

第二，提供格式条款的一方应当采取合理的方式提请对方注意免除或者限制其责任的条款。提供格式条款的一方当事人应当能够让合同的相对方在正常注意的情况下了解格式条款的内容，尤其是一些免除或限制其责任的条款。比如，在合同文本中用加粗或彩色的字体提请对方注意合同格式条款的内容。如果故意用小字体、浅色字或在合同文本的背面等印有格式条款，使合同相对方在正常注意的情形下，无法了解格式条款的内容的，该格式条款无效。

第三，格式条款具有免除提供格式条款一方责任、加重对方责任、排除对方主要权利等情形的，该条款无效。由于格式条款完全是由一方当事人提供的，事先未与合同的相对方协商，相对方在订立合同过程中往往又没有更改格式条款的权利，为了保护合同相对人的利益，法律规定格式条款中不得具有免除提供格式条款一方责任、加重对方责任、排除对方主要权利的内容，否则格式条款无效。

第四，对格式条款的理解有争议的，应做出不利于提供格式条款一方的解释。

第五，格式条款与非格式条款不一致的，应当依非格式条款的规定处理。

有名合同与无名合同

根据法律上是否规定了一定合同的名称，可将合同分为有名合同和无名合同。

有名合同，又称为典型合同，是指法律上已经确定了一定名称及规则的合同。我国《合同法》规定了 15 类合同，都是有名合同。法律对有名合同的内容一般都做出了一定的规定，但这些规定大多是任意性的规定，当事人可以通过其约定改变法律的规定。

无名合同，又称非典型合同，是指法律上尚未确定一定的名称及规则的合同。根据“合同自由”原则，合同当事人可以自由决定合同的内容，因此，只要在合法的范围内，当事人可以订立法律未做出规定的无名合同。

第三节　合同的订立

合同的订立过程，即合同当事人通过协商达成意思表示的一致，从而缔结一定的合同的过程。这个过程大体分为要约和承诺两个阶段。在具体研究这两个阶段之前，还必须先了解合同的形式和内容问题，即以何种形式订立合同方可产生法律约束力以及一个规范完整的合同应当具备哪些内容的问题。

合同的形式

合同的形式，又称合同的方式，是当事人合意的表现形式，是合同内容的外部表现，是合同内容的载体。从合同法的历史发展看，在合同的形式上明显地表现出从重形式到重意思的变化规律。这是在交易安全允许的前提下，适应不断发展的社会经济越来越强烈地要求交易便捷的结果。当然，重意思不等于完全否定形式。法律难以评价纯粹内心的意思，只有当意思以一定形式表现出来，能被人们把握和认定时，法律才能准确地评价。所以在任何社会，合同的形式都不可或缺。因为经过法律规制的定式合同，除去其不公正条款以后，省去了消费者调查的麻烦，使人们不必耗神费力地就交易条件讨价还价，促进了企业内部的合理化，使缔约迅速化，更加符合交易安全与交易便捷的要求。

根据《合同法》第 10 条的规定，当事人在我国订立合同，可采取书面形式、口头形式和其他形式。法律、行政法规规定采用书面形式的，应当采用书面形式。当事人约定采用书面形式的，应当采用书面形式。总的说来，在我国，合同形式分为约定形式与法定形式，法律兼采要式与不要式的原则。我国已经实行社会主义市场经济，应当按照符合交易安全与交易便捷的要求设计合同的形式，对某些重要的合同、关系复杂的合同强调书面形式，其他合同采取何种形式，宜由当事人决定。

（一）口头形式

口头形式，是指当事人只用语言为意思表示订立合同，不用文字表达协议内容的合同形式。口头形式简便易行，在日常生活中经常被采用。例如集市的现货交易、商店里的零售等一般都采用口头形式。

合同采取口头形式，无须当事人特别指明。凡当事人无约定、法律未规定须采用特定形式的合同，均可采用口头形式。但发生争议时当事人必须举证证明合同的存在及合同关系的内容。合同采取口头形式并不意味着不能产生任何文字的凭证。人们到商店购物，有时也会要求商店开具发票或其他购物凭证，但这类文字材料只能视为合同成立的证明，不能作为合同成立的要件。

口头形式的缺点是发生合同纠纷时难以取证，不易分清责任。所以，对于不能即时清结的合同和标的数额较大的合同，不宜采用这种形式。

（二）书面形式

书面形式，是指当事人以文字表现协议内容的合同形式。合同书以及任何记载当事人要约、承诺和权利义务内容的文件，都是合同的书面形式的具体表现。《合同法》第 11 条规定：书面形式是指合同书、信件和数据电文（包括电报、电传、传真、电子数据交换和电子邮件）等可以有形地表现所载内容的形式。

书面形式的合同必须由文字凭据组成，但不是一切文字凭据都是书面合同的组成部分。成为书面合同的文字凭据，必须符合以下要求：有某种文字凭据，当事人或其代理人在文字凭据上签字或盖章，文字凭据上载有合同权利义务。

书面形式的最大优点是合同有据可查，发生纠纷时容易举证，便于分清责任。因此，对于关系复杂的合同、重要的合同，最好采取书面形式。但双方当事人均承认的口头合同、已经履行了主要义务的口头合同、法律认可的其他口头合同同样有效。

（三）推定形式

当事人未用语言、文字表达其意思表示，仅用行为向对方发出要约，对方接受要约，做出一定或指定的行为作为承诺，合同成立。例如商店安装了自动售货机，顾客将规定数量的货币投入机器内，买卖合同即成立。

■ 合同的条款

合同的当事人依程序订立合同，将经过协商后达成一致的意见写入合同中，即成为合同条款，形成了作为法律行为的合同内容。合同条款规定了合同双方当事人的具体权利义务，代表了合同法律关系的具体内容。

（一）合同条款的内容

我国《合同法》第 12 条规定了比较完备的合同应当具备的条款，为较完备的合同提供了示范条款，主要包括下述内容。

1. 合同当事人的名称或姓名和住所

合同当事人是合同权利和合同义务的承受者，没有当事人，合同权利义务就失去了存在的意义，给付和受领给付也无从谈起。因此，订立合同必须有当事人这一条款。当事人由其名称或姓名及住所加以特定化、固定化，所以，具体合同条款的草拟必须写清当事人的名称或姓名和住所。

（二）合同的标的

标的是合同权利义务指向的对象。合同不规定标的，就会失去目标、意义，所以标的是一切合同的主要条款。标的条款必须清楚地写明标的名称，以使标的特定化，能够界定权利义务的性质和内容。

（三）质量和数量

标的的质量和数量是确定合同标的的具体条件，是这一标的区别于同类其他标的的具体特征。标的质量需订得详细具体，如标的技术指标、质量要求、规格等都要明确。标的数量要确切。首先应选择双方共同接受的计量单位，其次要确定双方认可的计量方法，最后应允许规定合理的磅差或尾差。

（四）价款或报酬

价款或报酬是有偿合同的条款。价款是取得标的所支付的代价，报酬是获得服务所应支付的代价。价款，通常指标的本身的价款，但因商业上的大宗买卖一般是异地交货，便产生了运费、保险费、装卸费、保管费、报关费等一系列额外费用，这些费用由合同当事人哪一方支付，需在价款条款中写明。

（五）合同的履行期限

履行期限直接关系到合同义务完成的时间，涉及当事人的期限利益，也是确定违约与否的因素之一，因而是重要的条款。履行期限可以规定为即时履行，也可以规定为定时履行，还可以规定为在一定期限内履行。如果是分期履行，就应当写明每期的准确时间。履行期限若能通过有关规则及方式推定出来，则合同即使欠缺它，也不影响成立。

（六）合同的履行地点和方式

履行地点是确定验收地点的依据，是确定运输费用由谁负担、风险由谁承受的依据，有时是确定标的物所有权是否移转、何时移转的依据，是确定诉讼管辖的依据之一，对于涉外合同纠纷，它是确定法律适用的一项依据，十分重要。

履行方式，例如是一次交付还是分期分批交付，是交付实物还是交付标的的所有权凭证，是铁路运输还是空运、水运等，同样事关当事人的物质利益，合同应写明，但对于大多数合同来说，它不是主要条款。履行的地点、方式若能通过有关方式推定，合同即使欠缺它们，也不影响成立。

（七）违约责任

违约责任是促使当事人履行债务，使守约方免受或少受损失的法律措施，对当事人的利益关系重大，合同对此应予以明确。例如，明确规定违约致损的计算方法、赔偿范围等，对将来及时解决违约问题很有意义。当然，违约责任是法律责任，即使合同中没有违约责任条款，只要未依法免除违约责任，违约方仍应负责。

（八）解决争议的方法

解决争议的方法，是指有关解决争议运用什么程序、适用何种法律、选择哪家检验或鉴定机构等内容。当事人双方在合同中约定的仲裁条款、选择诉讼法院的条款、选择检验或鉴定机构的条款、涉外合同中的法律适用条款、协商解决争议的条款等，均属于解决争议方法的条款。

(二) 合同条款的分类

合同条款可以分为两大类：

1. 主要条款

合同的主要条款，即合同必须具备的条款。合同的主要条款因合同的性质和类型的不同而有所不同，它确定了当事人各方权利义务的质与量。欠缺合同的主要条款，合同就不成立。《合同法》第 12 条规定的条款并非都是主要条款。

合同的主要条款，有时是法律直接规定的，当法律直接规定某种特定合同应当具备某些条款时，这些条款就是主要条款。例如，《合同法》第 197 条第 2 款要求借款合同应有借款币种的条款，该条款即为借款合同的主要条款。

按照合同的类型和性质的要求应当具备的条款，就是合同的主要条款。例如，价款条款是买卖合同的主要条款，却不是赠与合同的主要条款。合同的主要条款可以由当事人约定产生。例如，买卖合同中关于交货地点的条款，如一方提出必须就该条款达成协议，它就是主要条款；若双方均未提出必须在某地交货，则该条款就不是主要条款。

2. 普通条款

合同的普通条款，即合同中的非主要条款。合同的普通条款主要包括以下类型：

(1) 法律未直接规定，亦非合同的类型和性质要求必须具备的，当事人无意使之成为主要条款的合同条款。例如关于包装物返还的约定和免责条款等均属于此类。

(2) 当事人未写入合同中，甚至从未协商过，但基于当事人的行为，或基于合同的明示条款，或基于法律的规定，理应存在的合同条款。英美合同法称之为默示条款。

(3) 特意待定条款。这是当事人有意将合同条款留待以后谈判商定，或由第三人确定，或根据具体情况加以确定。它不妨碍合同成立。

■ 要约

(一) 要约的概念

要约是一方当事人向对方发出的希望与对方订立合同的意思表示。要约是合同订立的必经阶段。发出要约的一方当事人是要约人，接受要约的一方则为受要约人。要约能够引发一个合同订立过程的开始，但是一个有效的要约必须具备法律规定的构成要件。

(二) 要约的构成要件

根据法律的规定，要约必须具备以下构成要件方可发生法律效力：

1. 要约必须由具有订约能力的特定人做出意思表示。订约能力是对要约行为人这一民事主体资格的基本限制，不具备订约能力的人不能从事缔约活动，其所发出的任何意思表示都不能构成要约。

2. 要约必须有订立合同的意图。从事要约行为的根本目的就在于订立一个新的合同，与对方当事人形成一种合同关系，要约到达受要约人之后，要约人即要受此要约的约束。如一方当事人向对方做出意思表示时并无订约的目的，则不构成要约。如果其目的在于让对方向自己发出要约，则是一种要约引诱。

在这里要理解要约的概念，就必须区分要约与要约引诱。

要约引诱，又称为要约邀请，是指当事人向他方做出的希望对方向自己发出要约的意思表示。它与要约的区别在于：

(1) 目的不同。要约的目的在于向对方提出订约的意思表示，要约邀请的目的则是要对方向自己发出订立合同的意思表示。

(2) 行为的对象不同。要约必须向特定的人发出，要约邀请既可向特定的人发出也可向不特定的人发出。

(3) 具体内容不同。要约应当包括未来要订立合同的主要条款，要约邀请无此要求。

(4) 法律效力不同。要约一经发出即具有约束力，一旦受要约人做出承诺，则要约人有义务与之签订合同。要约邀请对于发出人而言不具有法律效力。

根据我国《合同法》的规定，以下几种行为是典型的要约引诱行为：

第一，寄送价目表。

第二，发拍卖公告。

第三，发招标公告。

第四，发招股说明书。

第五，发商业广告。

3. 要约必须向特定的受要约人发出。要约是与他人订立合同的意思表示。作为相对法律关系，合同的双方主体都是特定的，如果一方主体未加以特定化，则合同就无法成立。但是，悬赏广告是一个特殊的例外，虽然它是向不特定的人发出的，但也构成一项要约，只要有人按广告的要求完成了一定的行为，即构成承诺。

4. 要约的内容必须具体确定。要约的内容必须能够决定将要订立合同的主要条款，如果是内容很不确定的意思表示，即使对方做出承诺也无法决定合同的具体内容，也就无法形成合同关系。所以要约的内容必须具体确定，具备足以使合同成立的主要条款。

(三) 要约的法律效力

有效的要约具有法律约束力，要约自到达受要约人时起生效。采用数据电文形式做出要约，收件人指定特定系统接收数据电文的，该数据电文进入该特定系统的时间，视为到达时间；未指定特定系统的，该数据电文进入收件人的任何系统的首次时间，视为到达时间。

具体来说，要约的法律效力表现在以下几个方面：

1. 要约生效后，要约人不得随意撤销要约或对要约的内容加以限制、变更或扩张。要约的撤销和撤回是不同的法律概念。要约的撤销是指要约人在要约到达受要约人并生效后，取消该项要约而使要约的效力归于消灭的行为。要约的撤回是指要约人在发出的要约尚未到达受要约人之前，取消该项要约的行为。两者存在一定的区别：

(1) 要约的撤回须在要约未到达受要约人之前完成，即撤回的通知应当早于要约或与要约同时到达受要约人；撤销则是在要约到达受要约人之后，受要约人做出承诺之前的时间段完成。

(2) 要约的撤回会使要约自始无效，而撤销是使已生效的要约归于无效，因此对于要约的撤销法律有严格的限定，如因撤销要约而给受要约人造成损害的，要约人应负赔偿责任；对于要约的撤回，则无此限制。

根据我国《合同法》的规定，有下列情形之一的，要约不得撤销：一是要约人确定了承诺期限或者以其他形式明示要约不可撤销；二是受要约人有理由认为要约是不可撤销的，并已经为履行合同做了准备工作。

2. 要约生效后，受要约人取得对其做出承诺以使合同成立的权利。要约在有下列情形时失效：（1）拒绝要约的通知到达要约人；（2）要约人依法撤销要约；（3）承诺期限届满，受要约人未做出承诺；（4）受要约人对要约的内容做出实质性变更。

承诺

（一）承诺的概念

承诺是指受要约人向要约人做出的同意要约的意思表示。承诺一经生效，即可导致合同的成立。我国《合同法》第 25 条规定：承诺生效时合同成立。承诺应当以通知的方式做出，但根据交易习惯或者要约表明可以通过行为做出承诺的除外。

（二）承诺的构成要件

承诺必须符合以下法定构成要件：

1. 承诺必须由受要约人向要约人做出。只有受要约人才能获得承诺的资格，任何第三人都不具备承诺的能力。如果第三人了解了他人的要约内容而向要约人发出承诺通知的，视为第三人向其发出的新要约。

2. 承诺的内容必须与要约的内容一致。要约的内容决定了合同的主要条款，承诺的内容应当与此一致，方可构成意思表示的一致，合同才能成立。受要约人对要约的内容做出实质性变更的，视为新要约。有关合同标的、数量、质量、价款或者报酬、履行期限、履行地点和方式、违约责任和解决争议方法等的变更，是对要约内容的实质性变更。承诺对要约的内容做出非实质性变更的，除要约人及时表示反对或者要约表明承诺不得对要约的内容做出任何变更的以外，该承诺有效，合同的内容以承诺的内容为准。

3. 承诺必须在规定的期限内做出。根据法律的规定，承诺应当在要约确定的期限内到达要约人。如果要约中没有确定承诺期限，则若要约是以对话方式做出的，应当即时做出承诺，但当事人另有约定的除外；若要约是以非对话方式做出的，承诺应当在合理期限内到达。受要约人超过承诺期限发出承诺的，除要约人及时通知受要约人该承诺有效的以外，视为新要约。受要约人在承诺期限内发出承诺，按照通常情形能够及时到达要约人，但因其他原因承诺到达要约人时超过承诺期限的，除要约人及时通知受要约人因承诺超过期限不接受该承诺的以外，该承诺有效。

要约以信件或者电报做出的，承诺期限自信件载明的日期或者电报交发之日开始计算。信件未载明日期的，自投寄该信件的邮戳日期开始计算。要约以电话、传真等快速通信方式做出的，承诺期限自要约到达受要约人时开始计算。

4. 承诺的方式应符合要约的要求。承诺人应当以要约中规定的方式做出承诺，如要约中未明确规定，则至少要以与要约相同或比要约更快捷的方式做出承诺。

承诺可以撤回。撤回承诺的通知应当在承诺通知到达要约人之前或者与承诺通知同时到达要约人。

合同成立的时间和地点

合同成立的时间和地点通常是由承诺决定的，一般来说，承诺生效时合同即已成立。我国法律对承诺的生效采取到达主义，即承诺自到达要约人之时起生效，承诺生效的时间和地点也就是合同成立的时间和地点。但由于各种合同的性质内容的不同，许多特殊的合同还有不同的成立要件，对这些合同的成立时间和地点就应当使用特殊的规则，具体来说：

1. 采用合同书形式订立合同的，合同自双方签字或盖章时成立。双方的签字盖章地即为合同成立地。但有一种情况例外，即在签字盖章之前，如一方当事人已经履行主要义务而对方已接受的，合同当时即成立，对方接受履行的地点即为合同成立地。

2. 采用数据电文形式订立合同的，可以在合同成立之前签订确认书，合同自签订确认书时起成立。此种情形下的合同成立地为收件人的主营业地，没有主营业地的，其经常居住地为合同成立的地点。当事人另有约定的，按照其约定。

■ 缔约过失责任

缔约过失责任，是指当事人一方因在缔结合同的过程中具有过失而导致合同不成立、无效或被撤销，而对他方当事人承担的损害赔偿责任。缔约过失责任的实质是当事人在订立合同的过程中违背了诚实信用原则，给相对方造成了损害而应当承担的损害赔偿责任。

缔约过失责任应当具备下述构成要件。

（一）必须有合同不成立、无效或被撤销的法律事实存在

合同的有效成立是缔约过失责任和违约责任的分界线。合同未成立、无效或者被撤销时一方给另一方造成损失，应当承担缔约过失责任；一旦合同有效成立，即使存在一方给另一方造成损失的事实，也应按违约责任来处理。

（二）当事人一方对合同的不成立、无效或被撤销存在过失

这是构成缔约过失责任的主观要件。当事人一方有过失，即指一方主观上存在过错，比如假借订立合同，恶意进行磋商，故意向对方提供虚假情况等。

（三）对方当事人须因此受到损失

如无损失发生，则无赔偿的必要。对方当事人因合同的不成立、无效或被撤销而受到的损失，既应包括直接损失也应包括间接损失。

（四）他方所受损失与一方的过失行为存在因果关系

他方所受损失应当是由行为人的过错造成的，二者之间存在着必然的联系，方可构成缔约过失责任。

根据我国《合同法》第 42 条的规定，当事人在订立合同过程中有下列情形之一，给对方造成损失的，应当承担损害赔偿责任：(1) 假借订立合同，恶意进行磋商；(2) 故意隐瞒与订立合同有关的重要事实或者提供虚假情况；(3) 有其他违背诚实信用原则的行为。当事人在缔约过程中存在上述行为时应当承担缔约过失责任。

第四节　合同的效力

合同的效力即合同的法律约束力问题，合同虽然是由双方当事人通过协商自主订立的，但合同一旦生效，即对合同的双方当事人产生了具有强制性的约束力，双方当事人都必须遵守合同的规定，履行合同规定的义务。我国《合同法》第 8 条第 1 款规定：依法成立的合同，对当事人具有法律约束力。当事人应当按照约定履行自己的义务，不得擅自变更或者解除合同。

■ 合同成立与合同生效

合同自何时开始生效是《合同法》研究的一个重要问题。合同的成立与合同的生效是两个联系紧密的概念，但是合同成立并不等于合同生效。

（一）合同成立

合同成立是指合同的各方当事人就合同的主要条款的意思表示达成一致。当事人合意的目的就在于实现合同所带来的权利，所以合同生效是订立合同的根本目的。正是因为这一点，在许多情况下，合同一旦成立，立即生效。我国《合同法》第 44 条第 1 款规定：依法成立的合同，自成立时生效。但是，合同成立和生效毕竟是两个不同的概念，它们有着不同的构成要件和法律后果。

合同成立应当具备以下条件：

1. 存在双方或多方的订约当事人。

合同行为是双方法律行为，没有行为的相对方就无法成立合同行为。

2. 合同各方当事人就主要条款达成合意。

合同的主要条款是一个合同必须具备的内容，合同当事人必须就合同的必备内容进行协商并达成一致意见，合同方能成立。

3. 合同已经过要约和承诺两个阶段。

要约和承诺是合同订立过程的两个必经阶段。承诺的做出标志着合意的达成，合同至此方才成立。

合同成立解决的是合同是否存在的问题，对于已经存在的合同是否能够产生法律约束力，则是合同生效制度要解决的问题。

（二）合同生效

合同生效是指已经成立的合同依法在当事人之间产生法律拘束力。

已经成立的合同如果不符合法律规定的生效要件，仍然不能产生法律效力。合同的成立是双方当事人意思可以决定的，只要意思表示达成一致，合同即可成立；但是这一合同若要生效，就必须符合国家法律的规定。换言之，合同成立体现的是合同自由原则，完全由当事人意思自治；而合同生效则体现的是国家法律对合同关系的肯定或否定评价，反映的是国家对合同关系的干预。

根据法律的规定，合同基本的生效要件主要包括以下几个方面：

1. 合同主体具有相应的民事行为能力。从事民事活动的一个基本前提就是行为主体必须具备相应的行为能力，公民订立合同必须具有相应的民事行为能力，法人的民事行为能力受其经营范围的限制。如果合同主体与他人达成合意成立了一定的合同，但不具有相应的行为能力，则该合同不能生效。

2. 当事人的意思表示真实。合同是当事人之间的合意，这种合意必须是真实意思表示的一致，如果意思表示不真实，则达成的合意也不是真实的合意，这就违反了合同的本质。所以当事人意思表示真实是合同生效的一个基本要件。

3. 合同内容符合法律的规定，并且不违反公序良俗。合同的具体内容是根据双方当事人的约定来确定的。合同当事人在合法范围内所约定的任何内容，国家一般都不干预，完全由当事人意思自治。但是如果合同的内容违反了法律规定或者公序良俗，就有可能侵害国家、社会或他人的合法权益，对于这种行为，国家是禁止的，这一类合同即使有双方的合意，也不能产生法律效力。

4. 合同的形式符合法律的规定。为了规范合同行为，避免合同纠纷的出现，国家对一些重要的合同一般都有形式的要求和规定，当事人要订立这些合同，就必须按照国家的规定方可获得国家法律的认可，使合同产生相应的法律效力。例如，我国法律规定，买卖房屋的合同必须以书面方式订立，则以口头方式达成的购房协议就不能产生法律效力。

（三）合同成立与合同生效的关系

根据法律的规定，在一般情况下，合同成立的时间即合同生效的时间。但是在法律、行政法规规定的特殊情况下，合同成立的时间和生效的时间并不一致。例如，需要办理登记或审批手续的合同就必须从办理相应手续时起生效。合同的成立和生效是两个不同的法律概念，它们的区别表现在：

1. 合同不成立和合同无效的法律后果不同。如果合同被宣告不成立，那么，有过失的一方当事人则应根据缔约过失责任制度，赔偿另一方所遭受的信赖利益的损失，如果当事人已经做出了履行，则应当各自向对方返还已接受的履行。因合同成立主要涉及当事人的合意问题，所以合同不成立只产生民事责任而不产生其他法律责任。但对于无效合同来说，因为它在性质上根本违反了国家意志，所以无效合同不仅仅要产生民事责任（如缔约过失责任、返还不当得利责任），而且将可能引起行政责任，甚至刑事责任。因此，将合同不成立等同于合同无效是不正确的。

2. 合同的成立主要体现的是双方当事人的合意，合同生效则体现了国家法律对当事人合意的确认和肯定。对于合同成立与否的问题，因其主要涉及当事人的合意问题，而不完全涉及合同内容的合法性和真实性问题，所以，即便合同的内容不完备、条件不明确，但当事人自愿接受此种合同关系，那么也认为这种合同已成立，国家不应当也无必要进行主动干预。而合同生效制度主要体现了国家对合同内容的评价和干预问题，如果合同的内容不符合法律规定的生效要件，那就意味着合同当事人的意志不符合国家意志。在此情况下，法院不能通过合同解释的方法促成合同生效，相反，只能依据合同生效制度确认合同无效。对于许多无效合同因为其内容具有非法性，违反了法律的强行性规定或公序良俗，所以，即使当事人不主张合同无效，国家也应当主动干预。

根据《合同法》的规定，合同成立与生效时间不同的常见情形主要有：(1) 法律、行政法规规定应当办理批准、登记等手续生效的，依照其规定。(2) 当事人对合同的效力可以约定附条件。附生效条件的合同，自条件成就时生效。附解除条件的合同，自条件成就时失效。(3) 当事人对合同的效力可以约定附期限。附生效期限的合同，自期限届至时生效。附终止期限的合同，自期限届满时失效。

■ 无效的合同

无效合同是指合同因违反了法律、行政法规的强行性规定或公序良俗而自始不产生法律拘束力的合同。无效合同是最典型的违反合同生效要件的合同。

根据我国法律的规定，无效合同主要包括以下几种：

1. 一方以欺诈、胁迫的手段订立损害国家利益的合同。欺诈是指一方当事人故意实施某种行为，使他人陷入错误而订立合同。胁迫是指以将来要发生的损害或以直接施加损害相威胁，使对方产生恐惧并因此而订立合同。这两种情形都属于一方当事人意思表示不真实的情况，如果该合同损害了国家的利益，则这种行为具有了不法性，该合同属于无效合同。但若合同并未侵害国家利益，就不应当绝对地认定其为无效合同，此种情况下，应将合同的效力的决定权交于被欺诈、被胁迫的一方当事人手中。我国《合同法》第 54 条第 2 款规定：一方以欺诈、胁迫的手段或者乘人之危，使对方在违背真实意思的情况下订立的合同，受损害方有权请求人民法院或者仲裁机构变更或者撤销。

2. 恶意串通，损害国家、集体或第三人利益的合同。恶意串通的合同是指合同的当事人非法串通在一起，共同订立的损害了国家、集体或第三人利益的合同。这种行为具有明显的违法性，应当受到法律的禁止，此种合同亦属于无效合同。当事人恶意串通，损害国家、集体或者第三人利益的，因此取得的财产收归国家所有或者返还集体、第三人。

3. 以合法形式掩盖非法目的的合同。以合法形式掩盖非法目的的合同是指当事人之间的合同行为在形式上是合法的，但合同当事人订立此合同的目的是非法的。例如，通过合法的买卖合同来隐匿财产、逃税漏税等。

4. 损害社会公共利益的合同。公共利益体现着全体社会成员的最高利益。国家为了维护社会的稳定和安全，必然要禁止损害公共利益的合同产生法律效力。例如，贩卖毒品的合同。

5. 违反法律、行政法规的强制性规定的合同。

可撤销的合同

可撤销的合同，是指欠缺合同的生效要件，可以由特定的权利人行使撤销权从而重新确立其效力的合同。

根据我国法律的规定，可变更或可撤销的合同主要包括以下几种：

1. 因重大误解而订立的合同。所谓因重大误解而订立合同，是指一方因自己的过错而对合同的内容等发生错误的理解而订立合同。这种误解必须是重大的误解，即会直接影响合同当事人在合同中享有的权利和承担的义务的误解。误解是一方当事人非故意的行为，所以误解方如因此而遭受重大的损失，有悖于公平诚信的基本原则，因此误解人有权主张撤销该合同。

2. 因显失公平而订立的合同。显失公平的合同是指一方在订立合同时因缺乏经验或情况紧迫而订立的明显对自己不利的合同。例如，古董收购商因农村老妇的无经验而以超低价收买其家藏珍贵古董。这种合同明显违背公平诚信原则，属于可变更或可撤销的合同。

3. 因欺诈、胁迫或乘人之危而订立的，未损害国家利益而受损害一方当事人选择变更或撤销的合同。关于因欺诈、胁迫而订立的合同的问题前文已述。所谓乘人之危，是指行为人利用他人所处的困境或紧迫需要，强迫对方接受某种明显不公平的条件并做出违背其真实意思的表示。例如，某富商利用某女士父亲急病需要大笔医药费的机会强迫该女士同其结婚。这种合同的一方当事人在订立合同时做出了违背其真实意思的表示，事后该当事人如仍愿意接受此合同，则合同有效；如其不愿意接受合同的内容，则可通过行使撤销权撤销合同或改变合同内容。

■ 效力待定的合同

效力待定的合同是指已经成立的合同由于存在影响其生效的因素，合同是否生效尚不能确定，须依法律规定的具体情况确定其效力的合同。效力待定的合同在订立之时，其效力处于未定状态，需要相应的权利人行使一定的行为来最终确定合同的效力。

根据我国法律的规定，效力待定的合同主要包括以下几种：

1. 因无权代理而订立的合同。我国《合同法》第 48 条规定：行为人没有代理权、超越代理权或者代理权终止后以被代理人名义订立的合同，未经被代理人追认，对被代理人不发生效力，由行为人承担责任。相对人可以催告被代理人在一个月内予以追认。被代理人未做表示的，视为拒绝追认。合同被追认之前，善意相对人有撤销的权利。撤销应当以通知的方式做出。关于代理制度，本书前文已有论述。这类合同须有被代理人的追认方可产生有权代理的效力。

2. 无权处分人处分他人权利而订立的合同。我国《合同法》第 51 条规定：无处分权的人处分他人财产，经权利人追认或者无处分权的人订立合同后取得处分权的，该合同有效。由于无处分权的人没有处分他人财产的权利，属于不合格的合同主体，如果其行为不能得到权利人的追认，那么合同无效。

3. 无民事行为能力人订立的合同。无民事行为能力人不能从事任何民事法律行为，如其与他人订立合同，这类合同经无民事行为能力人的法定代理人承认后方可产生法律效力。

4. 限制行为能力人超出其行为能力范围订立的合同。我国《合同法》第 47 条规定：限制民事行为能力人订立的合同，经法定代理人追认后，该合同有效，但纯获利益的合同或者与其年龄、智力、精神健康状况相适应而订立的合同，不必经法定代理人追认。相对人可以催告法定代理人在一个月内予以追认。法定代理人未做表示的，视为拒绝追认。合同被追认之前，善意相对人有撤销的权利。撤销应当以通知的方式做出。这类合同经限制民事行为能力人的法定代理人承认后可以产生法律效力。

无效的合同或者被撤销的合同自始没有法律约束力。合同部分无效，不影响其他部分效力的，其他部分仍然有效。合同无效、被撤销或者终止的，不影响合同中独立存在的有关解决争议方法的条款的效力。合同无效或者被撤销后，因该合同取得的财产，应当予以返还；不能返还或者没有必要返还的，应当折价补偿。有过错的一方应当赔偿对方因此所受到的损失，双方都有过错的，应当各自承担相应的责任。

第五节　合同的履行

■ 合同履行的原则

合同履行是指合同当事人按照合同的约定或法律的规定履行义务、享有权利的行为。根据我国《合同法》的规定，合同履行的原则主要包括下述几种。

（一）全面履行原则

全面履行原则是指要求合同当事人按照合同的约定全面地履行自己义务的原则。我国《合同法》第60条第1款规定：当事人应当按照约定全面履行自己的义务。全面履行，又称完全履行，是指债务人履行了其全部义务且债务人的履行完全符合合同的约定或者法律的规定。债务人既不能部分履行，部分不履行，也不能使履行义务的行为与合同的约定或者法律的规定不相符。

（二）诚实信用原则

诚实信用原则是指要求合同当事人在履行合同的过程中应当遵守诚实信用的原则，实际履行合同规定的义务，并履行通知、协助、保密等合同的附随义务。我国《合同法》第60条第2款规定：当事人应当遵循诚实信用原则，根据合同的性质、目的和交易习惯履行通知、协助、保密等义务。合同当事人应当本着诚实信用的原则，按照合同的约定或者法律的规定，由适当的主体，在适当的时间、适当的地点，以适当的方式履行全部债务，也就是履行主体、标的、数量、质量、履行期限、履行方式、履行地点等都符合合同的约定或者法律的规定。债务人不仅须履行给付义务，而且还要履行依诚实信用原则而产生的附随义务。

合同履行的内容

合同履行的内容主要包括以下几个方面：

1. 履行主体。即履行合同义务和接受履行的民事主体。

2. 履行标的。即合同规定的权利义务的对象，如交付的标的物、完成的劳务等。

3. 履行地点。即债务人履行义务和债权人接受履行的地点。合同当事人可就履行地点在合同中做出约定，如果没有约定的，可依法律的规定确定合同的履行地点。

4. 履行期限。即债务人履行义务和债权人接受履行的时间。当事人应当按照合同约定的期限履行合同义务，如果合同约定不明确，则债务人可以随时向债权人履行义务，债权人也可随时要求债务人履行义务，但应当给对方足够的准备时间。

5. 履行方式。即债务人履行债务的方法。合同可以就履行方式做出专门的规定，如果合同未约定或者约定不明确，则应按照通常的履行方式履行或者以有利于实现合同目的的方式履行。

6. 履行费用。即当事人为履行合同而必须支出的费用，如运输费用、登记费用等。当事人可就履行费用的负担做出约定，如果合同未约定或约定不明确，应当由履行义务的一方当事人负担。

双务合同履行的抗辩权

双务合同履行的抗辩权，是指在符合法定条件时，当事人一方对抗对方当事人的履行请求权，暂时拒绝履行其债务的权利。它包括同时履行抗辩权、先履行抗辩权和不安抗辩权。

双务合同履行中的抗辩权是合同效力的表现。它们的行使，只是在一定期限内中止履行债务，并不消灭债的履行效力。产生抗辩权的原因消失后，债务人仍应履行其债务。所以，双务合同履行中的抗辩权为一时的抗辩权、延缓的抗辩权。双务合同履行中的抗辩权，对于抗辩权人是一种保护手段，免去自己履行后得不到对方履行的风险；使对方当事人产生及时履行、提供担保等压力，所以它们是债权保障的法律制度。当事人行使同时履行抗辩权、先履行抗辩权和不安抗辩权，是行使自己的合法权利，而非违约，故应受法律保护，而不得令权利人承担违约责任。

（一）同时履行抗辩权

同时履行抗辩权，是指双务合同的当事人在无先后履行顺序时，一方在对方未为对待履行之前，有拒绝履行自己的义务的权利。

同时履行抗辩权的存在基础在于双务合同的牵连性。所谓双务合同的牵连性，是指给付与对待给付具有不可分离的关系，包括发生上的牵连性、存续上的牵连性和功能上的牵连性。所谓发生上的牵连性，是指一方的给付与对方的对待给付在发生上互相牵连，即一方的给付义务不发生时，对方的对待给付义务也不发生。所谓存续上的牵连性，是指双务合同的一方当事人的债务因不可归责于双方当事人的事由，致不能履行时，债务人免给付义务，债权人亦免对待义务。所谓功能上的牵连性，又称履行上的牵连性，是指双务合同的当事人一方所负给付与对方当事人所负对待给付互为前提，一方不履行其义务，对方原则上亦可不履行。

1. 同时履行抗辩权的构成要件。同时履行抗辩权的构成要件包括：

（1）须双方基于同一双务合同互负债务。同时履行抗辩权的根据在于双务合同功能上的牵连性，因而它适用于双务合同，而不适用于单务合同和不真正的双务合同。可主张同时履行抗辩权的，系基于同一双务合同而发生的对待给付。如果双方当事人的债务不是基于同一双务合同而发生的，即使在事实上有密切关系，也不得主张同时履行抗辩权。因此，成立同时履行抗辩权，必须有双方当事人基于同一双务合同互负债务这一要件。

（2）须双方互负的债务均已届清偿期。同时履行抗辩权制度，旨在使双方当事人所负的债务同时履行，所以，只有双方债务同时届期时，才能行使同时履行抗辩权。如果一方当事人负有先履行的义务，就不由同时履行抗辩权制度管辖，而让位于不安抗辩权。

（3）须对方未履行债务或未提出履行债务。原告向被告请求履行债务时，须自己已为履行或提出履行，否则，被告可行使同时履行抗辩权，拒绝履行自己的债务。不过，原告未履行的债务或未提出履行的债务，与被告所负的债务无对价关系时，被告仍不得主张同时履行抗辩权。原告的履行不适当时，被告可行使同时履行抗辩权，但在原告已为部分履行，依其情形，被告若拒绝履行自己的债务违背诚实信用原则时，被告不得主张同时履行抗辩权。

（4）须对方的对待给付是可能履行的。同时履行抗辩权制度旨在促使双方当事人同时履行其债务。对方当事人的对待给付已不可能时，因同时履行的目的已不可能达到，不发生同时履行抗辩权问题，由合同解除制度解决。

2. 同时履行抗辩权的适用范围。同时履行抗辩权制度主要用于双务合同，如买卖、互易、租赁、承揽、有偿委托、保险、雇佣、劳动等合同。在债权让与的情况下，可成立同时履行抗辩权。在债务承担的情况下，同时履行抗辩权可以适用。在可分之债中，各债务对各债权各自独立，从而其发生原因即使为一个合同，除非其一方的对待给付为不可分，也应各就自己的部分得独立为同时履行抗辩权。同时履行抗辩权也可以适用于连带之债。当事人因合同不成立、无效、被撤销或解除而产生的相互义务，若立于对价关系，可主张同时履行抗辩权。

（二）不安抗辩权

不安抗辩权，是指双务合同中应当先履行义务的一方当事人有证据证明后履行一方有财产状况恶化等情形，可能丧失履行能力的情况时，在后履行一方未履行其债务或者未提供担保前，有拒绝先履行自己债务的权利。

1. 不安抗辩权的构成要件。不安抗辩权的构成要件主要包括：

（1）双方当事人因同一双务合同而互负债务。

不安抗辩权为双务合同的效力表现，其成立须双方当事人因同一双务合同而互负债务，并且该两项债务立于对价关系。

（2）后给付义务人的履行能力明显降低，有不能为对待给付的现实危险。

不安抗辩权制度保护先给付义务人是有条件的，不允许其在后给付义务人有履行能力的情况下行使不安抗辩权，只能在有不能为对待给付的现实危险，害及先给付义务人的债权实现时，才能行使不安抗辩权。后给付义务人的履行能力明显降低，有不能为对待给付的现实危险，包括他的经营状况严重恶化；转移财产、抽逃资金，以逃避债务；谎称有履行能力的欺诈行为；其他丧失或者可能丧失履行能力的情况。履行能力明显降低，有不能为对待给付的现实危险，须发生在合同成立以后。如果在订立合同时即已经存在，先给付义务人若明知此情却仍然缔约，法律则无必要对其特别保护；若不知此情，还可以通过合同无效等制度解决。

2. 不安抗辩权的行使。为了兼顾后给付义务人的利益，也便于他能及时提供适当担保，先给付义务人行使不安抗辩权的，应及时通知后给付义务人（《合同法》第 69 条），该通知的内容包括中止履行的意思表示和指出后给付义务人提供适当担保的合理期限。行使不安抗辩权的先给付义务人并负有举证证明后给付义务人的履行能力明显降低，有不能为对待给付的现实危险的义务。

先给付义务人及时通知后给付义务人，可使后给付义务人尽量减少损害，及时地恢复履行能力或提供适当的担保以消除不安抗辩权，使先给付义务人履行其义务。

令先给付义务人负上述举证义务，可防止他滥用不安抗辩权，不允许他借口后给付义务人丧失或可能丧失履行能力而随意拒绝履行自己的债务。如果先给付义务人没有确切证据而中止履行，应当承担违约责任。

（三）先履行抗辩权

先履行抗辩权，是指双务合同的双方当事人有先后履行顺序的，在先履行一方未履行债务之前，后履行一方有拒绝其履行请求的权利。在传统民法上，有同时履行抗辩权和不安抗辩权的理论，却无先履行抗辩权的概念，我国《合同法》首次明确规定了这一抗辩权。先履行抗辩权发生于有先后履行的双务合同中，基本上适用于先履行一方违约的场合，这些都是它不同于同时履行抗辩权之处。

1. 先履行抗辩权的构成要件。按照《合同法》第 67 条的规定，构成先履行抗辩权须符合以下要件：

（1）须双方当事人互负债务。关于互负债务是否指两个债务处于互为对待给付的地位，有肯定说与否定说之争。

（2）两个债务须有先后履行顺序，至于该顺序是当事人约定的，还是法律直接规定的，在所不问。如果两个对立的债务无先后履行顺序，就适用同时履行抗辩权，而不成立先履行抗辩权。

（3）先履行一方未履行或其履行不符合债的本旨。先履行一方未履行，既包括先履行一方在履行期限届至或届满前未予履行的状态，又包含先履行一方于履行期限届满时尚未履行的现象。先履行一方的履行不符合债的本旨，是指先履行一方虽然履行了债务，但其履行不符合当事人约定或法定的标准要求，应予以补救。履行债务不符合债的本旨，在这里指迟延履行、不完全履行（包括加害给付）、部分履行和不能履行等形态。

2. 先履行抗辩权的行使。先履行抗辩权的行使是否需要明示，应区分情况而定。在先履行一方未构成违约时，先履行抗辩权的行使不需要明示。在先履行一方已构成违约并请求后履行一方履行时，先履行抗辩权的行使需要明示。在先履行一方构成不能履行、拒绝履行、迟延履行、不完全履行但未请求后履行一方履行时，先履行抗辩权的行使不需要明示。

债的保全

债的保全是债权人为防止债务人的财产不当减少而危害其债权，对债的关系以外的第三人所采取的保护债权的法律措施。债权人保全债权的权利有代位权与撤销权两项。

（一）债权人的代位权

1. 债权人的代位权的概念。

债权人的代位权，是指在债务人怠于行使自己的权利，可能损害债权人的债权时，债权人为了保全其债权，得以自己的名义代债务人行使其到期债权的权利。债权人的代位权有以下含义：

（1）债权人代位权为债权人以自己名义行使债务人的权利。代位权是以行使债务人权利为内容的，而不是行使自己权利的权利。因为债务人的权利是对于第三人的权利，债权人行使代位权也就涉及第三人，也就表现为对第三人行使权利。

（2）债权人代位权是于债务人怠于行使权利而害及债权人权利时得行使的权利。债权人的代位权是为保全债权的，行使的目的是使债务人得增加的财产能够增加，从而保障债权人利益的实现。因此，若债务人自己积极行使了自己的权利，则债权人不能有代位权。

（3）债权人代位权是债权人以自己的名义对债务人的义务人行使权利的权利。债权人代位权是债权人代债务人的地位对债务人的义务人行使权利的权利，因而债权人的代位权是债权人以自己名义行使他人的权利，债权人行使代位权为行使自己的权利，而不是作为债务人的代理人行使债务人的权利。所以，债权人代位权不同于债务人的代理人的代理权。

债权人的代位权在近现代许多国家的法上都有规定。我国《合同法》第 73 条规定：因债务人怠于行使其到期债权，对债权人造成损害的，债权人可以向人民法院请求以自己的名义代位行使债务人的债权，但该债权专属于债务人自身的除外。代位权的行使范围以债权人的债权为限。债权人行使代位权的必要费用，由债务人负担。

2. 债权人的代位权的成立要件。

债权人的代位权虽为债权人固有的权利，但也须具备一定的条件才能成立。具体来说，债权人的代位权必须符合以下成立要件：

（1）债务人履行债务迟延。所谓债务人履行迟延，是指债务人履行债务的期限届满而未履行债务。若债务人的债务履行期未届至，或者虽到履行期但履行期限未届满，则债务人是否能履行债务尚不确定，债权人的债权是否有不受清偿的可能尚不清楚，于此情况下，债权人自不能代位行使债务人的权利。但是若债权人的代位权是专为保全债务人权利的保全行为，其目的在于防止债务人权利的变更或消灭的，虽债务人的债务清偿期未届至，债权人也得行使代位权。例如，时效的中断，保存登记，第三人破产时的债权申报等，因此类行为对债务人并无不利，所以债权人得于债务人履行迟延前行使代位权。

（2）债务人对第三人享有到期债权，且其怠于行使该债权。债务人虽对第三人享有财产权利，但其积极行使权利时，债权人的代位权不能成立。只有在债务人有权利能行使而怠于行使时，债权人的代位权才能成立。所谓能行使，是指债务人客观上可以对第三人行使权利。若债务人客观上不能行使，则债权人也不得代位行使。例如，债务人已受破产宣告，其对第三人的权利由清算人行使，债权人不得代位行使，也就不成立债权人的代位权。所谓债务人怠于行使，是指债务人应行使权利而不行使。至于债务人不行使权利是否有过错，有无其他原因，是否经债权人催告，均在所不问。

（3）债务人怠于行使其债权的行为造成了对债权人债权的损害。如果债务人怠于行使其债权的行为并未造成实际的损害，则债权人已无行使代位权的必要。

（4）债务人对第三人享有的权利不是专属于债务人自身的权利。债权人代位权是为保障债务人的责任财产的增加而设的，因而其标的须为已存在的债务人对第三人享有的财产权，将来存在的及非财产的权利均不能为代位权的标的。因代位权是债权人代位行使的权利，所以具有专属性的、不得让与的权利，也不能成为债权人代位权的标的。

（二）债权人的撤销权

1. 债权人的撤销权的概念。

债权人的撤销权的概念，又称废罢诉权，是指当债务人进行的减少其财产的处分行为可能损害债权人的债权时，债权人为保全其债权得请求法院撤销债务人该处分行为的权利。债权人撤销权也为债权的保全方式之一，是为防止因债务人的责任财产减少而致债权不能实现的现象出现。因债权人撤销权的行使是撤销债务人与第三人间的行为，从而使债务人与第三人间已成立的法律关系被破坏，当然地涉及第三人。因此，债权人的撤销权也为债的关系对第三人效力的表现之一。

2. 债权人撤销权的成立条件。

债权人的撤销权必须符合以下成立要件：

（1）债务人有处分其财产的行为。债务人的行为是能使其财产减少的处分行为。债务人所为的不以财产为标的的行为，或者虽以财产为标的，但不为使其财产减少的行为（如放弃接受遗赠），不得撤销。

（2）债务人的处分行为发生在债权成立之后。无论债务人的行为是合同行为还是单方法律行为，是有偿还是无偿，只要是债务人于债权成立后实施的处分行为，均可导致债权人的撤销权的产生。例如诉讼上的和解等凡属于处分债务人财产的行为又是可撤销的，都属于处分行为。但事实行为与无效民事行为应当排除在外。因为事实行为无从撤销，无效民事行为无须撤销。

（3）债务人的处分行为有害于债权的实现。所谓有害于债权，是指债务人的行为足以减少其一般财产而使债权不能完全受清偿。若债务人为其行为虽使其财产减少但仍不影响其对债权的清偿时，债权人自不能干涉债务人的行为。债务人的行为是否害及债权，应从两方面考察。一方面，债务人因其行为而使其无资力清偿债权。一般说来，于债务人为行为时，债务人的其他资产不足以满足一般债权人的要求，即为无资力。债务人有无资力应以客观上是否存在不能支付的事实为标准，而不能以债权人的主观认识为标准。另一方面，债权人的债权因债务人的行为不能受完全清偿。但债权人的债权附有担保物权的，债权人只能于担保物的价值不足清偿的债权数额限度内行使撤销权。若担保物的价值足以担保债权的受偿，债务人的行为不害及债权，债权人不能行使撤销权。

（4）债务人与第三人主观上有恶意，即债务人和第三人明知该处分行为会损害债权人的债权仍进行该行为。这是债权人撤销权成立的主观要件。对撤销权的主观要件的判断，依债务人所为的行为是有偿或无偿而有所不同。若为有偿行为，则须债务人为恶意，债权人的撤销权才成立，受益人为恶意时，债权人才得行使撤销权。而对于无偿行为，则不以债务人和第三人的恶意为要件。因债务人无资力而为无偿行为，其有害债权，至为明显，况且无偿行为的撤销，仅使受益人失去无偿所得的利益，并未受其他损害，法律理应先考虑保护债权受危害的债权人利益而不应先保护无偿取得利益的第三人。债务人有无恶意，一般应实行推定原则，即只要债务人实施行为而使其无资力，就推定为有恶意。至于受益人的恶意，则应由债权人证明。受益人的恶意以其知道其所为有偿行为会害及债权为已足，而不需与债务人有害及债权的串通。

第六节　合同的变更和转让

合同的变更

合同的变更有广义和狭义之分。广义的合同变更包括合同主体和合同内容的变更；狭义的合同变更则仅指合同内容的变更。这里只讨论狭义的合同变更。

合同变更的条件主要有：

1. 存在有效的合同关系。如果没有已经存在的合同，就谈不上合同的变更问题。

2. 合同的内容发生改变。这是指在合同的双方主体均不改变的情况下，将合同规定的具体权利义务内容进行改变。

3. 合同的变更可以依当事人的协议，也可以依法律的规定进行。合同的双方当事人可以通过协商的方式变更合同的具体内容，也可直接依法律的规定变更合同的内容。我国《合同法》第77条规定：当事人协商一致，可以变更合同。法律、行政法规规定变更合同应当办理批准、登记等手续的，依照其规定。

4. 合同内容的变更须符合法律规定。当事人不得利用合同的变更，损害国家、社会和他人的合法权益。

合同的转让

合同的转让是指合同的当事人将其合同权利或合同义务全部或部分地转让给第三人的

行为。合同的转让属于主体的变更，是债的移转。

（一）合同转让的要件

合同转让的要件主要有：

1. 须有已存在着的合法有效的合同关系。已存在合法有效的合同是合同转让的前提和基础。如果没有合同的存在，当事人之间的转让行为根本无从谈起。

2. 合同的转让应符合法定的程序。对于一些特殊的合同，法律专门规定了转让的法定程序，这些合同的转让必须依照法定的程序进行，否则不能发生合同转让的法律效力。

3. 合同的转让必须有合同当事人与第三人的协议。转让合同权利或义务的当事人必须与接受转让的第三人订立转让合同的协议，明确双方在转让前后的具体权利和义务，以免转让之后发生纠纷。

4. 合同的转让必须合法且不得违背社会公共利益。

（二）合同转让的情形

合同的转让包括三种情形：

1. 合同权利的转让。债权人可以将合同的权利全部或者部分转让给第三人，但在一些特殊情况下，合同权利是不能随便转让的。根据我国《合同法》的规定，在以下这些情形下债权人不得转让合同权利：（1）根据合同性质不得转让；（2）按照当事人约定不得转让；（3）依照法律规定不得转让。

债权人转让权利的，应当通知债务人。债务人接到债权转让通知后，债务人对让与人的抗辩，可以向受让人主张。未经通知，该转让对债务人不发生效力。债权人转让权利的通知不得撤销，但经受让人同意的除外。债务人接到债权转让通知时，债务人对让与人享有债权，并且债务人的债权先于转让的债权到期或者同时到期的，债务人可以向受让人主张抵销。受让人取得与债权有关的从权利，但该从权利专属于债权人自身的除外。

2. 合同义务的转让。债务人将合同的义务全部或者部分转移给第三人的，应当经债权人同意。债务人转移义务的，新债务人可以主张原债务人对债权人的抗辩。债务人转移义务的，新债务人应当承担与主债务有关的从债务，但该从债务专属于原债务人自身的除外。法律、行政法规规定转让权利或者转移义务应当办理批准、登记等手续的，依照其规定。

3. 合同权利和合同义务的概括转让。当事人一方经对方同意，可以将自己在合同中的权利和义务一并转让给第三人。权利和义务一并转让的，应当同时按照前述的关于合同权利和合同义务转让的法律要求进行。

第七节 合同的终止

■ 合同终止的原因

根据我国《合同法》的规定，合同终止的原因主要有：

第一，债务已经按照约定履行。

第二，合同解除。

第三，债务相互抵销。

第四，债务人依法将标的物提存。

第五，债权人免除债务。

第六，债权债务同归于一人。

第七，其他的法定情形。

■ 合同终止后当事人的义务

合同终止后的义务，又称后合同义务，是指合同当事人在合同终止后依照诚实信用原则和交易习惯应当履行的义务。

根据我国《合同法》的规定，合同终止后当事人的义务主要包括：

第一，通知义务。

第二，协助义务。

第三，保密义务。

■ 合同的解除

合同的解除，是指有效成立的合同因具备法定或约定的解除条件时，根据具有解除权的一方或双方当事人的意思表示而使合同关系自始或仅向将来无效的法律行为。

合同解除包括两大类：

第一，约定解除。即当事人通过协商一致而解除合同的行为。

第二，法定解除。即当事人依法律的规定解除合同的行为。

根据我国《合同法》的规定，合同解除的法定情形主要包括：

(1) 因不可抗力致使不能实现合同目的。

(2) 在履行期限届满之前，当事人一方明确表示或者以自己的行为表明不履行主要债务。

(3) 当事人一方迟延履行主要债务，经催告后在合理期限内仍未履行。

(4) 当事人一方迟延履行债务或者有其他违约行为致使不能实现合同目的。

(5) 法律规定的其他情形。

第八节 合同的担保

■ 合同担保的性质和方式

合同的担保，是指为保证已经成立的合同得到履行，确保债权人实现债权的法律制度。

合同担保的性质主要体现在以下两个方面：

第一，合同担保具有从属性。即合同的担保从属于合同的主债权。

第二，合同担保具有补充性。即合同担保是在原债权债务关系的基础上补充了一定的担保法律关系，为债权实现提供了法律保障。

合同担保的方式主要包括保证、抵押、质押、留置和定金五种。

其中，依据当事人的合同而设立的担保类型是约定担保，包括保证、抵押、质押和定金。直接依法律的规定而成立的担保是法定担保，主要是指留置。另外，保证属于人的担保，抵押、质押和留置属于物的担保，定金是一种特殊的担保方式，既不属于人的担保，也不属于物的担保。抵押、质押和留置在“担保物权”一章中已经论述，此不赘述。下面我们主要介绍保证和定金这两种合同担保方式。

保证

保证，是指由债务人以外的第三人作为保证人，当债务人不履行义务时，由保证人按照约定履行债务或承担责任的制度。

（一）保证的法律特征

保证的法律特征主要体现在以下几个方面：

1. 保证是一种双方民事法律行为，同时也是单务的民事法律行为。保证是一种由债权人与保证人双方实施的民事行为，须有保证人与债权人双方意思表示的一致才能成立。仅有一方的意思表示就可成立保证的单方民事行为，不为债权法上的保证担保。例如票据法上的保证，则不属于我们这里所说的保证，而是一种特别法上的担保。同时保证既为一种双方的民事行为，就应当适用民事行为的规定，不符合民事行为要件的“保证”，不能成立。保证合同为单务合同。在保证当事人双方之间没有相互对待给付的义务，因而不发生义务履行的顺序问题。

2. 保证是以合同当事人以外的第三人的信用提供担保的行为，属于人的担保。保证是保证人以自己的信用担保债务人履行债务的，因而保证人只能是债务人以外的第三人，而不能是债务人本身。债务人对自己履行债务的担保，不为保证。如债务人对自己产品的质量所做出的保证，并不是债的担保的保证。第三人对他人所做出的不属于担保其履行债务的担保，也不属于保证。

3. 保证具有补充性和从属性。保证债务是对主债务的补充和加强，因而具有补充性。保证的补充性的表现主要在于，只有在主债务人不履行债务时，保证人才负履行保证债务的责任。因此，债权人请求保证人履行保证债务时，应当证明主债务人未履行债务的事实。保证债务原则上应债权人的请求始届清偿期。也就是说，除保证合同中有主债务人不履行债务，保证人即应履行保证债务的特别约定外，虽主债务的履行期届满，但债权人未向保证人请求履行的，保证债务也不届清偿期，不能发生保证人迟延履行的责任。

保证的从属性在于保证合同是主合同的从合同，保证债务是主债务的从债务。保证的从属性主要表现在以下几个方面：

（1）保证合同以主合同的有效存在为存在前提。保证债务以主债务的存在为前提，并于主债务存续中从属于主债务。无主债务也就无从债务。因此，债权人要求保证人承担保证责任的，不仅须证明保证债务的存在，还须证明主债务的存在。

（2）保证的范围与强度从属于主债务，不得大于或者强于主债务。保证担保，保证人可以与债权人协商保证担保的范围，但保证债务的范围和强度不得大于主债务，当事人约定的保证债务的范围与强度大于主债务的，应减到主债务的限度。例如，约定的保证担保的利息高于主债务利息的，应减至与主债务相同的利息；保证债务的履行期先于主债务履行期的，应于主债务履行期届满后为保证债务的履行期；保证担保的数额高于主债务的，应减为与主债务相同的数额；主债务的数额于保证成立后减少的，保证债务的数额也相应地减少。

（3）保证债权随主债权的转移而转移。在保证期间，债权人转让债权给第三人的，债权人对保证人的保证债权原则上也随同转移，保证人仍在原担保的范围内承担保证责任。但当事人在保证合同中约定债权人不得让与债权的，则于债权人转让债权时保证人的保证责任即消灭。

（4）保证人的保证债务于保证期限内存在。保证是对特定债务人履行债务的信用担保，因而保证债务原则上只能随特定债务人债务的存在而存在。因此，主债务人转移主债务的，除保证人明确表示对债务转移承担保证责任外，保证人的保证债务消灭。

（5）保证债务随主债务的消灭而消灭。主债务因清偿等原因消灭的，保证债务当然也就消灭。主债务因合同解除而消灭的，保证债务也应当消灭。主债务因合同更新而更改的，除当事人另有约定外，保证债务也消灭。

（二）保证的方式

保证的方式包括一般保证和连带保证两种，保证合同当事人双方应当约定保证的方式。在一般保证中，保证人享有先诉抗辩权。当事人可以在合同中约定保证方式，如果未约定或约定不明确时，应认定为连带保证。

1. 一般保证。一般保证是指保证人仅对债务人不履行债务负补充责任的保证。《担保法》第17条第1和第2款规定：当事人在保证合同中约定，债务人不能履行债务时，由保证人承担保证责任的，为一般保证。一般保证的保证人在主合同纠纷未经审判或者仲裁，并就债务人财产依法强制执行仍不能履行债务前，对债权人可以拒绝承担保证责任。因此，一般保证是保证人享有先诉抗辩权的保证方式。

2. 连带保证。连带保证是指保证人在债务人不履行债务时与债务人负连带责任的保证。《担保法》第18条规定：当事人在保证合同中约定保证人与债务人对债务承担连带责任的，为连带责任保证。连带责任保证的债务人在主合同规定的债务履行期届满没有履行债务的，债权人可以要求债务人履行债务，也可以要求保证人在其保证范围内承担保证责任。可见，连带保证保证人的责任重于一般保证保证人的责任。一般保证的保证人只在债务人不能履行债务时才承担保证责任；而连带责任的保证人不论债务人能否履行债务，只要债务人未履行债务，就有义务承担保证责任，保证人并不享有先诉抗辩权。

■ 定金

定金，是指合同一方当事人在合同履行之前给付相对方一定的金钱作为债权的担保的制度。《担保法》第89条中规定：“当事人可以约定一方向对方给付定金作为债权的担保。”可见，定金也是债权担保的一种方式。

（一）定金的法律特征

定金的法律特征主要体现在以下几个方面：

（1）定金依书面合同的约定而成立，是一种约定担保。

（2）定金有着特殊的定金罚则。即如果支付定金的一方当事人违反合同，则无权要求对方当事人返还定金；如果收受定金的一方当事人违反合同，则应加倍返还定金。

（3）定金合同属于实践性合同，合同自定金实际交付之日起生效。

（二）定金的种类

定金，在各国法上几乎都有规定，但不同的时期、不同的国家对定金的规定并不完全相同。概括起来，定金的种类主要包括成约定金、证约定金、违约定金和解约定金四种。

（1）成约定金，这是作为合同成立要件的定金，不交付定金合同就不能成立。

（2）证约定金，这是指交付定金作为合同成立证据的定金。

（3）违约定金，这种定金是作为违约的赔偿，即交付定金后，交付定金的一方如不履行合同，则收受定金的一方得没收其定金而不予返还；收受定金的一方不履行合同时应当双倍返还定金。

（4）解约定金，这种定金是作为一方保留合同解除权利的代价，即交付定金的一方得以丧失定金为代价而解除合同；收受定金的一方也得以双倍返还定金为代价而解除合同。

定金是在合同履行前由一方向对方支付的款项，因此具有预先给付的性质。但定金与预先给付的预付款不同。预付款是合同一方当事人预先支付给另一方当事人的部分合同价款。二者的区别表现在：

第一，性质作用不同。定金是合同担保方式，其主要作用为担保合同债务的履行；而预付款的主要作用是为一方当事人履行合同提供资金上的帮助，即为其履行合同债务创造条件，是合同履行的一部分。

第二，地位不同。交付定金的协议是从合同，依约定应交付定金而未交付的，并不构成对主合同的违反；而交付预付款的协议为主合同的一部分，依约定应交付预付款而未交付时，构成对主合同义务的违反。

第三，法律后果不同。交付定金和收受定金的双方当事人不履行合同债务时，适用定金罚则，即交付定金的一方不履行债务的，丧失定金，收受定金的一方不履行债务的则双倍返还定金；而交付和收受预付款的当事人一方不履行合同债务时，不发生丧失或双倍返还预付款的后果，于此情况下预付款仅可抵作损害赔偿金。

第四，交付的方式不同。定金一般为一次性交付，而预付款可以分期交付。

第九节　合同的解释

■ 合同解释的概念

合同解释是指合同的当事人或者法官、仲裁员以及其他有关人员遵循一定的原则，对合同的内容和含义所做的准确的说明。

合同解释的目的主要在于：

第一，对合同的效力做出正确的判断。

第二，明确合同的具体内容。

■ 合同解释的方法

合同解释的方法主要有：

第一，依诚信原则解释的方法。即依照诚实信用的原则对有争议的合同条款做出解释的方法。

第二，依合同目的解释的方法。即依合同订立的目的解释合同条款含义的方法。

第三，依交易习惯解释的方法。即依照以往交易习惯中关于同类问题的解释来判断合同内容的方法。

第四，系统解释的方法。即将合同作为一个整体，根据合同各个部分之间的关系来判断合同具体内容的方法。

第五，文意解释的方法。即按照通常对合同用语的理解来解释合同条款的方法。

第六，公平解释的方法。即根据平等原则对合同内容进行对双方当事人都公平的解释的方法。一般来说，当双方对某条款的含义发生争议时，应当做出对该条款拟定方不利的解释，方可体现公平的原则。

本章小结

本章内容包括：合同的概念和法律特征；合同的类型；合同的订立；合同的效力；合同的履行；合同的变更和转让；合同的终止；合同的担保；合同的解释。

关键概念

合同	格式合同	要约	承诺
缔约过失责任	合同的成立	合同的生效	同时履行抗辩权
不安抗辩权	债权人的代位权	合同的担保	定金
合同解释			

思考题

1. 试述合同的法律特征。
2. 简述合同的分类。
3. 试述合同成立与合同生效的关系。
4. 试述缔约过失责任的构成要件。
5. 合同履行的基本原则包括哪些？
6. 简述导致合同终止的主要原因。
7. 试述合同担保的几种主要方式及其内容。
8. 简述合同解释的几种基本方法。

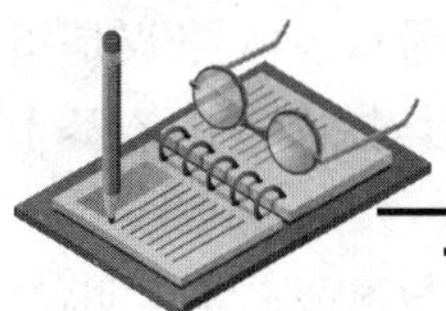

第十八章 人身权

导 学

人身权和财产权是民法的两大支柱，民法是由关于这两种民事权利的法律构成的，因此关于人身权的法律是我国民法的重要组成部分。本章是关于人身权的内容。通过本章的学习，认识和理解人身权的性质和法律特征，掌握人格权的主要类型和不同人格权的基本内容，了解身份权的法律要求。

第一节 人身权概述

■ 人身权的概念和法律特征

人身权是指民事主体依法享有的、与其人身有着密切联系的、没有直接财产内容的法定民事权利。人身权是民事主体享有的最基本的民事权利，是人身关系经法律调整后的必然结果。人身关系是人们基于彼此的人格和身份而形成的相互关系。

人身权具有以下的法律特征：

1. 人身权具有非财产性。即指人身权不具有财产内容，不直接体现民事主体的财产权益。这是人身权与财产权的明显区别之一。财产权中无论是物权、债权、知识产权还是继承权，都直接以财产利益为客体。人身权的非财产性决定了其不能直接以金钱来衡量。

2. 人身权具有与权利主体人身的密切联系性。人身权是保障人的精神利益得以实现的权利形式，与民事主体的人身密切联系，不存在脱离特定权利主体的人身权，因此人身权通常要依附于特定的民事主体，不能转让、赠与、继承。但法人和其他社会组织的名称权可依法转让，这是人身权不可转让的例外。

3. 人身权能够引起财产权利的产生和变更。人身权虽然没有直接的财产内容，但由于与财产权紧密相关，往往是发生财产关系的基础，是取得财产权利的前提。同时，对人身权的侵害也会影响权利人的经济利益，导致损害赔偿，引起财产关系的变化。

人身权的类型

根据人身权产生的依据不同，人身权可以分为两大类：人格权和身份权。人格权是指民事主体依法享有的维护其人格尊严不受侵犯的一种民事权利。身份权是指民事主体基于特定的身份而享有的维护一定社会地位和社会关系的权利。

人格权与身份权都属于人身权，在特点上，它们都是专属权、绝对权和支配权，也是财产权以外的非财产权。

人格权与身份权的区别主要表现在：(1）权利主体不同。人格权不仅可以由自然人享有，也可以由法人享有。而身份权主要是基于亲属法上的身份关系所产生的，因此只有自然人才能享有。(2）客体不同。人格权以人格利益为客体，包括自然人应享有的生命、健康利益等。身份权的客体是基于一定身份关系形成的身份利益。(3）权利的取得方式不同。人格权在主体出生或成立后即依法享有，并不需要主体实施特定行为。而身份权的取得原因不同，某些身份权需要借助权利人实施的一定行为，或者需要具有一定的行为能力。(4）权利的存续期间不同。人格权的存续期间与主体作为独立人格的地位是联系在一起的，本身没有特别的期限限制。身份权是以一定身份的存在为前提的，并以身份的存续为权利存续的前提。

第二节　人格权

人格权是指民事主体依法享有的维护其人格尊严不受侵犯的一种民事权利。人格权作为基于人的存在而不可分的权利，只要自然人出生、法人或其他社会组织成立，无须任何意思表示或进行任何行为，就当然取得并受到法律保护。生命健康、肖像、姓名、名称、名誉等各种民事主体享有的人格利益，是民事主体维系其存在、进行民事活动的前提。离开了这些权利，民事主体的人身利益得不到保障，就丧失了开展民事活动、建立民事权利义务关系的基础。

生命权

生命权是指以自然人的生命安全利益为内容的、独立的具体人格权。自然人的生命是指人体维持其生存的基本物质活动能力。

生命权具有以下法律特征：

1. 生命权以自然人的生命安全为客体。生命权与身体权是相互依赖的人格权。身体权的客体是自然人的身体完整和对肢体器官的支配权，生命权的客体则是维护生命安全利益。两者受到非法侵害时，身体权表现为身体完整性的破坏，而生命权则体现为生命不可逆转的丧失。

2. 生命权以维护人的生命活动正常延续为基本内容，防止人为地非法终止自然人的生命。生命权与健康权相互依赖，人体生命活动能否延续依赖于人的健康状况，人的健康状态又以人体生命活动的存在为前提。尽管如此，这仍是两种不同的人格权，有本质的区别。健康权维护的是人体机能的完善性，保护其正常运作，而生命权维护的是人的生命活动的延续。

3. 生命权是最基本的、独立的人格权。生命权是自然人作为人的存在、作为权利主体的前提条件，也是其行使其他民事权利的基础。人的生命具有不可代替性，生命一旦丧失，将不可逆转地消失。生命的存在和生命权的享有，是每个人最高的人身利益，如果生命被剥夺，自然人的其他任何权利都毫无意义，所以生命权是最基本的人格权。生命权的享有不依赖于其他权利的存在，直接基于自然人生命的存在，始于出生终于死亡，所以生命权是独立的人格权。

■ 健康权

健康权是指自然人以其身体生理功能的正常运作，维持人体生命活动的利益为内容的具体人格权。

健康权具有以下法律特征：

1. 健康权以维护自然人的身体生理功能的正常发挥为根本利益。健康有两个要素：一是生理机能的正常运作；二是生理机能的完善发挥。通过这两个要素的协调一致发挥作用，达到维持人体生命活动的最终目的。

2. 健康权是专属于自然人的人格权。健康权包括两项基本内容：

(1) 健康维护权。健康维护权的首要内容是自然人保持自己健康的权利。即自然人有使自己的健康状况保持完好状态，并追求更高的健康水平的权利；在健康水平出现下降的时候，有请求并接受医疗的权利，使健康状况达到完好状态或者恢复到原有状态。这些权利的行使，不受任何人的干涉或强制。健康权是绝对权、对世权，除权利主体之外，其他任何人都负有不得侵害健康权的法定义务。因此健康维护权的另一项重要内容，是当健康权受到不法侵害时，自然人享有法律保护的请求权。

(2) 劳动能力维护权。劳动能力是指创造物质财富和精神财富的能力。自然人享有劳动能力这种人格利益。人只有具有创造物质财富或者精神财富的能力，才能成为劳动者。自然人享有的劳动能力这种人格利益包括四个方面的内容：一是有权保有这种利益；二是有权利用劳动能力以满足自己及社会的需要；三是有权发展这种利益；四是当这种利益受到损害时，有权要求加害人赔偿。

■ 身体权

身体权是指自然人依法享有的维护其身体完整，并对其肢体、器官等身体组成部分完全支配的权利。身体权作为一项独立的人格权，与自然人的生命权、健康权密切相关。身体权是自然人享有生命权和健康权的物质保证，侵害身体权将不可避免地侵害其健康权乃至生命权。这里的身体专指自然人，是其生理组织的整体。身体包括两部分：一是主体部分；二是附属部分。主体部分由人的头颅、躯干、肢体的总体构成，包括肢体、器官和其他组织。附属部分，是指附着于身体的其他人体组织，如指甲、毛发等。移植的器官和其他组织与受移植人成为一体的，是受移植人身体的组成部分。

身体权具有以下法律特征：

1. 身体权以自然人的身体完整和对肢体器官的支配权为客体。身体是自然人享有法律人格的物质基础，离开了身体，自然人无任何权利可言，不能具有法律上的人格。身体权的客体是身体，最重要的是保持其身体整体的完全性和完整性。任何人破坏自然人的身体完整即构成了对身体权的侵犯。随着科学技术和现代法律伦理的发展，允许自然人将属于自己身体组成部分的血液、皮肤甚至个别器官转让给他人。这种转让体现了自然人对其身体组成部分的器官和组织的自由支配权。违背自然人的自由意志而强行使用或支配其器官和组织将构成对自然人身体权的侵害。

2. 身体权必须是有生命的自然人享有的权利。身体是自然人的生理组织的整体。没有身体，生命就不存在，同样没有生命的身体也不能称为身体。对死亡后的人的尸体的保护，是一种人身权的延伸保护。[①]

3. 身体权是不可转让于他人的基本人格权，是专属于自然人的人格权。身体权表现为自然人对于物质性人格要素的不转让性支配权。身体权与所有权都是支配权，但身体权支配的是自身的物质性人格要素，即实质仍为人格，而所有权的客体是物。

姓名权

姓名权是指自然人依法享有的自主决定、使用和变更自己姓名并排除他人非法干涉的权利。姓名是用以明确和代表自然人并与其他自然人相区别的符号和标记，以便使自然人参与社会活动，并行使社会赋予的各种权利和承担义务。

姓名权具有以下法律特征：

1. 姓名权是以自然人的姓名利益为客体的人格权。姓名表明的是人格，而不是身份，所以姓名权是人格权。

2. 姓名权是专属于自然人的人格权，法律禁止其转让。姓名权与自然人人身不可分离，也不能由权利人抛弃。

3. 姓名权主要包括三个方面的内容：

（1）自主的命名权，指自然人确定自己姓名的权利。为自己命名，是自然人享有的基本人格权利。一个人出生后，一般由他的父母或亲戚确定其姓名，成年以后有权自行决定姓名。任何人不得干涉他人的姓名权。人不仅有权决定随父姓、母姓或采用其他姓，有权决定自己的名字，而且可以决定自己的别名、笔名、艺名等其他名字。

（2）正常的姓名使用权，指自然人依法使用自己姓名，并要求他人正确使用自己姓名的权利。姓名使用权包括积极的权能和消极的权能。在自己的物品上表示自己的姓名、向他人介绍自己的姓名，属于姓名权的积极行使；而不署名、不介绍自己的姓名等是姓名权的消极行使。

（3）合法的改名权。每个人都有权依照法律规定改变自己的姓名。改名权是自主命名权的延伸。自然人无论出于何种原因，只要在法律允许的范围内改变姓名，都应当予以允许。因为自然人在未变更姓名之前已经以原姓名参加各种法律关系，其姓名的改变会影响他人和社会利益，所以改名必须依法进行，而且须在户籍登记机关办理手续。

名称权

名称权是指法人和其他组织依法享有的自主决定、使用和变更其名称，依法转让其名

---

① 杨立新．民法．北京：中国人民大学出版社，2000：126.

称并排除他人妨碍和侵害的权利。名称是指法人及其他组织在社会活动中，用以确定和代表自身，并用于区别彼此的文字符号和标记。名称不同于字号和商号。字号是商店、个体工商户和个体合伙使用的名称。商号又称商业名称，是商事主体依商法申请登记，用以表明其营业的名称。字号和商号均为名称的一种，而不是名称的全部。①

名称权与姓名权都是重要的人格权，它们不仅主体不同，而且有以下显著区别：

（1）法律对法人和其他社会组织的命名有比较严格的规定，对一些类型的法人还规定了严格的审批程序。法人的名称一经登记，在一定区域范围内，法律禁止同行业的其他企业与已登记的企业重名。而自然人除了应按法律规定将姓名进行登记，对于自己的姓名有完全的自主权，可以自主决定自己的姓名。对非恶意侵害他人姓名的，法律并不禁止重名。

（2）法人和其他社会组织的名称可以依法转让，而自然人的姓名的转让被严格限制。

名称权具有以下法律特征：

1. 名称权是以法人和其他组织的名称利益为客体的人格权。名称权是法人和其他社会组织之所以成为民事主体的基本要件之一，也是其作为民事主体的基本权利之一。不享有名称权的民事主体不能成立。

2. 名称权属于自然人以外的其他民事主体享有的人格权。我国相关法律规定，名称权和姓名权是两个概念，名称权专指除自然人以外的法人和其他社会组织所享有的人格权，不同于姓名权。

名称权主要包括四个方面的内容：

1. 名称决定权。法人和其他组织的名称确定应当依照法律的规定，不得随意侵犯、盗用、仿冒其他法人和组织的受法律保护的名称，并且应当依法办理有关的登记手续。他人不得随意干涉法人和其他组织确定自己名称的权利。

2. 名称使用权。法人和其他社会组织对其名称享有独占的使用权，任何人不得干涉和非法使用。在登记的地区内，他人不得再登记该名称用于经营同一性质的业务；未经登记而使用者，同样构成对名称权的侵害。同时法律对法人和其他社会组织行使其名称权有一定的限制性规定，权利人应遵守这些规定。

3. 名称变更权。法人及其他组织的名称变更应当遵循法律规定的基本要求和程序进行。名称变更，可以部分变更，也可以全部变更。名称一经变更登记后，原登记的名称视为被撤销，不得继续使用。

4. 名称转让权。法人和其他组织的名称依法可以转让或许可他人使用的，应当依照法律规定的程序转让或许可他人使用。全部转让名称的，原名称权人丧失名称权，不得继续使用；受让人则成为新的权利人，享有原权利人的一切权利。

■ 肖像权

肖像权是指自然人对自己的肖像享有利益并排除他人侵犯的权利。肖像，是指通过绘画、照相、雕塑、录像、电影艺术等形式，使自然人的外貌在物质载体上再现的视觉形象。

肖像权具有以下法律特征：

---

① 王利明，杨立新，姚辉．人格权法．北京：法律出版社，1998：96.

1. 肖像权是以自然人的形象、特征利益为客体的人格权。肖像与姓名一样属于人格利益，但姓名是以文字标志特定人，而肖像则是以形象标示。肖像直接关系到自然人的人格尊严与社会评价，与自然人的人格不可分离。

2. 肖像权是专属于自然人的人格权。肖像作为自然人形象的外在表现，反映的是自然人的外部生理特征，是自然人具备的客观的、实在的物质实体的外在形态，所以肖像权只能为自然人享有，且只能由特定的自然人享有，法人不享有肖像权。肖像权的专有权首先体现在形象再现的专有权，即自然人享有是否允许他人再现自己形象的权利。其次，它体现在肖像使用的处分性。肖像的使用权属于肖像权人，只有肖像权人有权转让。

肖像权的基本内容主要包括：

1. 肖像制作权。自然人有权决定由自己或他人制作自己的肖像，有权禁止他人非法制作自己的肖像。肖像制作权是肖像权的基本权能，也是肖像权其他内容的基础。

2. 肖像使用权。肖像权人对自己的肖像有权以任何合法的方式进行使用，并获取一定的收益。自然人有权决定是否允许将其肖像进行展出、传播、复制、用作商标或进行广告宣传。未经自然人的同意，任何人不得以营利为目的在广告、宣传品、书籍、报纸、杂志、商标中使用其肖像。肖像使用权可以部分地转让给他人，而且肖像的转让使用须依合同的约定为之。

3. 肖像利益维护权。肖像权人有权维护自己的肖像利益，对于恶意损毁、刻划、玷污其肖像或非法的以营利为目的使用其肖像的行为均有权请求侵害人停止侵害，并可要求侵害人赔偿损失。但是他人合法的使用行为受到法律的保护。为了国家和社会利益的需要，国家行政机关有权在法律规定的范围内，使用他人的肖像；为了新闻报道，新闻工作者有权在照片中使用他人的肖像；此外，在使用人体形象来供艺术创作时，模特与艺术家就肖像的使用达成协议，再现模特肖像的作品就无须取得本人同意，可以公开使用。

名誉权

名誉权是指自然人、法人或其他组织就其自身属性和价值所获得的社会评价而依法享有的保有、维护并不受他人侵犯的权利。名誉权的主体既包括自然人，也包括法人和其他组织。自然人的名誉是自然人道德品质、品行才干、生活作风等方面的社会评价，是社会对自然人自身价值的外部认可。法人和其他社会组织的名誉则是指法人和其他社会组织的产销活动、产品质量、财产信用、行业声望等对其经济、社会效益具有重大影响的社会评价。自然人、法人和其他社会组织享有维护自己获得公正社会评价的权利，是其参与社会关系、进行正常社会经济活动的重要保障，法律禁止侵犯他人的名誉权。

名誉权具有以下法律特征：

1. 名誉权是以自然人、法人或其他组织的名誉及利益为客体的人格权。名誉及利益是自然人、法人或其他组织就其自身的人格价值所获得的社会评价。由于名誉是一种良好的社会评价，因此它体现了民事主体重要的精神利益，并且与财产利益也有密切联系。名誉常常是一个民事主体从事正常经济活动，并与他人广泛发生经济联系的前提。正是由于名誉权是以名誉作为客体的，因而决定了名誉权的本质在于权利人有权要求他人对其进行客观公正的评价，有权排除他人对其享有的名誉权侵害。

2. 名誉权不具有财产性，但与一定的财产利益相联系。名誉权是一种没有经济内容的人身权，但是一个自然人、法人或社会组织的名誉往往对其活动的社会利益，甚至经济利益都有重大影响。

名誉权的基本内容主要包括：

1. 名誉保有权。即保持自己的社会评价不降低、不丧失，以及以自己的行为改善和提高自己的社会评价的权利。

2. 名誉维护权。即名誉权人对于恶意贬损或损害自己名誉等非法侵害自己名誉的行为，享有请求其停止侵害的权利，并可寻求司法保护，要求对自己遭受损害的权利进行救济。名誉权人对于其他任何人有不得侵害的不作为请求权，与之相对，任何人负有不得侵害其名誉权的法定义务。

3. 名誉利益支配权。名誉权人可以利用自己良好的名誉，从事合法的经济、政治活动，并可享有因此获得的合法利益。

■ 隐私权

隐私权是指自然人享有的以其个人生活自由为内容的个人秘密利益和其对自己的私人活动的支配权利。我国现在虽然还没有明文规定隐私权为一项具体的人格权，但依有关法律规定，以书面、口头等形式宣扬他人的隐私，或者捏造事实公然丑化他人人格，以及用侮辱、诽谤等方式损害他人人格，造成一定影响的，应当认定为侵害公民名誉权的行为。可见在我国对公民的隐私权的保护是比照名誉权的保护方式进行的。隐私权的保护范围受公共利益的限制，当隐私权与公共利益发生冲突时，应当依照公共利益的要求进行调整。

隐私权具有以下法律特征：

1. 隐私权是以自然人的生活秘密利益为客体的人格权。这种生活秘密与社会利益和群体的利益无关，是自然人不愿让他人知晓和干涉的个人情报和资讯。

2. 隐私权是专属于自然人的人格权利。隐私权是基于个人与社会的相互关系的处理而产生的保有人的内心世界的安宁以及与外界相隔离的宁居环境的权利。而法人没有精神活动可言，所以法人无法享有隐私权。

隐私权的基本内容主要包括：

1. 隐私保密权。即保持自己的个人生活秘密不为他人知晓，这是出于维护自己人格尊严、人格利益的一种需要。

2. 隐私保护权。即维护自己的生活利益和生活秘密不受他人的非法窥探和传播。在受到他人的非法刺探、调查和侵犯时，可以请求法院的保护和司法救济。

3. 隐私支配权。即隐私权人可以自主地决定自己的私人生活方式，可以决定是否对外公开自己的生活秘密，并可以决定积极地利用自己的生活秘密以满足自己的精神、物质方面的需要。隐私权人还可以决定是否允许对自己个人生活和个人领域的探知，并可决定允许他人利用自己的隐私。

■ 人身自由权

人身自由权是指自然人依法享有的按照自己的意志活动和思维，不受任何人和组织的非法控制、约束和妨碍的权利。

人身自由权具有以下法律特征：

1. 人身自由权是以自然人的人身自由利益为客体的人格权。具体而言，是指公民在法律规定的范围内，按照自己的意志和利益，支配自己的人身和行为，并且不受他人非法妨害的权利。

2. 人身自由权是专属于自然人的人格权利。

人身自由权的基本内容主要包括：

1. 身体自由权，指自然人按照自己的利益和意志，在法律规定的范围内作为和不作为的权利。非以法律的规定，其身体自由不受其他限制。身体自由权所包含的是自然人自由支配自己外在身体运动的权利。

2. 精神自由权，指自然人按照自己的意志和利益，在法律规定的范围内得以自主思维的权利，是一种自由支配自身内在思维活动的权利。精神自由权是自然人进行正确的民事活动的前提，法律应当予以保护。由于故意或过失干扰他人的自主思维，使他人承担精神痛苦，如误传亲人噩耗，将构成对精神自由权的侵害。

第三节　身份权

身份权是指民事主体基于特定的身份而享有的维护一定社会地位和社会关系的权利。身份权是由一定身份关系所产生的权利，只有首先具有某种身份地位才能取得相应的身份权。身份权并不是对他人的支配权利，而是以法律上的人格平等为前提和基础的。

一、亲属权

亲属权是指除配偶以外的其他近亲属之间的以特定身份利益为内容的基本身份权利。亲属是指因婚姻和血缘关系而产生的人与人之间特定的身份关系，以及具有这种特定身份关系的人相互之间的身份地位的总称。具有一定亲属关系的人的特定身份是固定的，只要这种关系存在，特定身份将不会改变。亲属因其血缘关系的远、近、亲、疏而不同，亲属权中的亲属特指除配偶以外的其他近亲属。

亲属权具有以下法律特征：

1. 亲属权是以亲属关系中特定的身份利益为客体的人格权。这种亲属的特定身份利益指亲属间相互的地位、身份以及相互的权利义务关系。

2. 亲属权是专属于具有一定亲属关系的自然人的身份权利。一般的亲属不具有特定亲属的身份利益，只具有法律上的亲属地位，法律并不赋予其特定的权利义务关系。在这里具有一定亲属关系的自然人，包括父母与子女，祖父母、外祖父母与孙子女、外孙子女，兄弟姐妹，而不包括近亲属以外的其他亲属，也不包括近亲属中的配偶关系。配偶的身份利益由配偶权调整。

亲属权的基本内容主要包括：

1. 亲属间相互抚养、赡养、扶养的权利和义务。抚养是指祖父母、外祖父母在必要时对孙子女和外孙子女的抚养，父母对未成年子女的抚养。赡养是指成年子女对父母、孙子女和外孙子女对祖父母和外祖父母的权利义务。扶养是兄弟姐妹等平辈亲属间的供养关系。

2. 亲属间的监护、互助和互谅的义务。监护是指对未成年人以及精神病人等无民事行为能力人或限制行为能力人，由其近亲属对其人身权利、财产权利进行保护。互助互谅的义务，即当对方发生困难时，应尽力帮助并予以体谅，不向对方提出过高的要求。

3. 亲属间表明相互间身份关系并因此享有一定利益的权利。如财产的代管、继承等权利。

配偶权

配偶权是指合法有效婚姻的夫妻关系之间互为配偶，并以夫妻之间的特定身份利益为内容的基本身份权。

配偶权具有以下法律特征：

1. 配偶权是以配偶关系中特定的身份利益为客体的身份权。配偶权的客体不包括法律规定的财产利益和婚姻自主权，而特指确定其配偶关系所体现的身份利益。

2. 配偶权的权利主体是合法有效婚姻的夫妻双方。配偶权是配偶双方的共同权利。因此，配偶利益由配偶双方共同支配，任何一方不能就配偶的共同利益为单独决定，而且配偶双方互享权利，互负义务，权利义务完全一致。

3. 配偶权具有绝对权和支配权的属性。虽然配偶权的主体是配偶双方，但并不意味着配偶权是一种相对权。配偶权是绝对权，其他任何人均负有不得侵害该配偶权的义务。配偶权属于支配权，支配的是配偶间的身份利益，而不是对方的人身，而且这种支配是平等的。

配偶权的基本内容主要包括：

1. 配偶间相互扶助、扶养的权利和义务。配偶间的相互扶养既是义务又是权利，这种权利义务是对等的。有扶养能力的一方，对于年老、患病、丧失劳动能力或者生活困难的配偶，必须主动承担扶助、供养之责。如果一方不予扶养，需要扶助的对方可以行使追索扶养费的请求权。

2. 配偶间的忠诚权利和义务。是指配偶有对对方忠诚的义务，不为婚外性生活的义务。

3. 配偶间的姓氏决定权和住所决定权。夫妻双方都有权决定自己的姓名使用，其中任何一方不得强迫另一方改变其姓名。住所是配偶共同生活的依托，关系到共同生活的基础，应由双方共同决定。

4. 配偶间的社会活动自由权和日常事务代理权。配偶间的社会活动自由权是指已婚者以独立身份，有权按照本人的意愿决定选择社会职业、参加社会活动，不受对方的干涉和约束。配偶间的日常事务代理权，指配偶一方在与第三人就日常事务为一定法律行为时，享有代理对方行使权利的权利。配偶一方代表家庭所为的行为，对方配偶须共同承担法律后果，而不得仅仅以不知对方行为为由提出抗辩。

荣誉权

荣誉权是指公民、法人或其他组织对其依法获得的社会的积极和肯定评价所享有的，并不受他人非法剥夺或干涉的支配权利。荣誉权与名誉权都表明了民事主体在社会中的信誉和评价，在一定程度上表现出相关性，如名誉可能因当事人获得荣誉称号而提高，荣誉权受到损害往往也会有损名誉权。但荣誉权与名誉权是两个不同的概念。首先，两者的性质不同。荣誉权属于身份权，是基于被赋予的荣誉称号而产生的，并不是所有民事主体都享有的。名誉权属于人格权，它是维护民事主体的独立人格所必备的权利。其次，两者的客体不同。荣誉权的客体是民事主体获得的荣誉及其利益，而名誉权的客体是社会公众对主体的人格价值的客观评价。最后，两者的取得方式不同。荣誉权的取得是以某种荣誉称号的获得为前提，而名誉权则是公民固有的并依法取得的权利，并不受到剥夺或限制。

荣誉权具有以下法律特征：

1. 荣誉权的性质是身份权，而不是人格权。荣誉权不是与生俱来的固有权，而是基于所被赋予的荣誉称号所产生的，其基本作用是维护其身份上的利益。

2. 荣誉权是以民事主体获得的荣誉及其利益为客体的身份权。

3. 荣誉权的权利主体既可以是自然人，也可以是法人或其他社会组织。不仅是自然人，而且法人和其他社会组织都可以因自己的行为、通过一定的程序获得荣誉。

荣誉权的基本内容主要包括：

1. 荣誉接受权，即民事主体可以依法接受有关的社会组织颁布的荣誉称号，不受他人干涉的权利。

2. 荣誉维护权，即民事主体保有自己的荣誉不受非法剥夺的权利。荣誉维护权维护的是荣誉本身，而不是荣誉利益。荣誉权一经获得，即为民事主体终身享有，未经法定程序不得撤销或非法剥夺，也不得转让或继承。荣誉权人以外的其他人不得侵害荣誉权。

3. 荣誉利益的支配权。民事主体可以享有和自主地支配因一定的荣誉而获得的精神和物质利益。对精神利益，权利人只可占有、控制、利用而不得转让或处分。

本章小结

本章首先介绍了人身权的概念，人身权是指民事主体依法享有的，与其人身有着密切联系的、没有直接财产内容的法定民事权利。人身权具有非财产性、与权利主体人身的密切联系性、可以引起财产权利产生和变更的法律特征。根据产生的依据不同，人身权可分为两种基本类型，即人格权和身份权。人格权是指民事主体依法享有的维护其人格尊严不受侵犯的一种民事权利。身份权是指民事主体基于特定的身份而享有的维护一定社会地位和社会关系的权利。人格权分为生命权、健康权、身体权、姓名权、名称权、肖像权、名誉权、隐私权和人身自由权九项具体权利。本章对每项具体权利都介绍了其定义、法律特征和具体内容。身份权具体分为亲属权、配偶权和荣誉权。本章对这三种具体权利都介绍了其定义、法律特征和具体内容。对其中相似的概念，如生命权、健康权和身体权，姓名权和名称权，名誉权和荣誉权都做了严格的界定和区分。

关键概念

人身权　人格权　身份权　生命权　健康权
身体权　姓名权　名称权　肖像权　名誉权
隐私权　人身自由权　亲属权　配偶权　荣誉权

思考题

1. 如何理解人身权的性质和法律特征？
2. 我国有哪些具体的人格权？它们的内容是什么？
3. 应该怎样把握荣誉权的含义？

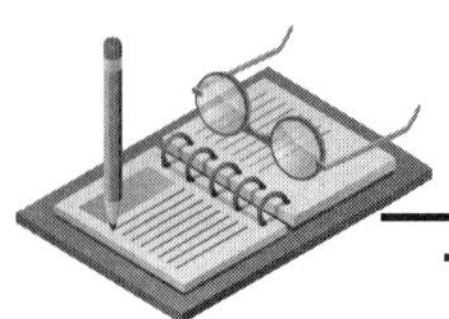

第十九章 民事责任

导　学

民法的调整方法分为事前调整和事后调整，事后调整即要求违法之人承担民事责任，以恢复受到破坏的法律秩序。民事责任的法律规定体现了民法的强制力，是民法中不可或缺的部分。本章是关于民事责任的内容。通过本章的学习，认识和理解民事责任的本质和法律特征，掌握民事责任的基本形式，理解民事责任的归责原则，明确违反合同的民事责任，把握一般侵权行为的民事责任和特殊侵权行为的民事责任。要求重点理解民事责任的归责原则，系统掌握民事责任的法律规则。

第一节　民事责任概述

民事责任的概念

《民法总则》第 176 条明确规定：民事主体依照法律规定和当事人约定，履行民事义务，承担民事责任。因而，民事责任是指民事主体因违反合同或者不履行其他法律义务，侵害国家、集体的财产，侵害他人财产、人身权利，而依法承担的民事法律后果。所谓民事义务，是指依据法律的规定或双方当事人的约定，一方为保证另一方民事权利的实现而应当为一定行为或不为一定的行为。民事义务的内容虽然与民事责任的内容一致，但两者是有区别的，主要表现在：

1. 民事义务是民事责任产生的前提，民事责任是民事主体不履行其民事义务的法律后果。民事义务包括法律直接规定的义务和民事主体间依法约定的义务。法律直接规定的义务，是指法律强制性规定或者禁止性规定所确定的义务。民事主体间约定的义务，是指在法律规定或者许可的范围内自行约定的义务。无论任何民事义务都具有法律约束力，任何民事主体都应依法履行自己的义务。违反义务的行为是违法行为，应当依法承担相应的责任。没有民事义务，就不会发生违反义务的行为，自然也就不发生责任。民事义务是民事责任的前提，民事责任是民事义务的保障。

2. 民事义务的履行体现的是公民应尽的社会义务，民事责任的承担则体现了法律对不履行民事义务的行为的否定。民事义务的履行，是指义务人按照法律的规定或当事人的约定，主动为一定的作为或不作为，以满足权利人的利益需求。义务人若正确履行义务，就不会发生责任的适用。责任实际是法律对义务人不履行或不正确履行义务的否定性评价和制裁，其目的是保护民事主体的合法利益，恢复被侵害的财产关系和人身关系。

民事责任也不同于其他的法律责任。刑事责任，是按照刑事法律的规定，针对犯罪行为及其他影响犯罪社会危害性程度的案件事实，犯罪人应当承担而国家司法机关也强制犯罪人接受的刑法上的否定评价。行政责任，是指行政主体因违反行政法规或不履行行政法律义务而依法应当承担的行政法律后果。

民事责任与刑事责任、行政责任的区别主要体现在三个方面：

第一，责任的性质不同。民事责任是指民事主体因违反合同或者不履行其他民事法律义务，侵害国家、集体的财产，侵害他人财产、人身权利，而依法承担的民事法律后果。民法是私法，民法调整的是平等主体的公民之间、法人之间以及公民与法人之间的财产关系和人身关系。刑事责任是以刑事法律为基础的，是严重危害社会和侵犯公民的合法财产、人身权益而应承担的责任。一般的民事或行政违法行为只有在情节严重并构成犯罪时才需要承担刑事责任。行政责任是以行政法律为基础的，是行政法律关系主体不履行法定职责和义务所引起的法律后果。行政法律是调整因行政主体行使其职权而发生的各种法律关系的法律规范和原则的总称，它与调整平等主体间的财产关系和人身关系的民法在性质上是有显著区别的。

第二，强制程度不同。民事责任的承担与否，虽然并不取决于行为人主观上是否愿意，但民事责任仍有一定程度的任意性，即当事人可以自主决定是否免除责任人的责任，或者双方当事人可以自主协商确定采取哪种赔偿方式或具体赔偿额。刑事责任具有明显的强制性，除少数的自诉案件外，不得由当事人自由免除，具体刑事责任的承担也不能由当事人自行协商决定。行政责任作为法律责任，具有强制性，由有权的国家机关追究。但行政活动的积极服务职能所具有的因事制宜的特点，决定了行政自由裁量在现代行政管理活动中的重要性，使得某些不当或不合理行为成为法律不予追究责任的行为。

第三，承担责任的方式不同。民事责任的承担方式以损害赔偿等财产性责任为主要的责任形式。其主要目的是补偿受害人所受的损失，无论受害人被侵害的是人身权还是财产权，一般都通过经济赔偿加以抚慰，即使采取非财产的责任承担方式，也是为了恢复受到损害的民事权利。刑事责任的承担方式是刑罚，是各种责任承担方式中最为严厉的，它不仅可以剥夺犯罪人的财产权利和政治权利，而且可以有期、无期地剥夺犯罪人的人身自由，甚至可以剥夺其生命。刑罚虽然能有效地遏制犯罪，恢复社会秩序，但并不能对犯罪行为的受害人提供充分的救济，因而对保护受害人利益的作用很有限，此时要借助民事责任的承担方式来使受害人的利益得到恢复。行政责任的承担方式因行政法律关系主体的不同而有所区别。行政主体是代表国家参与行政法律关系的，因此它承担责任的方式与自然人和法人的一般责任形式不同，其承担责任的方式有停止违法行为、撤销违法行政行为、返还原状和通报批评等。公务员一般不直接对行政相对方承担行政责任，其承担责任的方式一般是惩戒性的。行政相对方承担责任的形式则为接受法定的义务、接受行政处罚、承认错误、赔礼道歉等。

根据《民法总则》第177条的规定，二人以上依法承担按份责任，能够确定责任大小的，各自承担相应的责任；难以确定责任大小的，平均承担责任。《民法总则》第178条规定：二人以上依法承担连带责任的，权利人有权请求部分或者全部连带责任人承担责任。连带责任人的责任份额根据各自责任大小确定；难以确定责任人大小的，平均承担责任。实际承担责任超过自己责任份额的连带责任人，有权向其他连带责任人追偿。连带责任，由法律规定或者当事人约定。

民事责任的特征

民事责任的特征主要包括：

1. 民事责任具有国家强制性。民事责任作为一种独立的法律责任，由国家强制力保障其实现，即国家通过一定的强制方式确保民事义务的实现。民事责任的强制性表现为由法院做出裁判，强制义务人或由执行机关强制其执行。正是由于民事责任具有强制性，因此责任的存在才能够督促义务人履行其义务，保证权利人权利的存在。

2. 承担民事责任的前提是违反了民事义务。义务可以是法定的或约定的，是消极的或积极的。没有民事义务，就不会发生违反义务的行为，自然也就不发生责任。在特殊侵权行为中，可能会出现责任主体与行为主体分离的情况。在这种情况下，虽然责任主体并未实施特定的侵权行为，但基于特殊的身份关系，他们对于行为主体致人损害的行为是有过错的，如未尽到监护照管的责任，因此实质上仍是为自己的行为负责。

3. 民事责任以财产性责任为主，以非财产性责任为辅。由于民事关系主要是财产关系，违反民事义务往往造成对方经济上的损失，因此，民事责任主要是财产责任，而且不法行为人用以承担责任的财产一般是给予受损害的一方当事人。由于民事法律关系也包括人身法律关系，如公民和法人的人格权和身份权，运用民事责任所要达到的目的也是多样的，因此民事责任不限于财产责任，也包括非财产责任。

4. 民事责任是一种补偿性责任。一方面，民事责任是保护民事主体合法权益的法律责任，它的范围一般应与不法行为所造成的损害相一致，这样才能切实保护民事主体的权利，使受损害的权利得到恢复。另一方面，与民法调整方式的平等原则相适应，民事责任的行使大多不具有惩罚性，而只是为了使受害人恢复原先的财产和精神状况。

5. 民事责任是相对性的责任，是特定主体之间的责任。民事责任是产生在不法行为人和受害人之间的责任，受害人有权要求加害人承担相应的赔偿责任，加害人有义务赔偿受害人因其不法行为而遭受的损害。但这并不意味着民事责任的内容是特定主体事先合意约定的。

民事责任的形式

根据法律的规定，根据行为人违反的民事义务的不同性质，我国民事责任的形式主要包括以下三种：

1. 违反合同的民事责任，即违约责任。违约责任，是指合同当事人不履行或不适当履行合同义务所应承担的民事责任。

2. 侵权的民事责任。侵权责任即侵权行为民事责任，是指行为人实施一定的侵权行为所应承担的民事责任。

3. 缔约过失责任。在合同订立过程中，一方当事人因没有履行依据诚实信用原则应负的义务，而导致另一方当事人遭受一定的损失，在这种情况下，前者所需要承担的民事责任称为缔约过失责任。

违约责任是违反特定当事人之间的特殊约定的义务所发生的法律责任，违反的是约定义务，维护的是财产流转的关系。侵权责任是违反他人财产或者人身权益不可侵犯的一般义务所发生的责任，违反的是法律的直接规定，维护的是物权和人身权关系。缔约过失责任的引入有利于交易的促成和维护交易安全。因为在合同未订立和未生效时，受害人不能寻求违约责任的保护，而运用侵权责任来救济时，又会因为侵权行为成立条件较为苛刻而难以达到目的。缔约过失责任则可填补这一空白，更好地保护受害人的利益。

第二节　民事责任的归责原则

民事责任的归责原则是确定民事主体是否承担民事责任的根本标准。根据法律的规定，我国民事责任的归责原则主要包括过错责任、无过错责任和公平责任原则。

■ 过错责任原则

过错责任原则是民事主体承担民事责任的前提，是指其在实施损害行为时主观上存在的过错。过错责任是我国民事责任最基本的归责原则，适用于大多数的民事责任。过错责任要求在确定民事主体责任的时候，应依照其主观心理状态，而不只是依照行为的客观方面来判断。过错责任是以过错作为民事责任的最终的决定性的判断标准，即“无过错即无责任”。适用过错责任，举证责任由要求对方承担侵权责任的受害人提出，加害人不承担举证责任。

所谓过错，指行为人在实施违法的加害行为时，其对该行为将导致的后果所抱的一种心理状态，主要包括两种情况：

1. 故意。即行为人明知自己的行为会造成损害他人的权益的结果，仍然积极追求或放任损害结果的发生的主观心理状态。所谓积极追求，即通过一定的积极行为，努力造成行为后果的发生。所谓放任，即行为人不采取避免损害结果发生的措施，致使损害结果的出现。

2. 过失。即行为人因未尽合理的注意义务而未预见自己的行为会造成的损害后果，或虽已预见但因过于自信而以为不会发生，因此而造成损害后果发生的主观心理状态。故意与过失的区别在于行为人是否已实际预见到了其行为的后果及其对此种结果所持的态度。在过失中，损害结果的发生是行为人所不愿意见其出现的，例如司机对自己的驾驶技术过于自信而强行超车，造成碰撞事故，司机存在过失的主观过错。

■ 无过错责任原则

无过错责任原则，又称客观归责原则或严格责任原则，是指在法律规定的特定领域或行业内，只要损害结果是由行为人的行为造成的，则不论行为人主观上是否存在过错，都可确定其承担民事责任的归责原则。适用无过错责任的意义在于加重行为人的责任，使受害人的损害赔偿请求权更容易实现，受到损害的权利能够及时得到救济。适用无过错责任，必须具备三个条件：违法行为、损害结果、两者之间的因果关系。只要具备以上三个条件，行为人无须主观上具备过错条件，就必须承担民事责任。适用无过错责任，举证责任由被告承担，实行举证责任倒置。

根据我国法律的规定，适用无过错责任原则的情形主要包括：

1. 高度危险作业致人损害的民事责任。

2. 产品质量不合格致人损害的民事责任。

3. 环境污染致人损害的民事责任。

4. 建筑物和地面施工致人损害的民事责任。

5. 饲养动物致人损害的民事责任。

■ 公平责任原则

公平责任原则，又称衡平责任，是指当事人双方对损害结果均无过错时，根据公平责任在当事人之间合理分担损失的归责原则。公平责任原则是最晚出现的民事责任归责原则，主要用于不属于法律规定的无过错责任原则而根据过错责任原则处理又显失公平的情形。我国相关法律对公平责任原则做了规定，当事人对造成损害都没有过错的，可以根据实际情况，由当事人分担民事责任。此处的公平考虑的因素主要是以下两个，即受害人的损害程度和当事人的经济状况。其他还需要考虑的因素有社会的舆论和同情。将以上因素综合考虑确定双方各自应承担的民事责任。公平责任具有弥补过错责任和无过错责任在特殊情况下适用的不公平的作用，但应该严格把握公平的要求，避免损害过错责任和无过错责任的价值。

第三节　违反合同的民事责任

■ 违反合同民事责任的概念和法律特征

违反合同的民事责任，即违约责任，又称合同责任，是指合同当事人不履行或不适当履行合同义务所应承担的民事责任。

违约责任的法律特征主要有：

1. 违约责任是当事人未履行或未适当履行合同义务的法律后果。合同一经订立生效，当事人就负有全面履行合同的义务，只要当事人未能全面适当地履行合同义务，就会产生违约责任。

2. 违约责任的内容主要由双方当事人通过约定确定。当事人在订立合同时，往往会在合同中约定违约金、损害赔偿金或定金等违约责任形式。当出现违约的情况时，按照双方事先约定承担违约责任即可。

3. 违约责任是相对性的民事责任，即合同当事人只有通过约定方可成为违约责任的承担者。违约责任的相对性与合同相对性有密切联系。违约责任就其本质而言，是特定主体之间的赔偿请求权关系。

违反合同民事责任的构成要件

违约责任的构成要件，是指未履行或未适当履行合同义务的当事人承担违约责任的条件。合同当事人违反合同义务后，只有符合一定条件才应承担违约责任。主要包括：

1. 必须存在违约行为。违约行为是指合同当事人未履行或未适当履行合同义务的法律事实。它主要表现为以下几种形态：

（1）完全不履行，指合同当事人完全不能履行合同债务或拒绝履行全部债务的违约行为。完全不履行包括履行不能和拒绝履行。履行不能指债务人由于某种情形，事实上已经不可能履行合同债务。对于因可归责于债务人的事由引起的不能履行，债务人应承担违约责任。拒绝履行，指债务人能够履行债务而拒绝履行。

（2）部分不履行，指合同当事人部分不能履行债务或拒绝履行合同部分债务的违约行为。

（3）不适当履行，指合同当事人没有完全按照合同内容所为的履行，例如履行的地点不妥、方法不当或未履行附随义务等。其构成要件有两个：一是债务虽已履行，但是履行没有完全按照债务的内容进行；二是造成不完全履行的原因是债务人方面引起的。不适当履行包括瑕疵给付和加害给付。瑕疵给付是指债务人的给付是含有瑕疵的给付；加害给付是指债务人的给付不但含有瑕疵，而且其瑕疵还造成了对债权人的损害。

（4）履行迟延，指对履行期已届满而能履行的债务，因债务人的事由未为给付所发生的迟延。合同的履行期限，应按约定确定，债务人自期限届满之日起，承担违约责任；如未约定履行期限，经当事人请求并催告，自催告之日起，负迟延责任，对催告有约定或有法定期限的，自期限届满时起，负迟延责任。履行迟延将使债权不能及时满足，造成对债权的消极侵害。

（5）预期违约，指合同有效成立后履行期限届满前，当事人一方明确表示或以其行为表明将不履行合同义务的情形。当事人一方明确表示将不履行合同义务的，按《合同法》的规定，债权人得直接行使解除权而解除合同。对当事人一方以其行为表明将不履行合同义务的，按《合同法》的规定，债权人只能行使不安抗辩权，而不能直接解除合同。

2. 违约行为造成了损害后果。违约责任强调的损害主要指的是财产的损害，可能表现为信赖利益、期待利益或者履行利益的丧失，一般而言不包括精神损害。另外，损害应当具有确定性和可补救性。所谓损害的确定性，指损害应当是一个确定的事实状态，而不是虚构和尚未发生的。所谓损害的可补救性，指足以借助法律强制力使受损害的权利和利益恢复如初。

3. 违约行为和损害之间存在因果关系。指合同当事人的违约行为与损害结果间存在引起与被引起的关系。债务人只就因其违约行为造成的损害承担违约责任，如果损失的发生是与债务人无关的原因导致的，债务人就不承担违约责任。

4. 违约行为人主观上有过错。指合同当事人在违约时的心理状态，包括故意和过失。《合同法》采用的是以严格责任原则为主、以过错责任原则为辅的做法。

违反合同民事责任的免责事由

违约责任的免责事由主要包括以下几种情况：

1. 不可抗力，因不可抗力不能履行民事义务的，不承担民事责任。法律另有规定的，依照其规定。不可抗力是指不能预见、不能避免也不能克服的客观情况，如地震、火灾等。合同履行期限届至时，发生不可抗力的，根据该不可抗力的影响，除法律有特别规定的外，得免除部分或全部责任。但因履行迟延而发生不可抗力的，不得免除责任。不可抗力发生后，当事人不能履行合同的，应及时通知对方，并在合理期限内提供证明。

2. 受害人过错。受害人对违约行为或损害后果的发生或扩大存在过错，则行为人可在受害人过错的范围内免责。

3. 合同双方在合同范围内约定的免责条款。但约定的免责事由违反诚实信用或公共利益的，不发生免责效果。按《合同法》第 53 条的规定，合同约定造成对方人身伤害，及因故意或者重大过失造成对方财产损失的免责条款，为无效条款。

违反合同民事责任的承担方式

违反合同民事责任的承担方式主要包括以下几种：

1. 继续履行。指当事人一方要求未履行义务的另一方当事人继续履行合同，如果另一方坚持不履行，还可以强制履行。我国对于违约行为，采取以继续履行为主，赔偿为辅的救济原则。对于履行迟延、不适当履行等都可要求对方继续履行。当事人要求强制实际履行的，必须符合一定的适用条件：首先，必须由债权人提出申请，而不主动采取强制实际履行这一救济手段。而且债权人在合理期限内未请求对方实际履行的，不得请求强制履行。其次，强制履行必须有履行的可能性。例如除金钱债务外，以特定物为债务标的物的合同可能会发生履行不能。最后，强制实际履行必须符合合同的本质。有些债务的标的不适宜强制履行，如对专业性服务领域的合同，强制实际提供服务可能无法达到合同最初的本旨。

2. 采取补救措施。补救措施是为了使合同的履行符合约定条件，或者避免或减少违约所造成的损失而采取的各种措施。

3. 损害赔偿。因违约行为而致损害的，违约方负损害赔偿的责任。根据《合同法》的规定，违约赔偿的范围，包括实际利益的损失和预期利益的损失。实际利益的损失是指现实财产的损害，预期利益是指缔约时可以预见到的履行利益。

4. 支付违约金。违约金是指法律规定的或合同当事人在合同中约定的，如果一方当事人不履行合同义务应当向对方支付的一定数额的金钱。但违约金的数额应与不履行债务造成的损失大体相当，如果过高或过低，当事人可请求法院或仲裁机构减少或增加。因履行迟延给付违约金后，不免除违约人的合同义务，还应继续履行合同义务。

5. 修理、重做、更换。在不适当履行的情况下，一方当事人可以要求违约方采取修理、更换、重做、退货、减少价款或者报酬等措施。

第四节　一般侵权行为的民事责任

侵权行为民事责任的概念和法律特征

侵权行为民事责任即侵权责任，是指行为人实施一定的侵权行为所应承担的民事责任。侵权行为是指行为人由于过错侵害他人的财产或者人身，依法应承担民事责任的行为，以及依照法律特别规定应当承担民事责任的其他致人损害的行为。

侵权责任的法律特征主要表现在：

1. 侵权责任具有国家强制性。侵权责任是行为人向国家应负的责任，是以国家强制力作为保障的，它不取决于行为人的个人意愿。正是因为责任具有强制性，所以责任的存在能够督促侵权人履行其义务，以保障权利人权利的实现。

2. 侵权责任是民事主体违反法定义务而应承担的民事责任。义务的履行即为权利的实现，而违反义务则发生责任的后果。责任实际上是对违反义务的行为的制裁，责任的存在能够督促侵权人履行其义务，以保障权利人权利的实现。民事义务从性质上说有两种：一种是法定义务，即由法律的强行性规范、禁止性规范所设定的义务。此种义务称为普遍性的不作为义务，违反此种义务，即构成侵权责任。另一种是当事人依法自行约定的义务，通常是特定的作为义务，违反义务将构成违约责任。违反法定义务而承担民事责任是侵权责任区别于违约责任的特征。

3. 侵权责任以侵权行为存在为前提。侵权责任是行为人实施侵权行为所应承担的法律后果。法律规定侵权责任的目的就在于制裁侵权行为，保护公民、法人的民事权利，恢复被侵权行为破坏的财产关系和人身关系。在侵权责任中，责任主体与行为主体可能是分离的。在这种责任中，责任主体虽未直接实施一定的行为，但他们对行为主体致人损害的行为是有过错的，因此实质上仍是为自己的过错负责。

4. 侵权责任的形式主要为财产责任，但不限于财产责任。由于侵权行为大都对他人的财产造成了一定损失，行为人需要以自己的财产对其不法行为所造成的损害后果负责，因此侵权责任的形式主要是财产责任。但是为了充分保护公民、法人的权利，特别是人格权和身份权，侵权责任除了规定财产责任外，还规定了一些非财产内容的责任形式，如恢复名誉、赔礼道歉等。

侵权行为民事责任的构成要件

侵权责任的构成要件主要包括：

1. 必须有损害事实的存在。损害事实，既包括对公共财产的损害，也包括对私人财产的损害，还包括对非财产性权利的损害。无论损害后果能否以货币加以衡量，只要对他人人身或财产利益造成了损害的事实，均构成损害事实。对财产的损害，包括直接损害和间接损害。直接损害又称积极的财产损失，是指使受害人现有实际财产的减少。间接损害又称消极财产的损失，是指使受害人可得利益的减少。

2. 行为人的行为是违反法律规定的行为。行为人实施了违法行为是其承担侵权责任的前提要件。如果行为人的行为并不违法，即使产生了损害事实，也不承担赔偿责任。所谓行为的违法性，是指行为人实施的行为违反了法律的禁止性规定或强制性规定。根据表现形式，违法行为又可以分为作为的违法行为与不作为的违法行为。作为的违法行为，是指法律禁止实施某种行为，行为人违反规定实施了该行为。不作为的违法行为，是指法律要求人们在某种情况下应实施某种行为，而负有此种义务的人未实施。

3. 侵权人的侵权行为与损害后果之间存在着因果关系。因果关系是各种自然现象和各种社会现象之间的一种内在的必然联系。侵权行为中的因果关系是指违法行为与损害结果之间的客观联系，即特定的损害事实是否是行为人的行为必然引起的结果。只有两者间存在因果关系时，行为人才应承担相应的民事责任。民事主体只能为自己实施的行为承担侵权责任，因此因果关系是侵权行为构成要件之一。

4. 侵权行为人存在主观的过错，但特殊侵权行为除外。过错是侵权行为构成要件中的主观因素，反映行为人实施侵权行为的心理状态。过错根据其类型分为故意与过失。过失根据法律对行为人要求的注意程度不同又分为一般过失与重大过失。在侵权行为中，对过错程度的划分并不影响民事责任的成立与否，也不会影响赔偿责任的大小。但在一些特定情况下，如共同过错或混合过错，对过错的划分也会对责任的承担产生影响。

侵权行为民事责任的抗辩理由

侵权责任的抗辩理由主要包括：

1. 不可抗力。《民法总则》第 180 条规定：因不可抗力不能履行民事义务的，不承担民事责任。法律另有规定的，依照其规定。不可抗力即指不能预见、不能避免并不能克服的客观情况。不可抗力的构成有下列条件：(1) 不可抗力必须独立于人的行为之外，既非当事人的行为所派生，也不受当事人意志所左右。(2) 它必须是损害结果发生的原因。(3) 它必须具有人力所不能抗拒的性质。这三个条件体现不可抗力在法律上的三大属性，即客观性、因果性和相对性。不可抗力对当事人而言已经超过了其所能够预见的范围，行为人主观上没有过错，所以免除其责任。除非法律有例外规定，否则不可抗力是法定免责事由。

2. 正当防卫。《民法总则》第 181 条规定：因正当防卫造成损害的，不承担民事责任。正当防卫超过必要的限度，造成不应有的损害的，正当防卫人应当承担适当的民事责任。正当防卫是指为了使公共利益、本人或他人的财产、人身或者其他合法权益免受正在进行的不法侵害，而对不法侵害人所实施的不超过必要限度的行为。正当防卫的构成要件如下：(1) 防卫的目的是保护自己或他人的合法利益或公共利益。防卫目的的正当性是正当防卫的前提条件。(2) 防卫的手段只能针对加害人。正当防卫的目的是排除或阻止不法侵害，只有针对加害人进行防卫才能达到目的，因此不允许对加害人之外的人进行所谓的防卫。如果加害行为来自动物，对动物进行反击也构成正当防卫。[①] (3) 防卫的条件是侵害行为正在实施。对可能实施但尚未实施的行为进行防卫，称为假象防卫；对已经实施完毕的侵害行为进行防卫，称为事后防卫。这两者都属于防卫不适时，因此不符合正当防卫的要件。(4) 正当防卫不应超过必要的限度。正当防卫以能阻止加害行为为限度，如超过这一限度给加害人造成了不应有的损害即构成防卫过当，应承担相应的民事责任。

3. 紧急避险。《民法总则》第 182 条规定：因紧急避险造成损害的，由引起险情发生的人承担民事责任。危险由自然原因引起的，紧急避险人不承担民事责任，可以给予适当补偿。紧急避险采取措施不当或超过必要的限度，造成不应有的损害的，紧急避险人应当承担适当的民事责任。紧急避险是指为了使公共利益、本人或他人的财产、人身或者其他合法权益免受正在发生的危险，而不得已采取的致他人较小损害的行为。紧急避险与正当防卫有相似之处，都是排除损害的合法行为。但正当防卫的危险来源于人的行为，且其措施必须针对实施不法侵害的行为人。而紧急避险的危险来源可能是人的行为，也可能是自然力；且紧急避险的措施一般只会损害第三人和紧急避险人的利益。紧急避险的构成要件

---

① 王利明，杨立新．侵权行为法．北京：法律出版社，1998：79.

如下：（1）必须有正在发生的危险，威胁到本人、他人的利益或社会利益。即紧急避险的目的和时间必须合法。（2）除了采取紧急避险的方式，没有其他可以排除危险的方式。但这并不意味着避险人只可以选择一种手段，其可选择多种手段，只要其避险行为所造成的损害小于可能发生的损害即可。（3）紧急避险的方式不应超过必要的限度。所谓的必要限度，一般指因紧急避险造成损害的利益应小于被保全的利益。在确定紧急避险人的民事责任时，必须查明险情发生的原因加以区别处理。如果险情的发生原因是人的行为或者人管理下的物件或活动，则由该行为人或管理人承担责任。引起险情的人可能是避险人、受害人、受益人或者其他人。如果险情的发生归因于自然力，避险人原则上不负责任。但因避险人采取的措施不当或超过必要限度，造成不应有的损害的，紧急避险人应当承担适当的民事责任。

4. 受害人的过错。即指受害人对侵权行为或损害后果的发生或扩大存在过错，则行为人可在受害人过错的范围内免责。如加害人故意挑逗动物，而被动物咬伤。受害人的过错既包括受害人的过错，也包括受害人的重大过失或一般过失。如果受害人与加害人都有过错，那么应认定为混合过错，受害人与加害人双方应根据各自的过错程度承担相应的责任。

5. 受害人的同意。《民法总则》第 183 条规定：因保护他人民事权益使自己受到损害的，由侵权人承担民事责任，受益人可以给予适当补偿。没有侵权人、侵权人逃逸或者无力承担民事责任，受害人请求补偿的，受益人应当给予适当补偿。《民法总则》第 184 条规定：因自愿实施紧急救助行为造成受助人损害的，救助人不承担民事责任。受害人的同意即指受害人在侵权行为或者损害结果发生之前明确地表示自己自愿承担某种损害后果的意思表示。如受害人同意他人采摘自己种植的果实。侵权行为人可在受害人同意的范围内免责。原则上，对于权利侵害行为的同意不能构成抗辩，因为一个人的权利不仅包含着他的个人利益，而且包含着社会利益和公共利益。但是当受害人的同意符合下列要件时，其构成抗辩事由：（1）受害人有同意承担损害后果的意思表示。受害人的意思表示必须是真实、合法、有效的，如果是基于欺诈、胁迫、乘人之危、重大误解所为的意思表示，不能视为受害人同意承担损害后果。（2）意思表示应采取明示的方式，而不能通过默示方式推定。（3）受害人同意的损害后果，不应违背社会利益和法律。（4）受害人的同意应当在损害发生之前。损害结果发生后，受害人同意免除加害人的责任，只是一种责任的免除，而不同于受害人同意。

侵权行为民事责任的承担方式

侵权行为民事责任的承担方式，即指在法律上应当负侵权责任的行为人，具体可以承担民事责任的形式。它是具体落实侵权责任的措施，其主要形式是赔偿损失，但又不限于赔偿损失。根据《民法总则》第 179 条的规定，承担民事责任的方式主要有：

1. 赔偿损失，是指行为人违反民事义务致人损害后，以其财产赔偿受害人所受的损失。这是使用最广泛的承担责任的方式。一般而言，赔偿损失包括对财产损失的弥补、对人身损害的赔偿及精神损害的赔偿。对财产损失的赔偿，指侵权行为人侵犯他人财产，致使财产受损不能恢复，或者原物已经灭失不能返还时，应当赔偿受害人因此而遭受的损失。对人身损害的赔偿，指侵权行为造成受害人的身体伤害或死亡的，侵权行为人应依法进行赔偿。精神损害，指民事主体的姓名、肖像、名誉、荣誉受到不法侵害，人格受到财产性的损害，遭受到精神的痛苦。精神损害赔偿是对受害人的精神损害给予金钱上的补偿和精神上的抚慰。

2. 返还财产，是指侵权行为人将其非法占有获得的财产转给原所有人或合法的权利人。返还财产是物的追及力的体现。返还财产的适用条件包括：(1) 只有对于被非法占有的财产才能要求返还。如果是合法占有的财产，占有人可根据其占有的合法理由拒绝返还。(2) 被要求返还的财产应当客观存在。如果原物已经灭失，并且为特定物，此时返还财产不可能，所有人只能依法要求赔偿。(3) 在恶意占有时，所有人要求返还的财产一般应包含孳息，并且占有人没有权利要求其返还在占有期间支付的费用。善意占有时，占有人只返还原物而不返还孳息，同时可要求返还其在占有期间所支付的改良和保管的必要费用。(4) 如果被他人合法占有的财产被移转给第三人，构成了善意取得的，原所有人丧失返还财产的请求权，只能要求不法转让人向原所有人赔偿损失。(5) 有权请求返还财产的人，一般为物的所有人。

3. 恢复原状，是指使受害人的财产恢复到受侵害之前的状态。恢复原状应具备下列要件：(1) 须有修复的可能。恢复原状可以通过多种方式实现，但是恢复原状必须要在实际上可能，而且要有经济上的合理性。(2) 被恢复的财产有恢复的必要，如恢复之后已无必要，受害人可以不要求恢复原状，而要求加害人进行赔偿。

4. 停止侵害，是指侵权行为人终止其正在进行或者延续的损害他人合法权益的行为。这实际上是要求侵害人不实施某种侵害行为，即不作为。停止侵害可适用于各种侵权行为。如侵权行为尚未实施，或者已经实施完毕，则不适用此种民事责任的承担方式。这种承担责任的形式的主要作用在于能及时制止侵害行为，防止扩大损害后果。

5. 排除妨碍，是指侵权行为人排除由其行为造成的妨碍他人权利正常进行和利益实现的客观事实状态。首先，该妨碍应当是实际存在的，对于可能的对人身财产权利造成危险的妨碍不适用该侵权责任的承担方式。其次，该妨碍应当是不法的，即对人身、财产权利构成的妨碍应当是违反法律规定的行为，如果是合法行为则无权要求排除妨碍。

6. 消除危险，是指侵权行为人消除由其行为引起的现实状态存在的某种可能使他人合法权益遭受损害的紧急事实状态。消除危险可以事先阻止损害事实的发生，比发生损害后要求赔偿意义更为重大，因为对于许多损害而言，事后救济手段是无法弥补损失的。鉴于危险虽未给他人造成事实上的损害后果，但如果放任危险存在下去，将不可避免地导致损害结果的发生，处于危险中的人有权要求消除危险。

7. 消除影响，恢复名誉，即指侵权行为人在其行为造成不良影响的范围内消除对受害人的不利后果，使其名誉恢复到未受损害之前的状态。消除影响与恢复名誉是相辅相成的，消除影响的直接后果是恢复名誉，而恢复名誉的前提条件是消除影响。恢复名誉的具体措施通常要根据侵害行为及损害后果来决定。一般而言，消除影响、恢复名誉都是通过在报纸、大众传媒上刊登更正声明和道歉声明的方式实现。

8. 赔礼道歉，是指由侵权行为人以口头或书面的方式向受害人承认错误、表达歉意的承担责任方式。赔礼道歉作为一种承担民事责任的方式，与道义上的赔礼道歉不同，它是依靠国家强制力保障实施的。单纯的赔礼道歉不会给侵害人的财产造成任何损失，但它反映了国家和社会对侵权行为人的谴责，有助于治愈受害人心理上的创伤。我国法律所规定的赔礼道歉主要适用于对公民的姓名权、肖像权、名誉权、荣誉权的侵害及对法人的名称权、名誉权、荣誉权的侵害。

此外，还包括修理、重做、更换、继续履行和支付违约金。

第五节　特殊侵权行为的民事责任

特殊侵权行为的概念和法律特征

特殊侵权行为，是指当事人基于与自己有关的行为、物件、事件或者其他特别原因致人损害，按照民法上的特别责任或者民事特别法的规定所应承担的民事责任。特殊侵权行为虽欠缺一般侵权行为必须具备的某些构成要件，但仍可成立为侵权行为，适用特殊的归责原则进行处理。其法律特征主要表现为以下几个方面：

1. 特殊侵权行为主要适用特殊的归责原则，即无过错责任或公平责任。一般侵权行为适用的是过错责任，而特殊侵权适用的是无过错责任或公平责任，加重侵权人的责任，以充分保护受害人的合法利益。

2. 特殊侵权行为由法律直接规定。这里所称的法律包括民法的一般规定和民事特别法的规定。

3. 特殊侵权行为在举证上适用举证责任倒置原则。即指由加害人就自己没有过错或者存在抗辩的法定事由承担举证责任，受害人对此无须举证。这是因为在某些侵权案件中，由于受害人所处地位的局限性，无法举证或难以举证证明，规定加害人承担特定事实的举证责任，将使受害人处于更为有利的地位，有利于保护其合法权益。

4. 法律对特殊侵权行为的免责事由做出严格限制。特殊侵权责任的免责事由，分为一般免责事由和特殊免责事由。一般免责事由除法律特别规定以外，在各种情况下均可适用。一般免责事由通常包括不可抗力和受害人故意。特别免责事由是在某种特殊侵权行为中可以免除责任的事由。受害人的过错、第三人的过错、加害人没有过错或者履行了法定义务也可能给予特别规定成为免责事由。

5. 特殊侵权行为的责任主体和行为主体存在分离现象。如监护人对被监护人致人损害所承担的民事责任。而一般侵权行为的责任主体与行为主体是合一的，责任人为自己的行为负责。就特殊侵权行为的责任人而言，他并没有侵权行为，但因他与行为人的特定关系，他自己成为赔偿义务的主体。

国家机关或其他工作人员因执行职务致人损害的民事责任

根据我国法律的规定，国家机关或者国家机关工作人员在执行职务中，侵犯公民、法人的合法权益造成损害的，应当承担民事责任。

国家机关或者其工作人员因执行职务致人损害的民事责任，即职务侵权行为的民事责任，属于一种国家赔偿责任。所谓职务侵权行为，是指在代表国家行使国家权力过程中侵害了公民、法人或其他组织的合法权益的行为。其常见类型有：(1) 职务行为本身违法或者不当致人损害。如刑讯逼供致人损害。(2) 职务行为本身的危险性致人损害。如击毙逃犯误伤无辜。(3) 由于职务行为执行人员过错致人损害。如遗失依法查封的财产。(4) 怠于执行职务行为致人损害，即消极的职务侵权。这须以国家机关或其工作人员负有积极执行职务的义务为前提条件。

国家机关或其工作人员因执行职务致人损害的民事责任应当具备以下的构成要件：

1. 实施行为的主体须为国家机关或其工作人员。根据我国宪法的规定，我国的国家机关包括立法机关、行政机关、审判机关、监察机关和军事机关。当行为人是个人时，必须具备国家机关工作人员的身份。所谓国家机关工作人员，是指受上述国家机关的任用，担负某种公职或从事某种公务的人员。受委托行使国家权力的机关或个人，在授权范围内行使国家权力，也被视为国家机关及其工作人员。

2. 损害行为须是在执行职务的过程中发生的。国家机关工作人员的非职务行为、个人行为不构成职务侵权。

3. 损害的是公民、法人或其他组织的合法权益。国家机关或工作人员承担民事责任，以具体受害人的合法的财产权益和人身权益受到侵害的事实存在为必备条件。侵害事实不仅表现为权利受到损害，而且表现为权利外的合法利益受到损害。财产损失的赔偿范围只包括直接财产的损失，不包括间接财产的损失。人身权损失主要指权利主体的生命健康权和人身自由权的损失。

国家机关对其本身和其工作人员的职务侵权行为承担民事责任。国家机关在承担民事责任之后，可以责令由主观上有故意或者重大过失的执行职务行为的工作人员承担相应的责任。一般对于职务侵权行为，受害人无须证明行为人的主观过错，只需证明职务行为本身违法、不当，或者具有危险性。对于由于职务行为执行人员过错致人损害的情况，如果行为人不能证明自己没有过错，则推定侵权责任成立。

产品质量不合格致人损害的民事责任

根据我国法律的规定，因产品质量不合格造成他人财产、人身损害的，产品的制造者、销售者应当依法承担民事责任。运输者、仓储者对此负有责任的，产品制造者、销售者有权要求赔偿损失。

产品质量不合格致人损害的民事责任，即产品责任，是指产品的制造者、销售者对其制造、销售或者提供的有缺陷产品对他人人身和财产造成的损害所应承担的民事法律后果。

产品责任的构成要件主要包括：

1. 产品质量不合格或者存在缺陷，是构成产品责任的首要条件。根据《产品质量法》的规定，产品质量不合格或存在缺陷具体指产品存在危及人身、他人财产安全的不合理的危险；产品有保障人体健康和人身、财产安全的国家标准、行业标准的，是指不符合该标准。产品的缺陷可能来自设计过程、制造过程或者经营过程，不同过程产生的缺陷决定了赔偿义务主体的不同。

2. 造成了对他人人身或财产的损害。人身损害包括致人死亡和致人伤残。受害人可以是产品的购买者或购买者之外的第三者。财产损害，不是指缺陷产品自身的损害，而是指缺陷产品之外的其他财产的损害。[①] 对缺陷产品的损害，受害人可直接根据合同法要求

① 杨立新．侵权损害赔偿．长春：吉林人民出版社，1990：178.

销售者承担合同责任。

3. 产品和损害结果之间存在因果关系。产品与损害结果之间应存在引起与被引起的关系，否则生产者或销售者无须承担侵权责任。这种因果关系应由受害人证明。受害人不仅应证明使用过缺陷产品，而且应证明使用缺陷产品造成了损害事实的发生。

根据我国法律的有关规定，因产品质量不合格造成他人人身、财产损害的，受害人可以向产品的生产者要求赔偿，也可以向产品的销售者要求赔偿。属于产品的生产者的责任，产品的销售者已赔偿的，产品的销售者有权向产品生产者追偿；属于产品销售者的责任，产品的生产者已赔偿的，产品的生产者有权向产品的销售者追偿；产品的运输者、仓储者对此损害负有责任的，产品的生产者、销售者有权要求赔偿。

产品责任者不能以自己没有过错为由要求免责，但产品的生产者和销售者可根据下列事由主张免除或减轻责任：(1) 受害人的故意或重大过失。产品使用者在明知瑕疵的存在而故意不采取任何措施，或故意使用质量不合格的产品而使自己受到损失时，无权获得赔偿。如果是由于没有注意到很容易注意到的瑕疵而招致损害，或对已认识到的重大危险掉以轻心，其赔偿请求应予减少或驳回。(2) 非正常的使用或错误的使用。即当使用者以通常非预期的或很不适当的方法或目的使用产品，并且只要不如此使用，损害就不会发生时，可免除产品生产者的侵权责任。(3) 产品已过有效期。(4) 产品质量法规定的免责事由。其一，未将产品投入流通。其二，产品投入流通时引起损害的缺陷不存在。其三，产品投入流通时的科技水平尚不足以发现缺陷的存在。

■ 高度危险作业致人损害的民事责任

高度危险作业致人损害的民事责任，是指从事高空、高压、易燃、易爆、剧毒、放射性、高速运输工具等对周围环境有高度危险的作业造成他人损害所应当承担的民事责任。

根据我国法律的规定，从事高空、高压、易燃、易爆、剧毒、放射性、高速运输工具等对周围环境有高度危险的作业造成他人损害的，应当承担民事责任。

高度危险作业致人损害的民事责任的构成要件：

1. 加害人从事了对周围环境有高度危险的作业。所谓作业，是指为了完成某项既定任务（生产任务、科研任务、国防任务等）而进行的活动。高度危险，是指按现有的科技发展水平，人们还不能安全控制和有效防止的致损风险。周围环境，指危险作业人和作业物以外的，处于该危险作业及其所发生事故可能危及范围内的一切人和物。[①] 在相关法律中列举了七种对周围环境有高度危险的作业，实践中适用此种特殊民事责任并不仅限于此。

2. 造成了对他人合法权益的损害。包括对他人人身和财产的损害。

3. 损害结果和高度危险作业行为之间存在因果关系。这种因果关系由受害人证明，其一般只需证明该危险作业是损害发生的必要条件，以及所受的损害发生在该作业致损风险所能达到的范围内即可。

高度危险作业致人损害适用的是无过错责任，即高度危险作业人不能以自己对损害的发生没有过错为由，不承担赔偿责任。根据我国法律的规定，只有受害人的故意才可成为

---

① 佟柔．中国民法．北京：法律出版社，1990：581.

其致人损害的免责事由。而且免责的范围仅限于具有故意的受害人所受的损害，第三人因此所受的损害仍由高度危险作业人承担，这样才能充分保护没有过错的受害人的利益。高度危险作业人在承担民事责任之后，有权向具有故意的受害人追偿。

■ 环境污染致人损害的民事责任

环境污染致人损害的民事责任，是指违反国家保护环境防止污染的规定，污染环境造成他人损害的人应当依法承担的民事责任。

根据法律的规定，违反国家保护环境防止污染的规定，污染环境造成他人损害的人应当依法承担民事责任。

环境污染致人损害的民事责任的构成要件：

1. 存在违反环境保护法的污染环境的行为。这种行为首先必须是污染环境的行为，如将废气、废水、废渣、粉尘等排放到大气、水、土地等环境中，或以噪声、恶臭等危害人们正常健康的生活，使人类的生存环境受到一定程度危害的行为。这种行为通常采取作为的形式，但不作为也可以构成这种行为。其次，这种行为必须是违反国家环境保护法规的行为。并非所有危害环境的行为都构成侵权行为，只有同时是违反环境保护法的规定的行为才构成侵权行为。

2. 存在环境污染造成的损害事实。即必须存在因污染环境的行为而导致的危害国家的、集体的财产和公民的财产、人身受损的事实。受害者可请求排除妨害；受有损失或者其他损失者，可请求赔偿。

3. 环境污染行为和损害事实间存在因果关系。由于环境污染因果关系的特殊性，受害人往往难以证明因果关系，因而采取推定因果关系的规则，即只要证明企业已经违法排放了污染物质，而受害人的人身或财产已经或正在遭受损失，企业又不能证明损害是由其排污行为以外的其他原因所致，即可推定排污行为与损害结果间存在因果关系。

环境污染致人损害的民事责任的免责事由通常由民事特别法规定，主要有：

1. 《大气污染防治法》规定的不可抗力。即完全由于不可抗拒的自然灾害，并经及时采取合理措施，仍不能避免造成大气污染损失的，免于承担责任。

2. 《水污染防治法》规定的受害人过错。水污染损失是由受害人自身的责任引起的，排污单位不承担责任。

3. 《海洋环境保护法》规定的第三人过错。即完全由于负责灯塔或者其他助航设施主管部门在执行职责时的疏忽或者其他过失行为，经采取合理措施仍不能避免对海洋造成污染损害的，免于承担赔偿责任。

■ 地面施工致人损害的民事责任

地面施工致人损害的民事责任，是指在公共场所、道旁或者通道上挖坑、修缮安装地下设施等，没有设置明显标志和采取安全措施造成他人损害的，施工人应当承担的民事责任。

根据我国相关法律的规定，在公共场所、道旁或者通道上挖坑、修缮安装地下设施等，没有设置明显标志和采取安全措施造成他人损害的，施工人应当承担民事责任。

地面施工致人损害的民事责任的构成要件有：

1. 存在地面施工的事实。包括三个方面的要求：（1）特定的地点，必须是在公共场所、道旁或者通道上，即公众经常聚集、活动或通行的地点。这些地点因其特殊性、出入人员的广泛性，存在因施工致人损害的可能性。(2) 必须是地面施工作业，如挖坑、开沟、修理地下水管、安装地下设施等。(3) 特定的主体，必须是实施该施工作业的组织或个人。

2. 施工人违反设置明显标志和采取安全措施的注意义务。进行地面施工，法律规定了特定的作为义务，即必须设置明显标志和采取安全措施，以保证一切在施工地点的正常活动，通行之人免受因施工造成的危险因素的危害。因此，此处的“违反”包括根本没有履行注意义务和虽然履行但不足以警示和保护他人的安全。

3. 存在损害事实。指造成了他人的人身或财产的损害，不包括施工人自身受到的伤害。

4. 损害结果和地面施工行为存在因果关系。施工人没有设置明显标志和采取安全措施与损害结果的发生有引起与被引起的关系。

地面施工致人损害的免责事由为施工人已尽到注意义务，即设置明显标志和采取安全措施，并足以使普通人施以通常的注意就可以避免损害的发生。在这种情况下，损害一般是因为受害人的过错或者是意外事件所致。

■ 建筑物致人损害的民事责任

建筑物致人损害的民事责任，是指建筑物或者其他设施以及建筑物上的搁置物、悬挂物发生倒塌、脱落、坠落造成他人损害的，他的所有人或者管理人应当承担的民事责任。

根据我国相关法律的规定，建筑物或者其他设施以及建筑物上的搁置物、悬挂物发生倒塌、脱落、坠落造成他人损害的，他的所有人或者管理人应当承担民事责任。根据上述规定，建筑物致人损害包括三种情况：(1) 建筑物全部或部分倒塌致人损害；(2) 附着于建筑物的物件脱落致人损害；(3) 建筑物上的搁置物、悬挂物坠落致人损害。

建筑物致人损害的民事责任的构成要件主要有：

1. 须有建筑物或者其他设施以及建筑物上的搁置物、悬挂物发生倒塌、脱落、坠落等的客观事实。建筑物包括与土地相连的地面以上的各类永久性或临时性的、具有一定结构的人造设施，如房屋、桥梁、码头、纪念碑、广告牌等。搁置物、悬挂物指与建筑物相连的位于高处的附属物，如阳台上的花盆、悬挂于窗外的空调。倒塌，指建筑物因本身结构的损坏而全部或部分倾覆、坍塌。脱落，指附着于建筑物上的物体与建筑物部分分离而掉落。坠落，指搁置于建筑物之上的物件离开原来的位置而落下。

2. 造成了对他人合法权益的损害。他人合法权益的损害既包括人身伤害，也包括财产的损害。

3. 损害后果和建筑物、搁置物、悬挂物的倒塌、脱落、坠落等的事实存在着因果关系。这里只需证明该事实是损害结果发生的事实上的原因，而不要求必须是唯一的原因。

建筑物的所有人或者管理人若能证明自己没有过错，则不承担民事责任。但所有人或者管理人仅能证明自己已经采取安全措施，尚不足以证明自己没有过错。所有人或者管理人必须证明损害是由不可抗力、受害人的过错或者第三人的过错引起的，才能证明自己没有过错。

建筑物致人损害的责任主体应该是对该建筑物进行直接控制、管理，并负有妥善维护义务的人。一般而言，建筑物的所有人是最直接的对建筑物进行管理支配的人，是该侵权行为的责任主体。但是当建筑物的所有人与实际占有、管理的人不一样时，就要具体分析实际责任人。

饲养动物致人损害的民事责任

根据我国相关法律的规定，饲养动物致人损害的民事责任，是指饲养的动物造成他人损害的，动物饲养人或者管理人应当承担的民事责任。

饲养动物致人损害的民事责任的构成要件主要有：

1. 须有饲养动物伤人的客观事实。饲养的动物通常指家禽、家畜，及其他凡为人所饲养的动物。饲养，不局限于供给食物的喂养的狭义解释，还包括人工放牧。动物的饲养，无论其目的、用途为何，也无论其合法或非法，均适用饲养动物致人损害的民事责任。饲养动物在逃逸、迷失期间原则上仍视为饲养动物，但已返回野生状态的除外。[①] 饲养的动物，一方面是饲养人的财产，另一方面，由于动物本身具有独立行为的能力，有可能对他人的人身财产造成损害。动物饲养者承担动物侵权的赔偿责任，有助于加强对动物的管理，防止或避免损害的发生。

2. 饲养动物致人损害，是指饲养的动物出于本能致人损害。在外界的刺激下，由动物本身所生的行为仍为动物的加害行为。但如果人以动物为工具致人损害，为一般侵权行为。动物的加害行为不局限于积极的行为，消极的状态也可以构成加害行为。

3. 造成了对他人合法权益的损害。动物侵权而导致的他人的损害通常包括：（1）人身损害，损害后果包括伤害和死亡。（2）财产损害，包括直接损失和间接损失。

4. 损害后果与动物的伤害行为存在着因果关系。动物加害与损害事实间必须有事实上的因果关系。动物加害行为与损害事实的直接因果关系或者一定条件下的间接因果关系都构成侵权行为。如马受惊后撞翻路旁车辆，而车辆的翻覆又导致砸坏他人货物。

饲养动物致人损害的应为无过错责任，只要发生了饲养动物致人损害的后果，饲养人或管理人就应承担民事责任。饲养动物致人损害的免责事由有：（1）受害人的过错。受害人因故意或重大过失致使动物伤害自己，或在动物伤害自己后没有尽到相应的注意义务致使损害扩大，动物的管理人或饲养人可在相应的范围内免除责任。如受害人被动物咬伤后不进行相应的救治，动物管理人或饲养人在其伤势因之恶化范围内可免责。（2）第三人的过错。这种情况通常是指由于第三人的积极的行为引起动物的侵权行为，此时动物的管理人或饲养人可免除责任，而由第三人承担赔偿责任。（3）其他免责事由。如约定免责事由，动物的饲养人或管理人可以与为动物提供专业服务的人员在合同中约定，免除自身的责任。又如受害人同意，即在动物的饲养人或管理人已经充分告知危险的存在，行为人仍坚持自己的行为，造成了损害时，动物管理人或饲养人可免除其侵权责任。

无民事行为能力人、限制民事行为能力人致人损害的民事责任

根据我国《民法总则》的规定，无民事行为能力人、限制民事行为能力人造成他人损害的，由监护人承担民事责任。

无民事行为能力人、限制民事行为能力人致人损害的民事责任的构成要件包括：

1. 须有无民事行为能力人、限制民事行为能力人的加害行为存在。无民事行为能力

---

① 陶希晋．民法债权．北京：法律出版社，1998：524.

人、限制民事行为能力人不具有或不完全具有民事行为能力，也无法承担民事责任，但并不意味着他们不会实施造成损害结果的加害行为。加害行为必须是无民事行为能力人、限制民事行为能力人的自主行为，不是受到他人的胁迫、教唆、帮助而实施的侵权行为。否则，胁迫、教唆、帮助无民事行为能力人而实施侵权行为的人应承担侵权民事责任，胁迫、教唆、帮助限制民事行为能力人而实施侵权行为的人应承担主要的民事责任。这种加害行为还必须具有客观违法性，即无正当理由加害他人。

2. 造成了对他人合法权益的损害。合法权益的损害包括对他人人身或财产的损害。

3. 损害后果与加害行为之间存在着因果关系。无民事行为能力人、限制民事行为能力人的加害行为与损害结果之间存在引起与被引起的关系。

无民事行为能力人、限制民事行为能力人致人损害的民事责任的承担首先是无民事行为能力人、限制行为能力人的独立财产，其次由监护人予以适当赔偿，这时即发生了加害人和责任人的分离。监护人的免责事由主要包括：

1. 监护人尽到监护职责，可以减轻民事责任。即监护人已经尽其所能履行了对被监护人的教育、管束和监督的义务，或者在损害发生时尽到了防止损害发生的所必要的注意义务。法院在认定监护人是否尽到注意义务时，应根据统称的监护义务，结合被监护人的年龄、监护人的监护条件和能力，以及周围社会环境等因素综合考虑。监护人即使完全尽到了监护之责，也不能免除其赔偿责任，而只能适当减轻其责任，但由单位担任监护人的除外，因为其不具备时刻监护无民事行为能力人、限制民事行为能力人的能力，而其职能的公益性也决定了其较难对加害行为承担民事责任。

2. 加害人受到他人教唆、帮助。即无民事行为能力人受他人教唆、帮助实施加害行为致人损害的，由教唆人、帮助人承担民事责任，监护人不承担民事责任；限制民事行为能力人受他人教唆、帮助实施加害行为致人损害的，由监护人和教唆人、帮助人共同承担民事责任，但教唆人、帮助人应承担主要的民事责任。

3. 加害人的财产足以支付全部费用。无民事行为能力人、限制民事行为能力人造成损害的，本人财产足以支付全部赔偿费用的，监护人无须承担责任，监护人仅对不足部分予以适当赔偿。但在以被监护人的财产支付赔偿费用时，必须保留其生活和受教育的必要费用。

4. 加害人在诉讼时已年满 18 周岁，并有经济能力。即侵权行为发生时加害人不满 18 周岁，而在诉讼时已满 18 周岁，并有经济能力，就应当承担民事责任，此时可免除或者减轻监护人的责任。

本章小结

民事责任是指民事主体因违反合同或者不履行其他法律义务，侵害国家、集体的财产，侵害他人财产、人身权利，而依法承担的民事法律后果。民事责任不同于民事义务，具有特定的法律特征。民事责任的归责原则是确定民事主体是否承担民事责任的根本标准。根据法律的规定，我国民事责任的归责原则主要包括过错责任、无过错责任和公平责任原则。根据法律的规定，根据行为人违反的民事义务的不同性质，我国民事责任的形式主要包括三种：违约责任、侵权责任和缔约过失责任。违约责任是指合同当事人不履行或不适当履行合同义务所应承担的民事责任。侵权责任是指行为人由于过错侵害他人的财产或人员，依法应承担的民事责任的行为，以及依照法律特别规定应当承担民事责任的其他致人损害的行为。本章对违约责任和一般侵权行为的民事责任都介绍了其概念、法律特征、构成要件、免责事由和责任的承担方式。本章还介绍了八种特殊侵权行为的民事责任，即国家机关或其工作人员因执行职务致人损害的民事责任、产品质量不合格致人损害的民事责任、高度危险作业致人损害的民事责任、环境污染致人损害的民事责任、地面施工致人损害的民事责任、建筑物致人损害的民事责任、饲养动物致人损害的民事责任和无民事行为能力人、限制民事行为能力人致人损害的民事责任。

关键概念

民事责任	民事责任的归责原则	过错责任原则	无过错责任原则
公平责任原则	违约责任	违约行为	侵权责任
侵权行为	不可抗力	违约金	正当防卫
紧急避险	赔礼道歉	返还财产	赔偿损失
恢复原状	停止侵害	排除妨碍	消除危险
特殊侵权行为	职务侵权行为	产品责任	
高度危险作业致人损害的民事责任		环境污染致人损害的民事责任	
地面施工致人损害的民事责任		饲养动物致人损害的民事责任	

思考题

1. 如何正确理解民事责任的本质和法律特征？
2. 我国的民事责任归责原则主要有哪些？各自的适用范围是什么？
3. 一般侵权民事责任的抗辩理由有哪些？
4. 怎样正确认识特殊侵权行为的性质及其民事责任的法律特征？

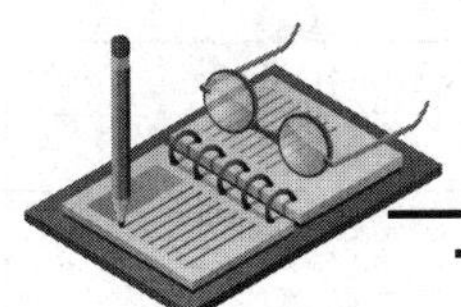

参考文献

1.《中华人民共和国民法总则》(2017 年 3 月 15 日中华人民共和国第十二届全国人民代表大会第五次会议通过，自 2017 年 10 月 1 日起施行).

2.《最高人民法院关于贯彻执行〈中华人民共和国民法通则〉若干问题的意见（试行)》(1988 年 1 月 26 日最高人民法院审判委员会讨论通过).

3.《中华人民共和国公司法》(1993 年 12 月 29 日第八届全国人民代表大会常务委员会第五次会议通过，1993 年 12 月 29 日中华人民共和国主席令第 16 号公布。2018 年 10 月 26 日第十三届全国人民代表大会常务委员会第六次会议进行了第四次修正).

4.《中华人民共和国城市房地产管理法》(1994 年 7 月 5 日第八届全国人民代表大会常务委员会第八次会议通过，1994 年 7 月 5 日中华人民共和国主席令第 29 号公布。2009 年 8 月 27 日第十一届全国人民代表大会常务委员会第十次会议进行了第二次修正).

5.《中华人民共和国合同法》(1999 年 3 月 15 日第九届全国人民代表大会第二次会议通过，1999 年 3 月 15 日中华人民共和国主席令第 15 号公布，自 1999 年 10 月 1 日起施行).

6.《中华人民共和国担保法》(1995 年 6 月 30 日第八届全国人民代表大会常务委员会第十四次会议通过，1995 年 6 月 30 日中华人民共和国主席令第 50 号公布，1995 年 10 月 1 日起施行).

7.《最高人民法院关于适用〈中华人民共和国担保法〉若干问题的解释》(2000 年 9 月 29 日最高人民法院审判委员会第 1133 次会议通过，2000 年 12 月 8 日公布，自 2000 年 12 月 13 日起施行).

8.《最高人民法院关于确定民事侵权精神损害赔偿责任若干问题的解释》(2001 年 2 月 26 日最高人民法院审判委员会第 1161 次会议通过，自 2001 年 3 月 10 日起施行).

9.《中华人民共和国物权法》(2007 年 3 月 16 日中华人民共和国第十届全国人民代表大会第五次会议通过，2007 年 3 月 16 日中华人民共和国主席令第 62 号公布，自 2007 年 10 月 1 日起施行).

新编21世纪远程教育精品教材

公共基础课系列

书名	作者
应用写作（第五版）（“十一五”国家级规划教材）	孙秀秋
计算机应用基础	李　刚
马克思主义哲学原理（第二版）	霍福广
“毛泽东思想和中国特色社会主义理论体系概论”教学专题研究	王向明
全国高校网络教育大学英语词汇必备手册	王建华
全国高校网络教育大学英语学习与考试辅导	王建华
高等数学“学习包”（第二版）	张家琦　曹承宾
北京地区成人本科学士学位英语统一考试历年试题解析	常红梅
北京地区成人本科学士学位英语统一考试辅导（第三版）	常红梅
大学语文（第二版）	黄　鹤
大学英语学习与考试辅导	常红梅
数据库基础教程	苏　俊
毛泽东思想概论	江长仁

经济与管理系列

书名	作者
西方经济学（第三版）（微观经济学部分）	刘凤良
西方经济学（第三版）（宏观经济学部分）	刘凤良
消费心理与行为学	赵　冰
管理学原理	孙　喜
互联网金融的法律与政策	邢会强
经济法概论（第三版）	宋立成
国际金融（第二版）	刘　震
税务管理	王秀芝
邮政储汇实务	周艳海
中国税制（第三版）	杨　虹
投资银行学教程（第二版）	胡海峰 等
金融学概论（第三版）	宋　玮
国际贸易实务（第二版）	王晓明
财政管理	王秀芝
保险学	戴稳胜
证券投资学（第三版）	赵锡军　李向科
统计学教程（第三版）	金勇进
财政学（第二版）	安秀梅
中国政治制度史	侯　力
经济学原理	韦曙林
商务英语	王学文
国际贸易理论与政策（第二版）	王亚星
国际投资	胡曙光

书名	作者
人力资源开发与管理（第五版）	姚裕群
项目管理（第三版）（“十一五”国家级规划教材）	李　涛
物流管理（第四版）（“十一五”国家级规划教材）	刘　刚
组织行为学（第二版）	徐建平
公共政策原理	谢　明
公共政策案例分析	谢　明
公共管理伦理学	李传军
公共政策导论（第二版）	谢　明
公共经济学导论	代　鹏
公共关系学（第二版）	李兴国
领导力	祁凡骅
企业战略管理	邹昭晞
管理学原理	安　维
公务员管理	王甫银
秘书工作实务（第二版）	张大成
人员选拔与聘用管理	苏　进　刘建华
绩效管理（第二版）	徐　斌
质量管理学（第二版）	李晓光
营销渠道决策与管理	吕一林
高级会计学（第三版）	张志凤　谢瑞峰
公司财务管理（第二版）	肖　万
财务管理学（第四版）	孙茂竹　范　歆
基础会计学（第四版）	徐　泓
管理会计（第二版）	孙茂竹
审计学（第三版）	杨闻萍
财务会计学（第三版）	郭建华
成本会计	曹　伟
纳税筹划教程	张中秀
会计制度设计（第二版）	阎至刚
计算机会计理论与实务（第二版）	蔡立新
税务筹划教程	张中秀
国际税收（第二版）	杨志清

法学系列

书名	作者
刑事诉讼法（第三版）	王新清　李　蓉
民事诉讼法（第二版）	汤维建 等
行政法与行政诉讼法（第四版）	胡锦光　罗　杰
宪法学（第三版）	胡锦光　任端平
劳动法和社会保障法（第三版）	黎建飞
保险法（第三版）	贾林青
刑法学（第二版）	黄京平
中国法制史（第二版）	赵晓耕

书名	作者
企业和公司法学（第二版）	王欣新
税法（第三版）	朱大旗
海商法（第三版）	贾林青
刑法学	徐松林
继承法（第二版）	孙若军
破产法学（第二版）	王欣新
经济法（第三版）	吴宏伟
国际法（第二版）	白桂梅　朱利江
法理学（第二版）	张曙光
法律文书写作（第二版）	陈卫东　刘计划
民法学（第三版）	龙翼飞

汉语言文学系列

书名	作者
中国古代文学史（一）（先秦至魏晋南北朝）（第二版）	叶君远
中国古代文学史（二）（隋唐五代宋辽金）（第二版）	冷成金
中国古代文学史（三）（元明清及近代）（第二版）	张国风
现代汉语（第二版）	吴永焕
外国文学作品导读（第二版）	刘洪涛
中国民间文学概论（第二版）	黄　涛
美学概论（第二版）	牛宏宝
文学概论（第二版）	许　鹏
中国古代文学作品选读（一）	诸葛忆兵
中国古代文学作品选读（二）	王　燕
中国文学理论史简编	成复旺
中国现当代文学作品导读	姚　丹
影视文学教程	邹　红
电视剧批评与欣赏	刘晔原
中国现当代文学（第二版）	刘　勇
语言学概论	岑运强
西方文论概要	杨慧林
新时期文学思潮	张永清
古代汉语（第二版）	殷国光
文艺心理学	金元浦

新闻与传播系列

书名	作者
新闻理论教程	陈力丹　张建中
中国新闻传播史	赵云泽　孙　萍
外国新闻传播史	陈力丹　钱　婕
新媒体实务	黄　河
广告学概论	王　菲
新闻采访与写作	张　征

图书在版编目（CIP）数据

民法学/龙翼飞主编. --3版. --北京：中国人民大学出版社，2020.1
新编21世纪远程教育精品教材. 法学系列
ISBN 978-7-300-26693-0

Ⅰ.①民… Ⅱ.①龙… Ⅲ.①民法－法的理论－中国－远程教育－教材 Ⅳ.①D923.01

中国版本图书馆CIP数据核字（2019）第028548号

新编21世纪远程教育精品教材·法学系列
民法学（第三版）
主　编　龙翼飞
撰稿人　陈志武　李　蕊　刘志华
　　　　白　硕　王永挺　吕　品
Minfaxue

出版发行	中国人民大学出版社		
社　址	北京中关村大街31号	**邮政编码**	100080
电　话	010－62511242（总编室）		010－62511770（质管部）
	010－82501766（邮购部）		010－62514148（门市部）
	010－62515195（发行公司）		010－62515275（盗版举报）
网　址	http://www.crup.com.cn		
经　销	新华书店		
印　刷	北京七色印务有限公司	**版　次**	2003年4月第1版
规　格	185 mm×260 mm　16开本		2020年1月第3版
印　张	17.25	**印　次**	2020年1月第1次印刷
字　数	402 000	**定　价**	39.00元